国家自然科学基金项目（72001153）

贺小舟◎著

城市公共自行车维修点与投放点选址模型与算法研究

四川大学出版社
SICHUAN UNIVERSITY PRESS

U0464081

图书在版编目（CIP）数据

城市公共自行车维修点与投放点选址模型与算法研究 /
贺小舟著 . 一 成都：四川大学出版社，2023.5
（经管数学应用丛书）
ISBN 978-7-5690-6134-5

Ⅰ . ①城… Ⅱ . ①贺… Ⅲ . ①自行车－公共交通系统
－车辆维修－算法设计－研究－中国②自行车－公共交通
系统－选址－算法设计－研究－中国 Ⅳ . ①U491.1

中国国家版本馆 CIP 数据核字（2023）第 088807 号

书　　名：城市公共自行车维修点与投放点选址模型与算法研究
　　　　　Chengshi Gonggong Zixingche Weixiudian yu Toufangdian Xuanzhi Moxing yu Suanfa Yanjiu
著　　者：贺小舟
丛 书 名：经管数学应用丛书

丛书策划：蒋　玙
选题策划：蒋　玙
责任编辑：肖忠琴
责任校对：蒋　玙
装帧设计：墨创文化
责任印制：王　炜

出版发行：四川大学出版社有限责任公司
　　　　　地址：成都市一环路南一段 24 号（610065）
　　　　　电话：（028）85408311（发行部）、85400276（总编室）
　　　　　电子邮箱：scupress@vip.163.com
　　　　　网址：https://press.scu.edu.cn
印前制作：四川胜翔数码印务设计有限公司
印刷装订：成都金阳印务有限责任公司

成品尺寸：170mm×240mm
印　　张：11.25
字　　数：215 千字

版　　次：2023 年 5 月 第 1 版
印　　次：2023 年 5 月 第 1 次印刷
定　　价：56.00 元

扫码获取数字资源

四川大学出版社
微信公众号

前　言

为了提高人们的生活品质，近年来，公共自行车①系统逐渐流行，并得到了政府的大力支持，也引起了人们的广泛关注与讨论。自行车这一历史悠久的交通工具，自其诞生以来，一直是人们出行的重要方式之一，而公共自行车系统的出现更使它焕发了新的活力。现在，公共自行车在为人们生活带来巨大便利的同时，更以"绿色出行"的标志成了不可多得的低碳环保的交通工具。

公共自行车系统的良性运营需要进行科学的规划。而在公共自行车系统的建设中，公共自行车的合理投放与故障公共自行车的高效回收及维修则是提高公共自行车的使用率与优化系统的必要因素。本书以此为背景，研究公共自行车的维修点与投放点的选址问题，考虑相应的选址模型的建立与求解算法的设计。

本书分别在二维几何平面上与树状道路网络上建立维修点与投放点的选址模型。考虑以距离远近为选址依据，在中心点选址模型与 p-扩散选址模型的基础上，根据公共自行车沿道路散布这一特征，设计以线段为对象的选址模型。本书的研究内容概述如下：

（1）本书研究了二维几何平面上一个或两个维修点的选址问题。

在平面上给定 n 条水平或竖直的需求线段，以代表故障公共自行车主要分布的 n 条道路（这 n 条道路可由前期调研得到），问题考虑分别设置一个或两个维修点，使得这些故障公共自行车都能被尽快运输到维修点。

本书先从理论上考虑在 L_∞ 距离度量标准下定义各个对象之间的距离，在这种情况下，维修点选址问题可等价转化为最小正方形触碰问题来求解，即考虑找寻一个最小的正方形，使得它与 n 条线段都相交。本书通过几何分析，得到了最小正方形中心点（即一个维修点最优位置）的性质，由此直接给出求解算法。在此基础上，进而设计出算法寻找两个最小正方形的中心点，即两个维修点的最优位置。

---

① 本书中的"公共自行车"均指"无桩式城市公共自行车"，即"共享单车"。

本书考虑了更加接近实际背景的情况，即在 L_1 距离度量标准下定义各个对象之间的距离，此时维修点选址问题可转化为等价的最小菱形触碰问题来求解。借鉴之前寻找最小正方形的思路，再结合菱形与 n 条线段之间几何位置关系的特性，本书设计出算法寻找一个或两个最小菱形的中心点，即两个维修点的最优位置。

在 L_∞ 距离度量标准下，一个维修点的选址能在线性时间内完成，两个维修点的选址则需要 $O(n^2\log n)$ 时间；而在 L_1 距离度量标准下，本书对一个或两个维修点的选址问题均给出了 $O(n^3\log n)$ 时间的算法。

（2）本书研究了树状道路网络上的一个、两个或多个维修点的选址问题。

本书以嵌入二维几何平面上的树图代表树状道路网络，树图的各条边对应于各条道路。在树图上给定 n 条边作为需求线段，对应于故障公共自行车主要分布的 n 条道路。本书考虑分别在连续型与离散型这两种选址条件下设置一个、两个或多个（任意个）维修点，要求所有故障公共自行车能尽快被运输到维修点处得到维修。连续型指各维修点可位于树图上任意一条边上，对应于维修点可被设置于任意一条道路上；而离散型指各维修点仅能位于 n 条需求线段上，对应于维修点仅被设置于故障公共自行车大量分布的道路上。

本书通过分析得到如下性质：连续型一个维修点的最优位置就是树图关于各条需求线段的中心点。据此，本书还进一步求得了离散型一个维修点的最优位置。结合一个维修点选址的结论，本书采取不同的方式将树图划分为两个子树，并分别得出了连续与离散两种情形下，两个维修点最优位置的性质。本书推广得到离散型多个维修点最优位置的求解算法。而对于连续型多个维修点选址问题，本书设计了一种更高效的以族为单位逐步迭代的算法。

对于一个维修点选址问题，在连续和离散两种情形下，本书均给出了线性时间算法；两个维修点选址的运算时间则与输入规模呈线性关系（连续型）或二次方关系（离散型）；而对于多个维修点的选址，连续情形下可在多项式时间内计算完成，离散情形下则只给出了指数时间算法。

（3）本书分别在二维几何平面上与树状道路网络上研究了公共自行车投放点的选址问题。

公共自行车投放点选址的目标是让各个投放点之间相距尽量远，以达到提高公共自行车使用效率的目的。

本书先直接在二维几何平面上考虑公共自行车投放点的选址：在平面上给定 n 条线段代表拟设置投放点的备选道路，要求在这些线段上找到 p 个最优投放点（备选道路可由前期关于人流量等信息的调研得到）。由于该问题的

NP-难复杂性，本书根据穷举法的思想，转而主要分析其子问题：在 n 条线段上设置 n 个投放点（全部线段选址问题）。本书证明了全部线段选址问题也是 NP-难的，并对其给出了一个近似算法。

　　本书考虑了树状道路网络上的公共自行车投放点选址问题。同样以嵌入二维几何平面上的树图为基础建立道路网络，在树图中给定的 n 条备选边代表拟设置投放点的备选道路，要求在这 n 条备选边上寻找 p 个投放点的最优位置。本书采用类似于树状道路网络上连续型多个维修点选址的思路，来分析投放点选址问题，同样设计出了一个以族为单位计算的算法，且该算法可在多项式时间内完成运算。

著　者

2023 年 1 月

目　录

1 概　论

本章从研究背景入手，提出公共自行车的维修点与投放点选址问题。然后，我们根据自行车体积小、重量轻与沿道路散布的特点，对模型的建立做出了一些假设；并根据无桩式城市公共自行车回收与投放的方式，以道路为单位，将其上面的自行车作为一个整体考虑；接着我们概略介绍了研究的主要内容以及整本书的结构；最后强调了本书的创新之处。

1.1　研究背景

1.1.1　城市扩张人口密度增大带来交通拥堵、环境污染与出行不便等问题

近年来，我国经济水平稳步发展、城市化进程逐渐加快、人口密度持续增大，这些给城市管理带来了诸多问题，如城市交通拥堵问题、三废（废气、废水、废渣）污染问题等。

城市机动化的迅猛发展，使城市道路网络始终处于超负荷状况，造成越来越严重的城市交通拥堵。以四川省成都市为例，全市机动车保有量从 2010 年的 259.9 万辆迅速增加到 2018 年的 548.4 万辆，增幅 111%。但与之相对的是，受城市面积与布局的限制与影响，基础交通设施建设的增量远低于城市汽车保有量的增幅。按全市公路里程计，从 2010 年的约 2 万公里到 2018 年的不足 2.8 万公里，仅增加了约 35%①。交通环境与行车数量的不匹配造成了严重

---

① http://cdstats.chengdu.gov.cn/cdstjj/c154795/2011－04/18/content _ 6f2503b3fe2747179eeb816afa129f08.shtml. http://cdstats.chengdu.gov.cn/cdstjj/c154795/2019－04/01/content _ 4a3e0e5b67424c3da2d3b6e9800d5d56.shtml.

的交通拥堵。为了减缓交通拥堵问题，政府出台了限号限行等一系列政策，并采取了大力发展公共交通、修建地铁高架等诸多措施，但交通拥堵问题依然严重。

人口增长与城市聚集效应带来了汽车数量激增，这不仅导致了交通拥堵，还造成了环境重度污染。2017 年，全国机动车四项污染物(一氧化碳、碳氢化合物、氮氧化物、颗粒物)排放总量约 4359.7 万吨，而汽车又是污染物的主要制造者。事实上，在许多大城市，机动车尾气是 PM2.5 的主要来源，例如，北京、上海、杭州、广州和深圳这几个城市的机动车尾气对 PM2.5 的分担率分别达31.1%、29.2%、28.0%、21.7%和41.0%[①]。近年来，随着物质生活水平的提高，人们的环保意识也逐步提高，人们开始在追求生活品质的同时考虑发展的可持续性，与人类健康息息相关的环境问题也受到越来越多的关注。

我国城市的公共交通以公共汽车、地铁、轻轨为主要方式，极大地解决了人们的中远途出行问题，使得人们的活动范围大大增加。但是，市民采用公共交通出行仍有诸多不便。无论是乘坐公共汽车还是地铁，都不可避免地存在站点覆盖率低、可达性差、换乘不方便等问题。

1.1.2 公共自行车有助于缓解城市交通拥堵、环境污染与出行不便

无论是缓解交通拥堵、减少环境污染，还是解决"最后一公里"出行痛点，自行车这一传统的交通工具都是最好的选择。

自行车无噪声、无污染，结构简单，使用和维修方便，既能作为代步和运载货物的工具，又能用于人们体育锻炼。与公共汽车相比，公共自行车具有体量小、操作灵活、可达性好和投资少的特点，为城市提供了 1~3km 的短途出行解决方案，成为城市交通系统不可或缺的组成部分，也提高了道路资源的利用率。自行车作为公共交通接驳的辅助性工具，能够最大限度地利用各种交通资源，并满足居民的多层次短距离出行以及不同出行目的的交通需求，能够便捷、高效地集散客流，提高城市交通的整体运行效率。

居民短距离出行、接驳公共交通等情况均可使用公共自行车，相比步行大大节省了时间与体力。因此，公共自行车可填补公交车与地铁、轻轨在出行"最后一公里"上的空白，是城市交通体系的有益补充，可使城市交通体系得到完善。同时，公共自行车在缓解城市交通拥堵与环境污染方面也有不可替代

---

① https://www.mee.gov.cn/xxgk2018/xxgk/xxgk15/201806/t20180601_630215.html.

的作用。近年来，随着绿色低碳出行的呼声越来越高，公共自行车这一出行方式越来越受到人们的认可，尤其在年轻人群体中颇受欢迎。

1.1.3　公共自行车作为人们短距离出行的主要交通工具

从 20 世纪 70 年代的自行车大国到如今的公共自行车大国，长期以来自行车一直都不曾离开人们的生活。以前，自行车是城市居民出行的主要交通工具，一般为私人拥有。随着城市人口的快速增加，公共交通得到了迅猛发展，民众生活水平的不断提高使得私家小轿车爆发式增长，虽然居民的出行方式逐渐演变成以公共交通（公共汽车、地铁、轻轨）和私家车为主，但自行车仍然是居民出行的重要辅助方式。现在，由于公共自行车主要用于接驳公共交通、解决短距离出行和"最后一公里"问题，因此私人拥有自行车反而不如公共自行车方便高效。在此背景下，政府集中购置并管理的公共自行车和企业运营的共享单车便应运而生。

公共自行车系统（Public Bicycle System，PBS）或自行车共享系统（Bike Sharing System，BSS）最早起源于欧洲。1995 年，公租自行车出现在丹麦，20 世纪 90 年代末期以来，利用现代先进的电子技术、信息集成技术、无线通信和互联网技术研发的新型公共自行车系统在欧洲一些国家相继出现。在法国巴黎和里昂，欧洲最大的机场及户外广告运营商德高公司负责运营公共自行车；德国最早在一些购物中心设有公共自行车方便顾客往返于各商场，前两年柏林街头又出现了德国铁路局提供的"小红车""小绿车"；在美国，谷歌公司也在其总部投放了带有本公司标识的蓝红黄绿色彩的公共自行车，方便雇员在公司各建筑物间往返。

公共自行车是一种以需求为导向的、绿色的、健康的、可持续的公共交通工具，能够降低道路拥挤程度并减少燃料消耗，有助于减少温室气体排放。以自行车代步解决 1~3km 的短途出行问题，在全球所有大城市都有强烈的需求。以 ofo（小黄车）为例，2018 年显示，自 2015 年 6 月启动以来，ofo 已在全球连接了超过 1000 万辆无桩式城市公共自行车，日订单超 3200 万，为两亿用户提供了超 40 亿次高效便捷、绿色低碳的出行服务。自行车的确解决了我们的出行问题，近年来各大写字楼门前、高校校园内、地铁站、公共汽车站的无桩式城市公共自行车、共享电动车恰恰体现了这些优势。今天，许多城市街道都可看见络绎不绝的自行车骑行者。据环球网报道，2019 年 5 月北京市新开通的回龙观至上地自行车专用路，仅运行了一个月，使用的骑行数量就达

26 万车次，高峰时甚至高达每小时 1200 车次。巨大的社会需求体现了巨大的社会效益，大力推广和发展公共自行车出行方式、建设和完善相关的基础配套设施，对于促进城市的可持续发展具有重大的现实意义。

1.1.4 国内公共自行车的发展及现状

2007 年，北京出现了公共自行车。2008 年 3 月，杭州市在国内率先按照"政府引导、公司运作、政策保障、社会参与"的原则构建了公共自行车交通系统，并将其纳入城市公共交通体系中，以提高公交出行分担率，解决"最后一公里"问题，缓解城市交通"两难"(行路难、停车难)的矛盾。继北京、杭州以后，我国还有许多一、二、三线城市也在公共交通体系中纳入了公共自行车交通系统。

公共自行车大致可分为有桩式与无桩式两类。各国公共自行车的发展都起源于有桩式城市公共自行车，但由于其取还车辆不便、车辆维护成本高等多种原因，导致有桩式城市公共自行车发展缓慢。我国也不例外，自 2007 年出现公共自行车后，到 2015 年也只有几个大中型城市有公共自行车，在一些城市中，公共自行车只存在于一些特定的区域，如便于管理的绿地公园与景区内。这种公共自行车主要用于观光娱乐，其收费高，不具有提供公共交通服务的能力。仅杭州等少数城市的公共自行车服务于市民出行。真正起到公共交通作用的公共自行车系统还是近年来兴起的无桩式城市公共自行车系统。

无桩式城市公共自行车(无固定停车位)的出现与迅猛发展得益于电信网络、手机软硬件、移动支付与互联网等各方面技术的逐步成熟。无桩式城市公共自行车采用手机移动支付与卫星定位功能，弥补了有桩式城市公共自行车停取车不便这一缺陷，使公共自行车得到了广大市民的认可，给人们的工作生活带来了极大的便利。我国的无桩式城市公共自行车最早是 ofo 公司运营的租赁性质的共享单车，2016—2017 年为最鼎盛时期，据报道这类公司全国有 70 余家。经过几年的激烈的市场竞争，优胜劣汰，很快便迎来了倒闭潮，现在包括 ofo 公司在内的大多数公司已经倒闭或退出市场。正当人们怀疑无桩式城市公共自行车的商业模式是否能支持企业持续运营时，新的公司又悄然出现。目前，哈罗、青桔、美团等无桩式城市公共自行车又迎来了行业的第二春。

1.2　问题的提出

在无桩式城市公共自行车系统的设置中，涉及一系列的科学规划。其中，如何让尽可能多的人能使用到公共自行车，或者说使每辆公共自行车的利用率尽量高，是公共自行车运营企业需要考虑的一个重要问题。处理好这个问题能够使公共自行车资源得到充分的利用，同时企业也能减少运营成本的支出。而达到以上目的的重要手段之一就是合理地选择公共自行车的投放地点。本书第5章就是以这个问题为背景，构建出一个理论模型，并设计相应的求解算法。该模型应用面广泛，除本书研究的公共自行车投放点选址问题以外，还适用于自行车停放电子围栏、公共厕所、电动汽车充电桩、加油站等其他大量分布的公共设施的选址。

公共自行车的维修维护管理是保证公共自行车持续运行的必要条件。运营公司为了对损坏的车辆进行及时便利的维修维护，需要在公共自行车运行区域设置若干个固定维修点。就公共自行车的运营现状而言，维修点的选择也应引起运营企业的重视。搜狐网估计平均每辆公共自行车每年需要维修保养20次以上。浙江在线网更是从业界了解到公共自行车的维修费用占运行成本的比例高达20%。为了提高回收效率、节约回收所需人工，必须对维修点选址进行科学计算。本书将在第3、4章针对公共自行车的维修点选址设计理论模型，并给出求解算法。本书中提出的针对公共自行车维修点的选址模型也可以应用于其他需求对象沿道路分布的问题，如街道垃圾箱的回收站选址等。

1.3　相关研究介绍

1.3.1　公共自行车相关研究综述

20世纪90年代末期，随着第三代公共自行车系统的兴起与发展，学界开始关注与之相关的问题，但在初始阶段，只有DeMaio与Lathia等人的少量文献涉及，并且主要是介绍公共自行车的运营情况及通过定性分析与简单的数据搜集来展望这个行业的美好前景。直到2010年以后，关于公共自行车的研究才逐渐增多，其中涉及选址的问题主要讨论的是有桩式城市公共自行车系统中各个自行车租赁站点的位置选择。在这些研究中，库存管理方法、整数线性规划方法、最大覆盖选址模型法等被大量运用。

1. 库存管理方法

Lin 与 Yang 发表了第一篇使用数学模型对公共自行车系统进行科学性研究的文章。在这篇文章中，他们建立了一个基于成本最小化的非线性整数规划模型来确定需要开放的公共自行车道、公共自行车站的数量和最佳位置及用户在各个站点之间的最优路线，由此进行公共自行车专用道网络的设计和公共自行车站点位置的选择。之后，他们与 Chang 合作，引入物流与库存管理中的服务水平约束概念，建立枢纽选址库存模型来研究公共自行车网络。2017 年，Yan 等人则考虑休闲场所的公共自行车租赁点选址问题，他们以成本最小化为目标，分别在确定性与随机性条件下建立考虑各租赁点公共自行车库存水平的规划模型。陈晨则通过各站点公共自行车的运营调度，了解了自行车调配中心的选址问题。

2. 整数线性规划方法

Martinez 等人研究了葡萄牙里斯本的公共自行车站点的选址问题。他们通过收集到的潜在用户分布数据，根据中值点选址模型计算出备选公共自行车站点位置，然后在对车站具体位置进行选址时，直接以收支差最大化为优化目标建立了一个混合整数线性规划模型，并用启发式算法计算出结果。2019 年，Cao 等人考虑以减少公共自行车站点数量来降低固定成本与运营成本为目标，也建立了一个混合整数线性规划模型，他们是在传统的遗传算法基础上运用变邻域局部搜索技术设计了一个改进的算法。曹艳则站在用户的角度，以所有使用者出行总时间最少为优化目标建立整数线性规划模型来计算各站点的最优位置。

3. 最大覆盖选址模型法

Frade 与 Ribeiro 研究的公共自行车系统由政府投资或者以公私合作伙伴关系(PPP)的模式运作，需要在一个给定的预算条件下，通过满足市民出行需求来达到社会效益的最大化，于是他们以经典选址模型中的最大覆盖选址模型为基础建立公共自行车站点的选址模型。Ciancio 等人也以最大覆盖选址模型为基础构建站点的选址模型，同时还引入了公共自行车站库存水平作为决策依据。刘嘉文等人则使用联合覆盖模型研究了无桩式城市公共自行车停放点的选址问题，他们在模型中引入了各停放点的容量、投放量等诸多影响因素。

4. 博弈论与双层规划方法

博弈论的思想也被一些学者引入公共自行车的选址问题中，他们以不同对象作为博弈的双方，为了达到斯坦克尔伯格均衡，可以用双层数学规划模型来解决问题。Romero 等人在研究公共自行车站点选址问题时考虑了私家车这一出行方式的影响，以公共自行车与私家车这二者为博弈双方，建立了一个双层规划模型并进行了仿真实验。Nair 与 Miller－Hooks 则考虑了公共自行车运营公司选择公共自行车站点的位置与用户选择去哪两个站点取还公共自行车这两个行为，自然地将公共自行车运营公司与用户分别视为两个博弈方，进而建立双层规划模型；而针对该问题的难解性，他们设计了一个元启发式(Meta－heuristic)算法，从而求得近似解。近年来，胡郁葱等人运用双层规划的方法来分别讨论公共电动自行车与公共自行车的租赁点选址问题，其上、下层决策者分别为运营决策者和用户。周豪则考虑用户将采用公交车与公共自行车相结合的出行方式，建立双层规划模型来研究这两种公共交通的换乘点的选址问题。

5. 其他方法

此外，最近几年各国学者还采用了一些其他的方法来研究公共自行车系统的选址问题。Çelebi 等人将集合覆盖模型(Set cover)与排队模型(Queuing)相结合，以满意度定义的服务水平为优化目标设计选址模型。张皓先在平面上使用 Voronoi 图初步确定公共自行车租赁点的备选位置，然后以成本与出行时间最少为目标建立多目标优化模型计算其最优位置。索源则考虑了用户的单车出行需求随时间与空间变化的不确定性，建立了数据驱动的鲁棒优化模型。另外，在城市中进行公共自行车站点选址的应用研究时，地理信息系统(GIS)也被广泛使用。

6. 公共自行车系统运营中的其他管理问题

除了上述选址问题外，公共自行车系统的另一个研究热点是针对有桩式城市公共自行车的各站点自行车的初始数量和运营过程中的公共自行车数量再平衡问题：公共自行车运营公司通过调度各站点的自行车，保证每个站点始终有足量的自行车与充足的停车位。例如，Shu 等人以在新加坡乘坐 1~2 站地铁的乘客作为目标群体，考虑以公共自行车作为这类人群的替代交通方式。于是，本书考虑直接在地铁站附近设置公共自行车租赁点，从而不讨论租赁点的选址问题，而是研究每个租赁点的初始自行车数量和停车位数量以及各租赁点的公共自行车数量再平衡问题。此外，Chang 等人关注到故障自行车相关的问题，但他们并未考虑维修点的选址，而是研究货车回收故障公共自行车的行驶路线规划。

1.3.2 选址模型研究综述

选址问题最早起源于 1909 年德国经济学家、社会学家 Alfred Weber 提出的经典的韦伯问题。韦伯问题是这样描述的：在一个二维几何平面上选择一个仓库的位置，问题的优化目标是使该仓库到所有目标顾客之间的距离之和最短。这个问题所用的选址方法就是后来人们熟知的中位点选址模型的雏形。早期的另一个选址问题是经济学家 Hotelling 考虑两个存在竞争关系的商贩的选址问题，他的模型建立在一个最简单的直线上。在 20 世纪 60 年代中期以前，选址理论的研究主要是由一系列分散的应用性问题组成的，这些问题并没有整合关联，也并未建立起关于选址问题本身的理论体系。直到 1964 年，Hakimi 的一篇论文再次将选址理论推上了研究的热点，他在这篇文章中考虑了在通信网络中对交换中心选址（单目标）的问题以及在公路网络上对警察局（多目标）选址的问题；同时，他证明了交换中心的最优选址一定位于顶点处，而警察局的最优选址则不一定落在顶点处。总而言之，无论是单目标选址还是多目标选址，都是寻找合适的位置使得目标设施与需求点之间的距离取得最小值。

1. 覆盖选址模型与中值点选址模型研究综述

在这之后，涌现出越来越多的选址问题，根据选址时的优化目标选取的不同，研究人员建立了不同的选址模型，这些选址模型大多可以追溯到三大经典选址模型，即覆盖选址模型、中值点选址模型、中心点选址模型。其中，覆盖选址模型主要有最小覆盖选址模型和最大覆盖选址模型两类。最小覆盖选址模型要求设置尽可能少的设施为给定的用户提供服务。这个选址思想最早出现于 Hakimi 的论文中，而第一个关于覆盖选址的数学模型则由 Toregas 等人建立。最大覆盖选址模型则要求对给定数量的设施进行选址，从而使它们能服务到更多的潜在客户；Church 和 Revele 最早提出最大覆盖选址模型，并建立了相应的数学模型。此外，中值点选址模型要求确定设施的最佳位置，使所有用户到相应设施的距离之和（或平均距离）取得最小值，因此中值点选址模型又称为"最小和"选址模型，该选址模型最早来自 Hakimi 的论文。由于本书的研究不涉及这两种选址模型，此处不作过多介绍。

2. 中心点选址模型研究综述

中心点选址模型的优化目标是任意一个用户到相应设施的距离的最大值尽可能小，因此又可称为"最小最大"选址模型。中心点选址模型与中值点选址模型一样，最早也是由 Hakimi 提出的。作为最经典的选址模型之一，中心点选址模型一直都是众多领域学者们关注研究的热点。1970 年，Minieka 研究了 p－中心点选址问题，他的解决思路是将该问题转化为有限个最小顶点覆盖模型。Goldman 的中心点选址模型是建立在图上的，他分别采用了无环图、圈和树图作为选址基础。对于图上的选址模型，在离散型情形下，各个设施的所有可能的位置集合为顶点集合，此时的模型又可称为顶点中心点（Vertex center）模型；而在连续型情形下，设施也可被安置在各条边上，为此，Shier 和 Dearing 提出了绝对中心点（Absolute center）这一概念。中心点选址模型还有诸多拓展，如 Krumke 研究的 α－邻域 p－中心点选址模型，赵庆杰与张静使用禁忌搜索算法求解 p－中心点选址问题，尚松蒲与林治勋则以油田管网设计为背景建立了点—线选址模型，他们的模型考虑的是直线而非本书模型中的线段。

除在图上建立模型外，也有大量文献研究几何平面/空间中的中心点选址问题，尤其是二维欧式平面上的选址。欧氏空间中的 1－中心点选址问题是多项式可解的，人们的研究目标在于不断地提升算法的效率。比如，Dyer 运用了 Prune－and－search 算法在线性时间内解决了二维平面上的 1－中心点选址问题。之后，Megiddo 设计了一个改进的算法，使得高维欧氏空间中顶点带权重的 1－中心点选址问题也能在线性时间内求解。Chen 等人则对顶点带权重的 1－中心点选址问题给出了时间复杂度为 $O(n\log n)$ 的算法。对于 p－中心点选址问题，当 p 的取值不大并可以作为一个固定的参数时，Hwang 等人与 Agarwal 和 Procopiuc 设计了多项式时间复杂度的求解算法。但是，通常 p 的值不确定，在算法分析时需要作为输入的一部分，则此时的 p－中心点选址问题是 NP－完全问题。考虑到该问题的算法复杂性，研究人员设计了近似算法或启发式算法进行求解，或者考虑在一些特殊情形下建立模型。

二维欧氏平面上的中心点选址模型等价于最小包围圈模型（Minimum enclosing circle），因为 p－中心点选址模型的优化目标可以看作寻找 p 个半径尽可能小的圆圈，使这些圈的并集能覆盖所有需求点。除了欧氏空间，还有许多文献在 L_1 或 L_∞ 距离度量标准下讨论 p－中心点选址模型，其中 L_∞ 距离度量标准下的模型等价于最小包围正方形模型。Hoffmann 讨论了 3－中心点选址问题，给出了线性时间算法。Saha 与 Das 给出了一个时间复杂度为 $O(n^3)$ 的算法来求解两个平行的矩形覆盖所有目标点的问题。Bereg 等人研究了正方形覆盖点集的三个问题，既考虑了中心点选址思想，也涉及覆盖选址的思想。Sadhu 等人研究了用两个全等的正方形去接触或覆盖一个线段集，He 等人则在此基础上考虑正方形中心点必须位于给定线段集这一约束下的问题。

3. p-扩散选址模型研究综述

除经典的三大选址模型外，还有一些其他的选址模型，如 p-扩散选址模型。不同于三大经典选址模型，p-扩散选址模型不考虑设施与用户（需求点）之间的相互位置关系，只考虑 p 个设施之间的位置关系。p-扩散选址模型的选址思路是确定 p 个设施的位置，使得任意两个设施之间的距离尽可能远。其目标是使各设施的距离保持较远的同时，还使得 p 个设施覆盖了更多的潜在用户。这种选址目标的应用背景：一是同一公司的各个分支，其相互距离远可以避免内部竞争，也可以获得更多的客户，如连锁超市各家门店、银行的各个支行等；二是各个危险设施的选址，其相互距离远可以避免险情发生时的负面连锁反应，如储油罐仓库、弹药库等；三是在处理一些非选址问题时，也可使用 p-扩散选址模型，如在分组分类时可以应用该模型。

p-扩散选址模型按目标函数的不同主要可以分为以下两类：一类是最大最小 p-扩散选址模型，它要求任意两个设施之间距离的最小值尽量大；另一类是最大和 p-扩散选址模型，它要求 p 个设施两两距离之和（或平均值）尽量大。这二者的关系类似于中心点选址模型目标函数与中值点选址模型目标函数之间的关系。此外，近年来出现了一些相关的推广模型，它们以部分设施距离之和为目标函数，或者以更复杂的组合方式构建目标函数。

与三大经典选址模型相比，p-扩散选址模型这种以最大化某个距离函数为目标的选址模型较为新颖，其最早是在 1984 年由 Moon 和 Chaudhry 提出的。之后，Erkut 证明了即使在满足三角不等式的条件下，图上的最大最小 p-扩散选址问题都是 NP-难问题，他的证明方法也可用于证明最大和 p-扩散选址问题的 NP-难复杂性。而 Wang 和 Kuo 则证明了欧式空间中 p-扩散选址问题的计算复杂性：在一维直线上是多项式时间可解的，而二维几何平面上则是 NP-难问题。二维几何平面上的最大和 p-扩散选址问题的计算复杂性至今未知，不过各国学者依然在假设其为 NP-难问题的基础上研究了它的求解算法。

1994 年，Ravi 等人对 p-扩散选址问题进行了系统性的研究。他们证明了一般图上的最大最小 p-扩散选址问题不存在多项式时间近似算法；而即使距离满足三角不等式关系，也找不到近似比小于 2 的多项式时间近似算法。同时，他们给出了一个基于贪婪策略的 2-近似算法。对于最大和 p-扩散选址问题，他们分别在图上和二维欧氏平面上给出了多项式时间近似算法。Baur 等人则专注于研究几何空间中的最大最小 p-扩散选址问题。他们的模型与传统 p-扩散选址模型有所区别，不仅要求选址点之间的两两距离尽可能大，还要求选址点离选址区域边界的距离也要尽可能大。这个想法来源于危险品仓库的选址，它们不仅要互相之间间隔远，还都要尽量远离外界区域。在问题分析过程中，他们指出了 p − 扩散选址模型与装箱问题模型之间的联系，并在 L_∞ 距离度量标准下证明了最大最小 p − 扩散选址问题也是 NP − 完全问题，并给出了一个 $2/3$ − 近似算法。

1.3.3　研究现状评述

至今为止，关于公共自行车系统的选址研究基本都是针对有桩式城市公共自行车的租赁点或停放点进行的，且并未单独考虑过维修点的选址问题，而只是将维修点作为一个租赁点选址过程中的影响因素。实际上，自行车的损坏率较高，尤其是当它作为公共交通工具时，自行车维修就是保障公共自行车系统正常运营的一个关键要素，那么针对维修点的选址问题就很必要了。然而就近年来的实际情况而言，无桩式城市公共自行车因其取还方便满足了人们的实际需求，其用户量远远高于有桩式城市公共自行车。至今为止，针对无桩式城市公共自行车的研究还较少，且主要关注的是运营过程中的自行车调度等问题，并未专门研究对某种设施的选址。本书则在考虑无桩式城市公共自行车沿道路散布(无固定还车点的必然结果)这一特点的基础上，研究了其维修点与投放点的选址问题。

大多数是根据公共自行车需求量与运营成本来建立公共自行车租赁点的选址模型，其一般是运用遗传算法等启发式算法对整数线性规划进行求解。这些模型将各种影响因素纳入考量，但它们很少以距离为最主要的考虑因素，也就是说，很少以经典选址模型的思想为基础建立模型的研究。就选址模型的建立而言，在现有的模型中，研究者均是以点为对象代表各个设施和需求点。而对于涉及垃圾桶等空间中大量散布的对象的选址问题，研究人员通常使用统计学手段进行数值分析，而并未根据其特征专门设计相应的选址模型。本书考虑到公共自行车沿道路分布这一特点，用道路替代公共自行车，引入线段改进中心点选址模型与 p − 扩散选址模型，并设计多项式时间算法求得精确解，更加关注算法的效率。

1.4 问题分析与假设

1.4.1 公共自行车的分布特征

本书考虑公共自行车投放点与维修点选址模型与算法的研究。公共自行车的投放点应该位于人流量大的场所附近的道路上，如地铁站、公交车站等交通枢纽，大型商业圈，学校门口，居民区等。公共自行车运营企业可以通过市场调查、查询资料等方式搜集获得人流量数据，并据此选择出备选的投放点位置。现代大都市的人口可达几百万甚至上千万，城市中人流量大的区域非常多。需要注意的是，这些区域常常存在聚集现象，如商圈处人流量大，而商圈主要修建在居民区或大型写字楼办公区附近，这些区域及其周边地区往往又是地铁与公交车站点设置密集之处。同时，公共自行车运营企业在自身资源限制以及成本控制的情况，往往没有必要在这些区域附近的每条道路上都设置公共自行车投放点，而是选取其中的若干位置作为公共自行车的投放点即可。此外，对于较长的道路，若它经过多个人流密集区域，则可将该道路划分为多段，并将每一段看作一条较短的道路。

公共自行车维修点的位置则是根据故障自行车的位置分布情况而选择的，以达到节约成本、使自行车能尽快得到维修的目的。公共自行车可能在骑行路途中的任意地点出故障，造成了待维修公共自行车分布的无规律性与分散性，因此我们在对维修点进行选址时无法考虑到所有故障公共自行车停放的位置；虽然待维修公共自行车分布无规律，但它们总是分布在市民经常骑行的道路上的，再结合试运营阶段收集的数据，公共自行车运营公司即可在统计意义上获得待维修公共自行车主要分布的道路。于是，我们以道路为单位来考虑损坏的自行车(较长的道路也可如投放点选址那样进行分段，将其划分为多条道路来处理)，使维修点的位置距离这些道路尽量近些。

1.4.2 公共自行车投放与回收的方式

以道路为单位，将其上面的公共自行车作为一个整体考虑，是基于以下投放与回收的方式：

公共自行车的投放方式：我们考虑将公共自行车重点投放在商圈、交通枢纽、学校等区域附近的主要干道或骑行道上，因此我们可以用网络模型中的一些线段来表示这些重点道路。而对于这些区域，我们可以认为，在线段代表的某些重点道路上任意选取一个点来投放自行车，都可以较好地覆盖附近的重点区域，因为市民的骑行行为会自发地将自行车散布于这个区域中。如果在模型中对一些大的商圈、交通枢纽、学校等占地面积大的重点投放区和公共自行车的投放点都用点来代表，则难以体现重点区域附近道路的长度特征。此外，由于公共自行车的投放及分布均主要集中在商圈、写字楼等大型区域附近，且各个大型区域附近可能不只有一个备选投放位置，那么如果这些大型区域都用点来表示，则难以明确地描述出各备选投放区域的位置关系。

公共自行车的回收方式：考虑到车辆分布的分散性，如果用货车一辆一辆地回收损坏的公共自行车，效率是很低的。例如，货车频繁停靠很耽误时间，且也常常难以寻找货车停车位；再如某些区域不允许货车进入或者货车驶入一些狭窄的街道会造成拥堵。实际操作过程中，公共自行车运营企业一般考虑使用板车、小型拖车、拉货电动三轮车等轻便型运输工具将一个小型区域内需要回收的公共自行车集中到某个位置，再用货车统一运到维修点。

1.4.3　抽象模型的描述

1.　道路网络模型

根据前面的分析，我们设计的选址问题重点考虑公共自行车分布的道路，需要使用城市道路网络模型。本书采用了两种道路模型：第一种是二维几何平面上的道路模型，该模型由理想的网格状道路网络变型而得，这里的网格状道路网络是城市道路网络分析模型中最基本且常见的一种道路模型；第二种是以图论中的树图为基础的道路模型，树图是一种无环图，它是研究应用中使用最广泛的图之一，可以用来表示放射状城市道路网络。

2.　模型考虑的影响因素与优化目标

本书侧重考虑道路距离远近给成本带来的影响，由此构建抽象模型。而道路拥挤程度、道路流量等道路实际状况以及装运公共自行车的货车的运载量等其他影响因素并不在本书的考虑范围内。关于这些因素，可在以后的研究中结合统计学方法再做进一步讨论。于是，本书基于如下三条假设建立模型：①货车装载量足够大，肯定可以达到一次投放或回收的自行车数量的需要，即我们的模型不考虑货车的容量以及道路模型中各个点带有权重的问题；②道路距离远近为影响成本的主要因素，因为我们每次仅需一辆货车运载自行车，所以不必考虑道路通行能力与随时变化的道路拥挤程度等实际状况，即我们的模型中各条代表道路的边或线段的权重仅根据该条道路的长度来确定；③公共自行车维修点的建设成本等固定资产投资不在模型中体现，我们仅考虑在长期运营过程中发生的常规成本。

对于维修点的选址，考虑到要提升公共自行车的使用效率，故障自行车需要尽快得到维修，因此问题优化目标为：任意故障自行车所在道路与其就近维修点之间距离的最大值取最小。而对于投放点的选址，同样以提升各辆公共自行车使用效率与避免车辆资源浪费为目的，要求各投放点之间的距离尽量远，因此问题优化目标为：任意两个投放点之间距离的最小值取最大。

3. 模型的特点

不同于一般的选址问题在平面几何模型中直接以点代表客户或需求点，或者在一个以图为基础的模型中用各顶点代表客户或需求点，我们这里考虑到公共自行车的体积小、重量轻、数量多且不确定、沿道路分布且分布较为分散等特征，在道路网络模型中直接表示每辆公共自行车是不具有研究意义与可行性的，因此采用长短不一的线段来表示公共自行车可能需要投放的道路以及需要回收的公共自行车所在的主要道路。于是，对于公共自行车的投放问题，我们在这些线段上选择合适的点来代表公共自行车的投放点；而研究公共自行车维修回收方面的问题时，我们考虑在每条线段上任取一个点（回收点）作为货车装载故障自行车的位置，于是货车从该回收点处将这条线段代表的道路上的故障自行车运载到维修点。

1.5　研究内容

第 3 章研究平面上的一个或两个公共自行车维修点选址问题。选址的指导思路源于经典的中心点选址模型，要求每个维修点都离它所要维修的公共自行车尽可能近，这样既可以降低维修过程中的运输与人力成本，也使损坏的公共自行车能尽快得到维修，从而有助于提高公共自行车的使用率，优化用户的使用体验。因为公共自行车分布面广，所以我们只考虑公共自行车密集停靠的区域（道路），选址目标就是要使每个维修点距离它所要维修的公共自行车所分布的道路尽可能近，也就是使维修点到它所服务的最远的自行车停放道路的距离尽可能近。平面上的维修点问题先后在 L_∞ 与 L_1 距离度量标准下进行研究，

L_∞ 距离度量标准下的维修点选址问题等价于最小正方形触碰问题，而 L_1 距离度量标准下的维修点选址问题则等价于最小菱形触碰问题。于是，维修点选址问题转化为平面几何问题，通过对正方形或菱形的边与顶点位置的几何分析，可以得到最优正方形或最优菱形的性质，由此我们结合二分查找等技术设计了多项式时间的求解算法。

第 4 章仍然研究公共自行车维修点选址问题，但是是基于另一种道路模型，即以图论中的树图为基础的树状道路网络模型。这种道路网络模型对应于我国大量存在的放射状城市道路网络。在这一章中，我们首先讨论一个维修点的选址问题，证明维修点的最优位置就是树图关于需求线段集合的中心点这一结论。在此基础上，依次将选址对象推广到两个和多个，考虑两个或多个维修点的选址问题。基于一个维修点选址的性质以及树图的特性，我们使用递推与递归的思想设计了针对多个维修点进行选址的算法。

第 5 章研究城市公共自行车任意多个投放点的选址问题，具体而言，在 n 个备选区域（道路）中选择 p 个位置作为公共自行车的投放点。基于为了避免不同投放点之间距离过近带来的资源浪费和提高公共自行车利用率，以及增大公共自行车服务面积等因素的考虑，投放点选址的优化目标参考 $p-$扩散选址模型，要求任意两个投放点之间的距离尽量远，即任意两个投放点之间距离的最小值的取值尽量大。5.1 节首先考虑平面上的公共自行车投放点选址问题，引出了全部线段选址问题这一子问题，且通过归约法证明了该子问题的 NP－难复杂性，并给出了近似算法；其次，在树状道路网络上讨论公共自行车投放点选址问题，5.2 节给出了一个多项式时间的算法计算最优解。

1.6　本书结构

第 1 章为概论，从研究背景入手提出问题，再给出整本书讨论的各个问题的共同假设，接着介绍本书的大概内容与结构，最后说明本书的创新之处。

第 2 章介绍了后文的理论依据，包括模型与算法等的基础知识，然后从公共自行车选址问题与选址模型两方面大致概述了目前的研究进展。

其中，2.1 节主要介绍了中心点选址模型和 $p-$扩散选址模型，本书建立的维修点选址模型和投放点选址模型就是分别基于这两个模型，再结合公共自行车的特征改进而来的。

另外，本书维修点与投放点的选址均分别在两种道路网络上讨论，在构建理论模型时，这两种道路网络分别抽象为几何平面与树图，其中树图的相关基本概念在 2.2 节中介绍。

而 2.3 节介绍了计算复杂性理论，这里涉及对一个问题复杂性的描述以及对一个算法效率的评价：对于第 3 章与第 4 章研究的各个维修点选址问题，本书均给出了多项式时间算法，因此这些问题均是多项式时间可解的，我们也分析了相应的求解算法的时间复杂度；而第 5 章研究的投放点选址问题，仅在树图上是多项式时间可解的，在几何平面上则是 NP−难问题，对于这个 NP−难问题我们仅给出了一个近似算法进行求解。

第 3~5 章中就公共自行车为背景的选址问题建立模型，并设计求解算法。其中，第 3 章与第 4 章研究公共自行车维修点的选址问题，第 5 章则研究公共自行车投放点的选址问题。

第 3 章研究平面上的一个或两个公共自行车维修点选址问题，3.3 节与 3.4 节先讨论了 L_∞ 距离度量标准下的一个或两个维修点选址问题。在此基础上，3.5 节与 3.6 节研究了更具实际意义的 L_1 距离度量标准下的一个或两个维修点选址问题。3.8 节简要说明了平面上多个维修点选址问题的 NP−难复杂性。相对地，5.1 节研究平面上的公共自行车投放点选址问题，该问题的研究直接在 L_1 距离度量标准下进行。由于少量的投放点并不具有实际意义，5.1 节仅考虑多个投放点的选址。

第 4 章研究了一个、两个、多个维修点的选址问题。另外，根据维修点是否必须被限定于故障自行车主要分布的道路上这一条件，这些维修点选址问题又分为离散型与连续型两种情形。相对地，5.2 节则研究树状道路网络上的公共自行车投放点的选址问题，由于投放点选址模型中的线段代表的就是拟设置投放点的道路，因此该投放点选址模型不存在离散型与连续型的分别。

最后一章进行总结，并对城市公共自行车选址问题及类似问题的下一步研究做出展望。

本书结构如图 1.1 所示。

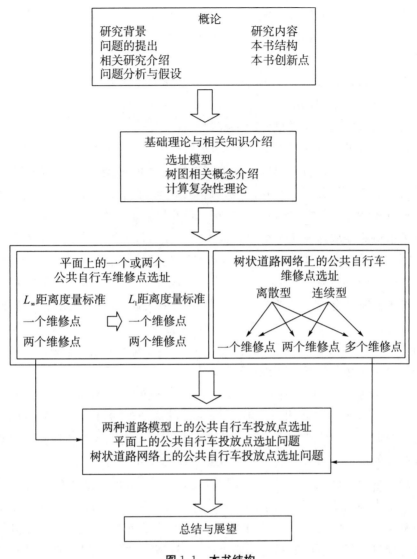

图 1.1 本书结构

1.7 本书创新点

选址问题是管理科学领域的经典问题，本书研究的是以城市公共自行车运营过程为背景的城市公共自行车投放点与维修点的选址问题。对于公共自行车相关的选址问题，之前的研究大多考虑的是投放点的选址问题，而我们

17

不仅考虑了投放点的选址问题，还考虑了维修点的选址问题，目前专门针对维修点的选址研究还很少。此外，我们研究的选址问题针对的是无桩式城市公共自行车。无桩式城市公共自行车系统本身就是一个较新的运营模式，虽然由于近年来其非常流行，也有一些学者开始关注相关问题，但这些研究大多考虑的是自行车的调度问题，仅有少数考虑了选址问题：一部分主要从纯数据的角度入手通过需求量分析来进行选址；另一部分通过建立模型来进行分析，其中常见的方法是根据无桩式城市公共自行车的特点在旧有模型（研究有桩式城市公共自行车投放点选址问题所运用的模型）的基础上引入新的变量与约束来进行分析。而我们的研究充分考虑了无桩式城市公共自行车的散布式分布特点（无桩式城市公共自行车没有固定的停车位），同时结合公共自行车沿道路停放这一实际情况，提出了以线段代表道路作为需求对象的选址模型。于是，本书建立的模型区别于传统的选址模型，不再建立于点集上或是一个连通的区域内，而是以若干条线段作为选址区域。对于算法的设计，本书紧密结合模型的特征，主要给出了多项式时间算法来计算精确解。由于选址区域是若干条线段，需要选址的对象为点，而线段上有无穷个不可数的点，且各条线段之间是不相交的，为了给出多项式时间算法，需要对问题进行分析，将最优解的可能域离散化。

本书的创新之处从内容上可具体分为下面三点：

(1)本书研究了二维几何平面上的一个或两个公共自行车维修点的选址问题。我们以若干线段来表示待维修的公共自行车的主要分布道路，以点表示维修点的位置。首先，在 L_∞ 距离度量标准下定义各个对象之间的距离，并将该选址问题转化为一个几何问题，通过分析得出最优维修点位置的性质，并给出多项式时间算法求解。其次，在此基础上我们进一步考虑了更具实际意义的 L_1 距离度量标准下的问题，同样将选址问题转化为一个几何问题，并通过几何分析限制最优维修点的可能位置，进而设计出多项式时间算法计算最优解。

(2)本书研究了树状道路网络上的公共自行车维修点的选址问题。我们以树图为基础构建道路网络模型，树图中的一些边（也称为线段）代表待维修的公共自行车主要分布的道路，边上的点（不仅仅是顶点）代表维修点。在这个道路模型中，我们分别从离散型与连续型两方面来探讨一个、两个、多个维修点的选址问题。

(3)对于公共自行车投放点的选址问题，本书也分别从二维几何平面与树状道路网络这两种模型上考虑。同样，我们以线段表示公共自行车投放的备选道路，拟在这些线段上选择投放点。我们先研究二维几何平面模型上的投放点选址问题：先阐明了它的 NP－难复杂性，再考虑穷举法的求解思路，进而提出了一个子问题，即在每条线段上均恰好选择一个自行车投放点，而对于这一子问题，我们证明了它也是 NP－难问题，并给出了一个近似算法。考虑树状道路网络模型上的投放点选址问题：我们通过该问题的对偶问题入手，根据动态规划的思想设计了一个多项式时间的精确算法。

2 基础理论与相关知识介绍

本章介绍后面运用到的基础理论及与本书研究内容相关的文献综述。在基础理论方面，首先，介绍了两个传统的选址模型，它们是本书中公共自行车维修点和投放点选址思路的来源。其次，介绍了树状道路网络建立的基础，即树图。最后，介绍了计算复杂性理论，这其中包含了我们设计算法时衡量算法好坏的重要因素——算法的时间复杂度。而对于研究的文献综述，我们从以下两方面进行介绍：公共自行车这一问题背景与选址模型这一研究方法，再就这两方面分别进行评述，并表明本书与现有文献的不同之处。

2.1 选址模型

针对设施选址问题的科学性研究最早可以追溯到 1909 年德国著名社会学家、经济学家 Alfred Weber 提出的韦伯问题。从那之后，不断涌现出了大量针对选址问题建立优化模型的理论与应用方面的研究。迄今为止，经过百年的发展，尤其是 1964 年数学家 Hakimi 提出了图上的中心点选址模型与中值点选址模型之后，各种不同类型的选址模型被陆续提出并受到广泛关注。

（1）从选址对象角度而言，选址模型可分为单设施选址模型与多设施选址模型。

（2）从选址区域角度而言，选址模型可分为连续型选址模型与离散型选址模型。在连续型选址模型中，设施可被设置于整个计划区域的任何一处；而在离散型选址模型中，设施潜在位置仅能位于一些离散的点构成的集合中。

（3）就建模基础而言，选址模型可建立于以图为基础的道路网络上，并从图论的角度分析问题，也可直接建立于二维几何平面上，从而使用几何分析的方法考虑问题。

（4）从目标函数方面而言，最基本的三大经典选址模型是中心点选址模型、中值点选址模型、覆盖选址模型。

(5)针对是否考虑道路通行能力、交通工具运载量、设施服务能力、各需求对象的需求量等因素的不同情况，还有各个顶点或各条边具有权重的选址模型。进一步地考虑到这些参量的可变性，广大学者的研究还引入了随机模型、多阶段模型以及最小最大后悔准则下的鲁棒性模型。

本书的模型是基于中心点选址模型与 p-扩散选址模型改进而来的，接下来我们将介绍这两种选址模型。

2.1.1　中心点选址模型

在选址问题中一个重要的因素是考虑设施与需求点之间的距离关系。比如，物流公司在考虑运输成本与服务质量的情况下，就要求货物集散点的位置距离区域内潜在客户都比较近；又比如，消防员需要在尽量短的时间内赶到火灾现场，那么一个区域内的几支消防队伍驻地的选址需要使区域内所有群众都能在发生火灾时尽快得到救助；类似地，公立医院等其他社会公共资源的选址也需要考虑它们到居民聚居区的距离。以上这些问题都要求设施的位置到所有需求点或者至少是绝大多数需求点的距离都尽可能的近，由此引出了三大经典选址模型中的中心点选址模型。

中心点选址模型限制了各个设施到其服务的最远需求点的距离，从而使得所有需求点均能快速地得到服务。具体而言，设置 p 个设施的中心点选址模型可以描述为在所有能设置设施的位置之集 V 中找到一个子集 $P \subseteq V$ 使得：

$$\max_{p_j \in P} \min_{c_i \in S} d(c_i, \ p_j) \tag{2-1}$$

取得最小值。式中，V 的子集 P 为 p 个设施（的位置）之集；S 为所有需求点之集；c_i 与 p_j 分别代表一个需求点和一个设施；d 为需求点到设施之间的距离。

该模型以整数规划形式规范化描述为：

$$\min z \tag{2-2}$$

$$\text{s. t.}\begin{cases} \sum_{j \in J} y_{ij} = 1, \forall i \in I & (2-3) \\[2mm] y_{ij} - x_j \leqslant 0, \ \forall i \in I, \ \forall j \in J & (2-4) \\[2mm] \sum_{j \in J} x_j = p & (2-5) \\[2mm] z - \sum_{j \in J} d_{ij} y_{ij} \geqslant 0, \forall j \in J & (2-6) \\[2mm] x_j \in \{0, 1\}, \ \forall j \in J & (2-7) \\[2mm] y_{ij} \in \{0, 1\}, \ \forall i \in I, \ \forall j \in J & (2-8) \end{cases}$$

式中，集合 I 为所有能设置设施的备选位置之集；集合 J 为所有需求点之集；参量 $d_{ij}(>0)$ 表示需求点 i 与位置 j 之间的距离；变量 z 表示各个设施到其服务的最远需求点的距离；x_j 是 0，1-控制变量，取值为 1 代表在位置 j 处设置一个设施，取值为 0 则不设置；y_{ij} 也是 0，1-控制变量，取值为 1 则表示需求点 i 由位置 j 处的设施（假设位置 j 处会设置一个设施）对它提供服务，取值为 0 则表示由其他设施提供服务。约束条件中的式(2-3)表示每个需求点都恰好由一个设施提供服务，式(2-4)表示仅当位置 j 处设置有设施才可能能够服务于各个需求点，式(2-5)表示总共设置 p 个设施，式(2-6)表示需求点 i 到为它提供服务的设施的距离不超过 z（对于同一个 i 只有一个 y_{ij} 取值为 1）。

2.1.2　p-扩散选址模型

包括中心点选址模型在内的三大经典选址模型考虑的都是针对需求点来设置设施，而 p-扩散选址模型的选址依据则是仅考虑各个设施之间的关系。比如，易燃易爆危险品仓库的选址，要求各个仓库之间的距离尽量远一些，以避免危险性事故连锁发生；又比如，在同一地区的连锁超市，各家门店的分布也要求相互之间的距离尽量远从而降低各门店之间的竞争，尽量避免内部消耗；另外，在邮局、银行等的网点建设中，其服务覆盖面积是一个重要因素，那么在一个地区中建设有限个网点时，就要求各网点之间的距离较远以避免资源浪费。以上这些设施选址问题引出了 p-扩散选址模型。

p-扩散选址模型分为最大最小 p-扩散选址模型与最大和（或最大平均）p-扩散选址模型，二者的不同之处在于优化目标不同，类似于中心点选址模型与中值点选址模型的关系。我们这里仅介绍与本书相关的最大最小 p-扩散选址模型，该模型的优化目标是要使得任意两个设施之间的距离的最小值尽可能的大，具体描述为在所有能设置设施的位置之集 V 中找到一个子集 $P \subseteq V$

使得

$$\max_{P\subseteq V}\min_{c_i,c_j\in P}d(c_i,\ c_j) \tag{2-9}$$

取得最大值。

式中，子集 P 为 p 个设施(的位置)之集; c_i 与 c_j 代表任意两个设施。

该模型以整数规划形式规范化描述为：

$$\max \delta \tag{2-10}$$

$$\text{s. t.}\begin{cases} \sum_{i\in S} x_i = n-p & (2-11)\\ d_{ij}+(x_i+x_j)D\geqslant\delta,\ \forall i\neq j,\ i,\ j\in S & (2-12)\\ x_i\in\{0,\ 1\},\ \forall i\in S & (2-13) \end{cases}$$

式中，集合 S 为所有能设置设施的备选位置之集; 参量 $d_{ij}(>0)$ 表示位置 i 与位置 j 之间的距离; 参量 D 表示任意两个能设置设施的备选位置之间的距离的最大值，即 $D=\max\limits_{i,j\in S}\{d_{ij}\}$; n 为集合 V 中元素个数; p 为设施个数; 变量 δ 表示任意两个设施之间的距离的最小值; x_i 是 0, $1-$控制变量，取值为 1 代表在位置 i 处设置了一个设施，取值为 0 则代表位置 i 处没有设施。约束条件中的式(2-11)表示总共设置 p 个设施，而另外 $n-p$ 个位置没有设施，式(2-10)表示任意两个设施之间的距离都不小于 δ。需要注意的是，若位置 i 与位置 j 中至少有一处没有设置设施，则式(2-10)必定不会限制 δ 的大小，不影响优化目标。

2.2　树图相关概念介绍

图论在设施选址、道路交通、管道网络、通信网络、数据结构、人际关系研究等诸多领域均有广泛的应用。其中，在对道路网络进行建模时，图是研究人员经常采用的一种理论模型。本书采用了两种针对道路网络的理论模型，其中一种即为图论中的树图。

在本节中，我们将介绍树图的一些相关概念。树图是一种特殊的图，其相关定义在不同文献中的描述略有差别。我们通过整理图论方面的文献，再结合计算机科学数据结构中的树结构的相关概念，给出下述与本书研究相关的概念与定义。

在图论中，连通的无环图称为树图，简称为树。任意一个树图(或者一棵树)中的任意两个顶点之间均存在连通路径，且任意两个顶点之间的简单路径是唯一的，其中简单路径是指路径上的各顶点均互相不重复的路径。树图中关联于同一条边的两个顶点互为对方的邻接顶点，也称这两个顶点是相邻的。有且仅有一个邻接顶点（或者度为 1）的顶点是叶子顶点，简称叶子。

在边具有权重的树图中，将各条边的权重视为其长度，那么有偏心顶点这一概念：称一个顶点 u 的偏心顶点为顶点 v，若顶点 v 是距离顶点 u 最远的顶点，顶点 u、v 之间的距离称为顶点 v 的偏心距。进一步地，定义树图中所有顶点的最小偏心距为这个树图的半径，而偏心距等于半径的顶点为树图的中心；相对地，最大偏心距为这个树图的直径。

为了更方便地应用各种算法技术，接下来我们介绍一种特殊的树——有根树。如果一个树图是有向图，则称它为有向树。如果一棵有向树有且仅有一个顶点的入度为 0，其他顶点的入度均为 1，则称这棵有向树为有根树。在计算机科学中，一种重要的数据结构——树结构，就是指边与顶点均不带权重的有根树。有根树中入度为 0 的这个顶点称为根，通常记作 r。对于有根树中的任意一个顶点 v，令 P_v^r 表示顶点 v 与根 r 之间的唯一简单路径，路径 P_v^r 上的顶点 v 的邻接顶点称为它的父亲，称顶点 v 的其他（不在路径 P_v^r 上的）邻接顶点是它的孩子，而路径 P_v^r 上的任意一个顶点（包括顶点 v 的父亲）称为顶点 v 的一个祖先。若对于有根树中的一个顶点 u，顶点 v 位于顶点 u 与根 r 之间的唯一简单路径上，则称顶点 u 为顶点 v 的一个子孙（孩子也是子孙）。在祖先这个定义的基础上，还有公共祖先以及最低公共祖先的定义：若顶点 v 既是顶点 u 的祖先，又是顶点 w 的祖先，那么称顶点 v 是顶点 u 与顶点 w 的一个公共祖先；若顶点 v 还是顶点 u 与顶点 w 的任意一个公共祖先的子孙，则称它为顶点 u 与顶点 w 的最低公共祖先。另外，对于有根树，叶子也可等价定义为出度为 0 的顶点。

对于有根树，有子树的概念。在图论中，有根树中某个顶点 v 的子树是指顶点 v 以及它的所有子孙的导出子图，这个子树的根就是顶点 v。而在数据结构中，对于树中的一个顶点 v，若它有 k 个孩子，则它就有 k 棵子树，其中每棵子树以顶点 v 的一个孩子为根。

2.3　计算复杂性理论

在计算理论的研究中有三个传统的核心理论：自动机、可计算性和复杂性。本书的研究内容将涉及对各算法的时间复杂度的分析，我们先在本节介绍相关的计算复杂性理论。

2.3.1 基本概念

在人们的现实生活中，有着各式各样的计算问题，有些容易计算，有些却很难计算。那么，是什么造成了一些问题计算困难，而另一些问题却容易计算呢？这就是计算复杂性理论讨论的核心问题。

计算复杂性理论是研究计算问题的复杂程度的一门理论，通俗地说，也就是评估计算一个问题有多困难的一门理论。从 20 世纪 60 年代中期开始，计算复杂性理论就是理论计算机科学领域的一个重要研究方向。在该方向的研究中，世界各国学者也取得了大量的成果，其中一个非常重要的成果就是建立了一个根据计算难度来给计算问题进行分类的体系，我们将在 2.3.4 节介绍这一体系的部分内容。计算复杂性理论不仅在理论计算机科学领域有着重要的地位，在应用计算机科学、数学、运筹学等诸多领域中都发挥着重要的作用。就大多数领域而言，人们总是更偏向于解决容易计算的问题。对于一个实际问题，研究人员往往会抓住主要因素来建立相对简单而易于计算的模型，而如果试图完整地用模型刻画实际问题则很可能导致以现有手段无法计算求解的后果。然而，对于密码学等学科而言，一个问题的计算复杂度越高越好，以这样的问题为基础设计密码将很难被破解，由此有了基于 NP 问题的公钥密码体系。

2.3.2 算法

对于一个问题，如果要直接地叙述它的复杂程度，往往只能通过一些感性的语言去描述。这样的描述通常不够准确，只能给人以模糊的概念。若要比较两个问题的复杂程度，仅仅通过这些描述就更不可行了。于是，我们需要采用一些能够量化的手段，因此要求我们针对问题的求解过程来具体分析。对于问题的求解过程，人们规范化地定义了算法这一概念。

通俗地说，算法就是解决一个特定问题的过程或者办法。关于算法的明确定义可以追溯到 1936 年丘奇（Alonzo Church）与图灵（Alan Turing）的两篇论文。丘奇在"关于判定性问题的解释"一文中使用 λ-演算记号系统（λ 可定义函数）来定义算法，图灵在《论可计算及其在判定问题上的应用》一文中引入了图灵机的概念，并以此定义了图灵机算法。后人证明了上述两种关于算法的定义是等价的，并由此诞生了著名的丘奇—图灵论题。

丘奇与图灵关于算法的定义精确但烦琐，在现代计算机科学的教材与书籍中大多采用非形式化的语言来解释算法这一概念：算法就是任何良定义的计算过程；算法是指求解一个给定问题的任意一种特定的方法；严格地说，算法就是为求解某个问题而构造的一系列简单指令的集合，它是对于某个特定问题的求解步骤的一种描述，是指令的有限序列，而一条指令表示一个或多个操作。

2.3.3　时间复杂度

在有了算法这一概念之后，衡量计算一个问题的复杂程度就是指求解这一问题的某个算法的复杂程度，即算法复杂度。这里需要注意的是，对于同一个问题可能有多种不同的计算方法，对应不同的算法，其复杂程度也可能不同。

算法复杂度包括算法的时间复杂度与空间复杂度，它们分别表示运行这个算法所需要的时间和空间，它们也表示了运行这个算法所消耗的计算机资源，即算法运行的时间和运行时所占用的空间。通常，空间复杂度的分析比时间复杂度的分析更为简单，并且从理论上而言，时间复杂度的数值往往大于空间复杂度的数值，这是因为在运算时每一个存储的数据都会得到使用，或者说可以仅存储参与运算的数据(某些算法的计算只需考虑预处理过后的数据，但在考虑一个问题的计算复杂程度时，它的求解过程自然应包含预处理步骤的完整算法)，因此，很多时候研究员对一个算法的复杂度的分析仅讨论它的时间复杂度。

1. 图灵机模型

在算法的时间复杂度的形式化定义中涉及抽象机模型这一概念，在计算理论的研究中，人们普遍采用的标准计算模型(抽象机模型)是图灵机模型。

对于一个问题的求解，我们先设计算法，再使用一种计算机语言根据该算法编写程序，然后给出一个输入数据，并在一台计算机上运行。在这一过程中，我们能直接测量的时间只有程序运行的时间，而除了算法本身，程序运行时间还受计算机(设备)性能、程序的编写情况、输入规模(输入数据的量)等因素的影响。要衡量计算一个问题的复杂程度，我们需要避免计算机性能与程序的编写情况等因素的干扰，为此引入理论上的计算模型——抽象机来代表一般的计算机。这里使用的抽象机是图灵机，它是一种标准的通用计算模型，能模拟计算机的所有计算行为，任意一个算法都能以图灵机的形式表示。

现在，我们非形式化地给出图灵机的定义。这里所说的图灵机，就是指确定型图灵机。图灵机是一台假想的机器，包含两个基本部分：一条无限长且分为一个个格子的纸带（存储器）、一个用于计算的机器（控制器）。控制器包含这个图灵机所对应的算法或程序。另外，控制器内部可以存储当前状态，且控制器连接着一个在纸带上移动的读写头（从逻辑上也可将图灵机看作四个部分）。在每一个时刻，读写头先从纸带上它所指向的格子处读入一条信息，控制器接收到读写头传入的信息后，根据其内部状态输出信息到纸带上，转换自己的内部状态，移动读写头。

根据上述图灵机的定义可知，我们可以计算出一个图灵机运行时所经过的步数，于是可以用这个步数来表示相应程序或算法的时间。

2. 最坏情况与平均情况

图灵机运行步数显著依赖于输入规模，即步数是关于输入规模的函数。然而，即使是相同规模的各种输入，图灵机运行步数也可能不同。以排序问题为例，对 100 个数进行排序：如果它们本来就是排好序的，那么图灵机在纸带上扫描一次，遍历每个数之后不需做任何调整就可得到结果；如果这 100 个数任意排列，那么就算图灵机对应的是合租算法，也需要对纸带格子中的数据进行一些调整方可得到结果，这样运行步数必定多于前一种情况。于是，自然地有输入数据关于算法的最坏情况与平均情况这两个概念。对于算法运行效率的理论分析，人们通常关注最坏情况下算法的运行时间，即在一种特定的输入规模下，对于所有输入的最长运行时间。

现在，可以给出时间复杂度的形式化定义：对于一个在所有输入上都停机的确定型图灵机，它的时间复杂度（运行时间）是一个函数 $f: \mathbf{N} \rightarrow \mathbf{N}$，其中 $\mathbf{N}$ 是全体非负整数的集合，$f(n)$ 是输入规模为 n 时最坏情况下的运行步数（对于规模为 n 的所有输入的运行步数最大值）。

3. 基本操作与渐进表示法

前面介绍了理论计算机领域中基于图灵机对算法时间复杂度的精确定义，但在对一个算法进行分析时，通常人们不会根据这个定义将其描述为图灵机的形式来计算其运行步数，而是通过直接计算算法的基本操作的次数来表示算法的运行时间，这样会更加直观、简易。

在一台真实的计算机中是以指令的形式来描述基本操作的。常见的指令包括加减乘除、比较大小等运算指令，存储复制赋值等数据移动指令，子程序调用与返回等控制指令。在抽象机模型中，上述的每一条指令所需的运行时间都是常量，于是分析一个算法的运行时间就可以转化为计算它的基本操作（或称为关键操作）的次数。这里的基本操作指算法中多次重复（重复次数与输入规模相关）的操作。

分析一个算法的时间复杂度来刻画它的性能是为了分析解决某个问题所需占用的计算资源，因此我们考虑的输入规模应该足够大，否则讨论其运行时所占用资源的意义不大。因为所考虑的输入规模足够大，所以对于时间复杂度表达式，一般只需要估计它的数量级和增长趋势，由此人们使用渐进表示法这种估计形式。

渐进表示法分为大 O 记法、小 o 记法、Θ 记法、Ω 记法等各种不同的渐进记法。在算法分析中，由于我们分析的是最坏情况下的时间复杂度，因此现在人们最常用的是表示渐进上界的大 O 记法。大 O 记法的定义如下：对于两个给定的函数 f, g：$\mathbf{N} \rightarrow \mathbf{R}^+$，记 $f(n) = O(g(n))$，并且称 $g(n)$ 是 $f(n)$ 的渐进上界，或简称上界，若存在正整数 N 与常数 c 大于 0，使得对于任意的 $n \geqslant N$ 都有 $f(n) \geqslant c \cdot g(n)$ 成立。作为渐进上界，$g(n)$ 是不带系数的。另外，为了更加准确的表示，在可行的情况下，人们均取算法运行时间表达式的渐进确界作为其时间复杂度，但为了统一，仍以大 O 记号标记。例如，以大 O 记号表示函数 $f(n) = 3n^3 + 7n^2 + 4n + 8$。先取它的最高阶项 $3n^3$，然后去掉系数，得到 $f(n) = O(n^3)$。

2.3.4 NP 完全性理论

前面已经提到，人们可以根据求解一个问题的（最优）算法的复杂度来表示这个问题的复杂程度。根据算法的时间复杂度，可以将问题分为 P 类、NP 类等，而根据算法的空间复杂度，可以将问题分为 PSPACE 类、L 类、NL 类等。计算理论领域的研究人员主要研究的是 P 类与 NP 类问题，尤其是 NP 类问题中的 NP−完全问题。

为了按复杂度对问题进行分类，我们先介绍两种按时间复杂度进行分类的算法：①多项式时间算法，指时间复杂度的表达式是多项式的算法；②指数时间算法，指时间复杂度的表达式是指数函数的算法。一种特殊的多项式时间算法是线性时间算法，即对于输入规模 n，能在 $O(n)$ 时间内完成计算的算法。多项式时间算法也包含时间复杂度表达式中带有对数项的算法，如 $O(n \log n)$，$O(\log^2 n)$ 等。

　　一般而言，计算机科学家们认为能够在多项式时间内求解的问题，或者说能够用多项式时间算法来求解的问题是易处理的，即 P 类问题。从经验上说，当一个问题的一个多项式时间算法被发现后，接着就会有更高效的算法（次数较低的多项式算法）被人们发现。而至今尚未找到求解它的多项式时间算法的问题则被人们视作难处理的，即 NP−完全问题或者 NP−难问题。比如，如果一个问题目前只有时间复杂度为 $O(2^n)$ 的求解算法，那么即使是处理三位数规模的输入，一般的计算机也很难在短时间内计算出来。四类问题集合的相互包含关系如图 2.1 所示。

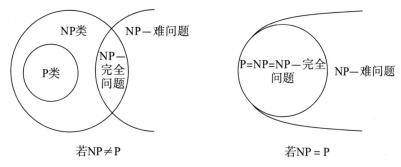

若NP≠P　　　　　　　　　　　　　　　　若NP = P

图 2.1　四类问题集合的相互包含关系

　　现在，给出 P 类、NP 类、NP−难问题与 NP−完全问题的定义：

　　(1)P 类是所有采用确定型算法在多项式时间内可解的问题的集合；

　　(2)NP 类是所有采用非确定型算法在多项式时间内可解的问题的集合；

　　(3)NP−难问题：称一个问题是 NP−难的，若任意一个 NP 类中的问题都能在多项式时间内归约到它；

　　(4)NP−完全问题：属于 NP 类的 NP−难问题。从某种意义上说，NP−完全问题是 NP 类中最复杂的问题。

　　下面介绍上述 4 个定义中涉及的两个概念：(非)确定型算法与归约。

　　确定型算法指在确定型图灵机上执行的算法，非确定型算法则是在非确定型图灵机上执行的算法。在前面的介绍中，图灵机就是确定型图灵机，而非确定型图灵机则是图灵机模型的一种变形。在计算过程中，机器可以在多个可能的操作选择中任意选择一种执行，并且只要有一个操作能最终计算成功，则机器总能在常数时间内选到这个操作。NP 类最初由非确定型图灵机定义，但为了方便判断一个问题是否属于 NP 类，人们往往使用它的等价定义：NP 类是所有用确定型算法在多项式时间内可验证的问题的集合。

　　归约这个概念描述的是两个(判定性)问题之间的一种关系。若存在一个将

29

问题Q_1的任意一个实例映射到问题Q_2的某个实例的函数f，且这个函数f满足：①f是多项式时间内可计算的函数；②任意一个实例Ⅰ对问题Q_1的解为真，当且仅当实例$f(Ⅰ)$对问题的解也为真，那么称问题Q_1在多项式时间内能归约到问题Q_2，记作$Q_1 \leq_p Q_2$或$Q_1 \propto Q_2$。其中，实例指问题的输入，如哈密顿圈问题的一个实例就是一个具体的图，而一个整数分解问题的实例就是一个整数。直观地理解，在这个定义中，问题Q_1的复杂程度不会高于问题Q_2。因此，如果问题Q_1属于 P 类，那么问题Q_2也应属于 P 类；如果问题Q_1是NP−难问题或NP−完全问题，那么问题Q_2应是 NP−难的。在本书第 5 章中，我们使用归约法证明了全部线段选址问题是一个NP−难问题。

2.3.5 近似算法

通常，我们说一个问题的解都是指这个问题的最好的解，即最优解。但在处理具体问题时，考虑到待处理数据量大与计算资源有限等因素的限制，我们常不能奢求得到最优解，这时如果能找到一种高效的算法求得一个接近最优解的可行解就已经很不错了。我们称这样的可行解为近似解，求得该近似解的算法为近似算法。

从理论的角度而言，多项式时间算法是高效的，因此一般要求近似算法的运算时间是多项式的。由此可见，对于 NP−难问题，人们通常考虑设计近似算法对其进行求解。或者说，对于一个优化问题，若它相应的判定性问题是NP−难问题，那么可以考虑使用近似算法求该优化问题的近似解。另外，在解决一些实际问题时，由于输入数据规模过大，即使是次数较高的多项式时间算法也令人难以接受，这时也可以考虑使用一个次数较低的多项式时间近似算法来计算结果。

比起算法的时间复杂度，衡量近似算法好坏的一个重要因素是它的近似性能。近似性能也是近似算法与启发式算法的最大区别之处。一种表示近似算法性能的指标为绝对近似误差，它用于衡量算法的绝对偏差。对于一个问题 Q 和它的一个近似算法 A，若存在常数 $k>0$，使得对于问题 Q 的任意一个实例Ⅰ都有 $|OPT(Ⅰ)-A(Ⅰ)| \leq k$，其中$OPT(Ⅰ)$与$A(Ⅰ)$分别表示实例为Ⅰ时问题 Q 的最优解的目标函数值与近似解的目标函数值，则近似算法 A 的绝对近似误差为 k。绝对近似误差是一个非常有效的衡量近似算法性能的指标。通常，人们采用另一个指标——近似比来衡量一个近似算法的性能。

对于一个最大化(最小化)问题 Q 和它的近似算法 A，若存在常数 $r>0$，

使得对问题 Q 的任意实例 I 都有 $OPT(I)/A(I) \leqslant r$[或 $A(I)/OPT(I) \leqslant r$]，则算法 A 的近似比为 r，称算法 A 为 $r-$ 近似算法。从这个定义可以看出，无论是最大化问题还是最小化问题，近似比始终不小于 1，且近似比越接近 1，近似算法的性能越好。

3 平面上的一个或
两个公共自行车维修点选址

本章根据我国石家庄市以及美国一些新兴城市的道路布局风格，以一种最基本且常见的城市道路模型——网格状道路网络为背景，考虑维修点选址问题。令待维修的故障公共自行车主要分布于道路网络中 n 条跨越若干网格边的目标道路上(这 n 条道路可由前期调查得到)，如图 3.1(a)所示。工作人员先通过人力的方式将这 n 条道路上的故障公共自行车分别集中到各条道路上的某处，然后再统一使用货车将其运送回维修点。

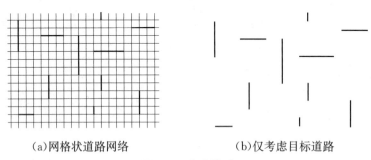

(a)网格状道路网络　　　　　(b)仅考虑目标道路

图 3.1　道路模型

为了达到使所有故障公共自行车都能尽快得到维修、提高车辆使用效率的目的，采用中心点选址模型的选址思路，我们的问题要求在 n 条目标道路上设置一个或两个维修点为这 n 条道路上的故障公共自行车提供维修服务，使得所有待维修公共自行车都能尽快得到维修。假定货车每次只运输一条目标道路上的故障公共自行车，问题则是要求货车每次运输的路程尽量短。在各辆待维修公共自行车于目标道路上的具体分布未知的情况下，我们以目标道路为单位来代表其上的公共自行车，于是问题就要求维修点到其所服务的最远目标道路尽量近。道路与维修点之间的距离定义为道路上离维修点最近的一点与维修点之间的距离，于是在故障公共自行车的回收过程中，工作人员可先通过人力的方式将故障公共自行车集中于该点，再将其运输回维修点。

假设在道路网络中，各条道路的分布相对于 n 条目标道路是足够密集的。于是，可以忽略道路网络而只考虑这 n 条目标道路，直接在二维几何平面上建立模型，以 n 条竖直或水平的线段来表示目标道路，用曼哈顿(L_1)距离标准来度量任意两点之间的距离，如图 3.1(b)所示。由此，问题转化为了二维几何平面上的维修点选址问题。

为了便于分析 L_1 距离度量标准下的二维几何平面上维修点最优位置的性质，我们首先从理论上考虑了一个相近且更加直观的问题，即切比雪夫(L_∞)距离度量标准下的二维几何平面上的维修点选址问题。然后在此基础上，我们进一步分析了 L_1 距离度量标准下的维修点选址问题，并设计求解算法。

3.1　定义与记号

(1)线段：R^2 上 n 条平行于坐标轴(要么平行于 x 轴，要么平行于 y 轴)的线段表示待维修公共自行车主要分布的 n 条道路，称这 n 条线段为需求线段，记作 $U=\{l_1, \cdots, l_n\}$。

(2)坐标：对于平面 R^2 上任意一点 P，我们用 $x(p)$ 与 $y(p)$ 分别表示它的横坐标与纵坐标。对于 U 中任意一条水平线段 $l_i \in U$，我们用 $y(l_i)$ 表示线段 l_i 上任意一点的纵坐标，也称 $y(l_i)$ 为水平线段 l_i 的纵坐标；对于 U 中任意一条竖直线段 $l_j \in U$，我们用 $x(l_j)$ 表示线段 l_j 上任意一点的横坐标，也称 $x(l_j)$ 为竖直线段 l_j 的横坐标。

(3)端点：对于任意一条需求线段 $l_i \in U(1 \leqslant i \leqslant n)$，我们用 $L(l_i)$、$R(l_i)$、$T(l_i)$ 和 $B(l_i)$ 分别表示它的左端点、右端点、上端点和下端点，其中 $x(L(l_i)) < x(R(l_i))$，$y(T(l_i)) > y(B(l_i))$。

注意：一条水平线段(平行于横坐标轴)只有一个左端点和一个右端点，且这两个端点有相同的纵坐标，而一条竖直线段(平行于纵坐标轴)只有一个上端点和一个下端点，且这两个端点具有相同的横坐标。

(4)距离：①对于平面 R^2 上任意两点 p 与 q，我们用 $d(p, q)$ 表示这两点之间的距离。在 L_∞ 距离度量标准下，$d(p, q) = d_\infty(p, q) = \max\{d_h(p, q), d_v(p, q)\}$；在 L_1 距离度量标准下，$d(p, q) = d_1(p, q) = d_h(p, q) + d_v(p, q)$。其中，$d_h(p, q)$ 与 $d_v(p, q)$ 分别表示 p 与 q 之间距离的水平分量和竖直分量，即 $d_h(p, q) = |x(p) - x(q)|$，$d_v(p, q) = |y(p) - y(q)|$。②对于平面 R^2 上任意一点 p 与一条线段 $l_i \in U(1 \leqslant i \leqslant n)$，

我们用 $d(p，l_i)$ 表示它们之间的距离。该距离定义为点 p 与线段 l_i 上任意一点之间距离的最小值，即 $d(p，l_i)=\min\limits_{q\in l_i}\{d(p，q)\}$。③对于平面 R^2 上任意两条线段 $l_i，l_j\in U(1\leqslant i，j\leqslant n)$，我们用 $d(l_i，l_j)$ 表示它们之间的距离。该距离定义为线段 l_i 上任意一点与线段 l_j 上任意一点之间距离的最小值，即 $d(l_i，l_j)=\min\limits_{p\in l_i,q\in l_j}\{d(p，q)\}$。

注意：在 L_1 距离度量标准下，线段 l_i 上到点 p 的距离取得最小值的点具有唯一性，而在 L_∞ 距离度量标准下则不然。此外，假设在 L_1 距离度量标准下，点 p 与线段 l_i 之间的距离等于点 p 与线段 l_i 上一点 q_0 之间的距离，即 $d_1(p，l_i)=d_1(p，q_0)$，那么在 L_∞ 距离度量标准下，点 p 与点 q_0 之间的距离也等于点 p 与线段 l_i 之间的距离，即 $d_\infty(p，q_0)=d_\infty(p，l_i)$。对于线段与线段之间的距离，也有类似的性质。

3.2　问题描述

问题 1（一个维修点选址）：对于平面 R^2 上给定的 n 条平行于坐标轴的需求线段集 $U=\{l_1，\cdots，l_n\}$，问题的目标是在这 n 条需求线段上确定一个维修服务点 c 的位置，使得点 c 与 U 中任意一条线段之间距离的最大值取最小，即求解如下优化问题的最优解：

$$\min \max_{1\leqslant i\leqslant n}\{d(c，l_i)\}$$
$$\text{s.t.}\quad c \text{ on } l_j \qquad 1\leqslant j\leqslant n \tag{3-1}$$

问题 2（两个维修点选址）：在平面 R^2 上给定的 n 条平行于坐标轴的需求线段集 $U=\{l_1，l_2，\cdots，l_n\}$，需要设置两个维修服务点 c_1 与 c_2，每条需求线段（代表道路上的待维修公共自行车）均到就近维修点处寻求维修服务。问题的目标是在这 n 条线段上确定两个维修服务点 c_1 与 c_2 的位置，使得 $c_i(i=1，2)$ 与它所服务的线段之间距离的最大值取最小，即求解如下优化问题的最优解：

$$\min \max_{1\leqslant k\leqslant n}\{\min\{d(c_1，l_k)，d(c_2，l_k)\}\}$$
$$\text{s.t.}\quad c_1 \text{ on } l_i，c_2 \text{ on } l_j \quad 1\leqslant i，j\leqslant n \tag{3-2}$$

接下来，我们将先后在 L_∞ 或 L_1 距离度量标准下分析上述两个问题，并设计算法求解。

3.3 L_∞距离度量标准下的一个维修点选址问题

我们考虑先将本节的选址问题转化为一个等价问题，即"最小正方形触碰问题"（图 3.2），然后再进行求解，首先给出如下相关定义。

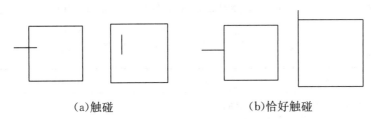

             （a)触碰   （b)恰好触碰

图 3.2　线段与正方形的位置关系

定义 3.1（触碰）　若线段l_i上至少有一个点位于正方形 S 内部或位于正方形 S（四条边）上，称一条线段l_i被一个正方形 S 触碰，或者称正方形 S 触碰线段l_i。若正方形 S 触碰线段l_i，且线段l_i上任意一点要么位于正方形 S 外部，要么位于正方形 S（四条边）上，称线段l_i被正方形 S 恰好触碰，或者称正方形 S 恰好触碰线段l_i。类似地，可定义关于一条线段被一个矩形触碰。

定义 3.2（最小正方形触碰问题）　在平面R^2上给定 n 条平行于坐标轴的线段集 $U = \{l_1, \cdots, l_n\}$，问题的目标是寻找一个平行于坐标轴的最小正方形 S，使得 U 中所有线段都被正方形 S 触碰，且正方形 S 的中心点 s 位于 U 中某条线段上，如图 3.3 所示。

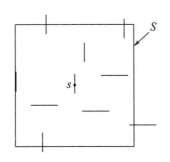

图 3.3　最小正方形触碰问题

注意：平行于坐标轴的正方形是指四条边分别平行于横坐标轴或纵坐标轴的正方形。类似地，有平行于坐标轴的矩形。

命题 3.1　二维几何平面上L_∞距离度量标准下的一个维修点选址问题等价

于最小正方形触碰问题：维修点的最优位置就是最优解正方形的中心点位置，且维修点到离它最远的需求线段的距离为最优解正方形边长的一半。

由命题 3.1 可知，我们可以将求解 L_∞ 距离度量标准下一个维修点选址问题转化为求解最小正方形触碰问题。为了确定目标正方形的四条边的位置，我们首先计算出一个平行于坐标轴的最小矩形 S'（不限定矩形的中心点 s' 位于 U 中某条线段上），使得 U 中所有线段都被最小矩形 S' 触碰。然后，我们需要移动 s' 至某条线段上的最近点 s 处且扩增矩形的边长，以得到问题要求的最小正方形 S。

算法大致流程如下：

算法 Alg_MinSqua

输入：n 条需求线段的端点横纵坐标。

输出：最小正方形的边长及其中心点坐标。

(1) 找到能触碰 U 中所有线段的最小矩形 S'：根据下述式(3-3)计算出 $x(p_L)$、$x(p_R)$、$y(p_T)$ 和 $y(p_B)$，从而得到 S' 及其中心点。

(2) 遍历 U 中所有线段，对每条线段 l_i 均执行：

以 l_i 上离 s' 最近的（L_1 距离度量标准下）一点为中心点，根据后文中算法 Alg_$S(i)$ 计算出触碰 U 中所有线段的最小正方形 $S(i)$ 及其边长 $\alpha(i)$。

(3) 步骤(2)共得到 n 个正方形，其中最小的正方形就是最优解，其边长为 $\min\limits_{1 \leqslant i \leqslant n} \alpha(i)$。

现在我们具体阐述计算过程。为了获取最小矩形 S'，我们先给出如下关于边界点和边界线段的定义（图 3.4）。

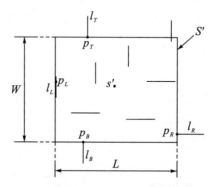

图 3.4　边界线段、边界点与最小矩形 S'

定义 3.3（边界线段与边界点）　左边界线段 l_L、右边界线段 l_R、上边界线段 l_T 以及下边界线段 l_B 为四条分别含有左边界点 p_L、右边界点 p_R、上边界点 p_T 与下边界点 p_B 的线段，其中边界点 p_L、p_R、p_T、p_B 分别定义为满足如下条件的点：

$$\begin{cases} x(p_L) = \min_{\forall l_i \in U}\{x(R(l_i))\}, & x(p_R) = \max_{\forall l_i \in U}\{x(L(l_i))\} \\ y(p_T) = \max_{\forall l_i \in U}\{y(B(l_i))\}, & y(p_B) = \min_{\forall l_i \in U}\{y(T(l_i))\} \end{cases} \tag{3-3}$$

注意：①符号 T、B、L、R 分别表示顶部、底部、左侧、右侧；②若 l_i 为竖直线段，则 $x(R(l_i)) = x(L(l_i)) = x(l_i)$，为 l_i 上任意一点的横坐标；若 l_i 为水平线段，则 $y(T(l_i)) = y(B(l_i)) = y(l_i)$，为 l_i 上任意一点的纵坐标。于是，如果左边界线段或右边界线段平行于纵坐标轴，那么该线段上任意一点可被认为是边界点。同样地，如果上边界线段或下边界线段平行于横坐标轴，则其上任意一点也可被认为是边界点。

于是，我们可以计算出一个平行于坐标轴的矩形，使得它的四条边分别与 l_L、l_R、l_T 及 l_B 恰好触碰，这个矩形左右边界的横坐标分别为 $x(p_L)$ 和 $x(p_R)$，上下边界的纵坐标分别为 $y(p_T)$ 和 $y(p_B)$。于是，这个矩形就是平行于坐标轴且与 U 中所有线段都触碰的最小矩形 S'，这是因为 S' 与 U 中所有线段都触碰等价于与四条边界线段触碰。

然后，调整矩形 S' 的大小和位置来获取所需要的平行于坐标轴的最小正方形 S。我们考虑先移动矩形的中心点至 U 中某条线段上，再扩大矩形使之成为一个正方形且仍能触碰 U 中所有线段（触碰四条边界线段）。具体分析如下：对于 U 中每条线段 l_i，我们考虑平移矩形 S'，使它的中心点 s' 移动到 l_i 上某点处，再增大矩形 S' 使它仍能触碰 U 中所有线段且矩形 S' 的四条边长度相等，从而得到正方形 $S(i)$。若 l_i 为一条水平线段，则矩形 S' 的中心点 s'（未移动前）到 l_i 上任意一点的 L_1 距离的竖直分量都相等，仅水平分量不等。而为了获得尽可能小的正方形，移动 s' 的水平距离和竖直距离都要尽量小，因此应将 s' 移动到 l_i 上距离它最近的（在 L_1 距离下）一点处。类似地，若 l_i 为一条竖直线段，其上任意一点到 s' 的 L_1 距离的水平分量相等而竖直分量不等，因此也应将 s' 移动到 l_i 上距离它最近的（在 L_1 距离下）一点处。

根据上述分析，我们有如下算法流程：

算法 Alg _ $S(i)$
输入：n 条需求线段的端点横纵坐标。
输出：中心点位于线段 l_i 上的正方形 $S(i)$ 的中心点坐标及其边长。
(1)对于 U 中任意一条线段 l_i，计算它到最小矩形 S' 中心点 s' 的 L_1 距离 $d_1(s',l_i)$，并记录该距离的水平分量 $d_h(s',l_i)$ 和竖直分量 $d_v(s',l_i)$ 以及 l_i 上距离点 s' 最近的点 s_i。
(2)对 U 中所有线段 l_i，计算 $\alpha(i)$：将矩形 S' 随它的中心点 s' 移动，s' 移动到线段 l_i 上离 s' 最近的（在 L_1 距离下）一点 s_i 处，然后将矩形 S' 扩大成能触碰 U 中所有线段的最小正方形 $S(i)$，令 $S(i)$ 的边长为 $\alpha(i)$。

不妨假设矩形 S' 的长和宽分别为其水平边与竖直边，且长度分别为 L 和 $W(L>W)$，如图 3.4 所示，于是有如下引理与定理。

引理 3.1 令正方形 $S(i)$ 是能够触碰 U 中所有线段且中心点位于线段 $l_i \in U$ 上离矩形中心点 s' 最近的一点 s_i 处（在 L_1 距离下）的最小正方形。则 $S(i)$ 的边长为：

$$\alpha(i) = \max\{L + 2d_h(s', l_i), \ W + 2d_v(s', l_i)\} \tag{3-4}$$

式中，$d_h(s', l_i)$ 和 $d_v(s', l_i)$ 分别为 $d_1(s', l_i)$ 的水平分量和竖直分量。

证明： 当我们将矩形 S' 的中心点 s' 移动到 l_i 上的点 s_i 处时，它在水平方向上移动了 $d_h(s', l_i)$ 距离，而在竖直方向上移动了 $d_v(s', l_i)$ 距离。水平方向上移动的距离决定了矩形的水平边至少要增大 $2d_h(s', l_i)$，平移后的矩形才仍能触碰左边界线段 l_L 和右边界线段 l_R。竖直方向上的移动距离决定了矩形的竖直边至少要增大 $2d_v(s', l_i)$，矩形才仍能触碰上边界线段 l_T 和下边界线段 l_B。于是，平移之后，为了保证矩形 S' 仍能触碰 U 中所有线段，它的水平边和竖直边的长度分别变为了 $L + 2d_h(s', l_i)$ 与 $W + 2d_v(s', l_i)$。因此，得到的最小正方形 $S(i)$ 的边长为这二者的较大值，即 $\alpha(i) = \max\{L + 2d_h(s', l_i), W + 2d_v(s', l_i)\}$。

定理 3.1 ①目标正方形 S 的边长为 $\alpha^* = \min\limits_{1 \leqslant i \leqslant n} \alpha(i)$（算法正确性）；②目标正方形 S 能在线性时间内被计算出。

证明： ①对于任意 i，根据正方形 $S(i)$ 的构造方式，可知正方形 $S(i)$ 能触碰 U 中所有线段，那么目标正方形 S 也必定能触碰 U 中所有线段。现在我们只需证明目标正方形 S 是符合要求的正方形中最小的正方形。又因为目标正方形 S 是正方形 $S(i)(1 \leqslant i \leqslant n)$ 中最小的一个，所以只需证明引理 3.1 中的正方形 $S(i)$ 是中心点位于线段 l_i 上且能触碰 U 中所有线段的最小正方形：不妨假设 l_i 位于 s' 的右下方，即 l_i 上任意一点均位于 s' 的右下方（其他情况类似可证）。那么，l_i 与上边界线段 l_T 在竖直方向上的距离为 $d_v(s', l_i) + d_v(s', l_T)$，即 $d_v(s', l_i) + \dfrac{W}{2}$，因此中心点在 l_i 上的正方形的边长不能小于 $2d_v(s', l_i) + W$，否则它无法触碰 l_T。同样地，l_i 与左边界线段 l_L 在水平方向上的距离为 $d_h(s', l_i) + d_h(s', l_L)$，即 $d_h(s', l_i) + \dfrac{L}{2}$，于是中心点在 l_i 上的正方形的边长不能小于 $2d_h(s', l_i) + L$。因此，引理 3.1 中的正方形 $S(i)$ 必定为中心点在 l_i 上的最小正方形。

②首先，算法花费 $O(n)$ 时间遍历 U 中所有线段，计算出四条边界线段与

相应的边界点，从而得到矩形 S' 及其中心点 s'。其次，算法再次遍历 U 中所有线段，计算 s' 到每条线段的 L_1 距离，并得到正方形 $S(i)(1 \leqslant i \leqslant n)$ 的边长，这也需要 $O(n)$ 时间。最后，取所有正方形 $S(i)$ 中最小的那个为目标正方形，仍需 $O(n)$ 时间。由于上述三个步骤是依次进行的，因此算法总的时间复杂度为 $O(n)$，证毕。

在本节最后，我们给出一点关于最优正方形的说明：由于问题要求正方形的中心点位于 U 中某条线段上，因此平行于坐标轴且与 U 中所有线段都触碰的最小正方形（问题最优解）并不一定是唯一的。也就是说，可能存在多个边长相等但中心点位置不同的最小正方形，如图 3.5(a)所示。甚至最小正方形可能有无穷个，如图 3.5(b)所示。但定理 3.1 确保了我们的算法必定能找到一个最小正方形。

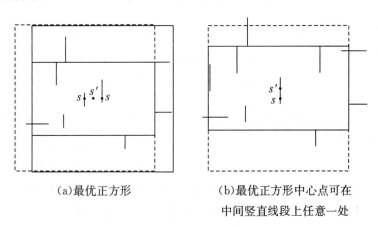

(a)最优正方形　　　　　　　(b)最优正方形中心点可在
　　　　　　　　　　　　　　　中间竖直线段上任意一处

图 3.5　最优正方形的说明

3.4　L_∞ 距离度量标准下的两个维修点选址问题

3.4.1　两个最小正方形触碰问题

延用上一节中关于"正方形触碰线段"的定义，类似于一个维修点的选址，我们可以将二维几何平面上 L_∞ 距离度量标准下的两个维修点的选址问题等价转化为两个最小正方形触碰问题（见定义 3.4）。

定义 3.4（两个最小正方形触碰问题）　在平面 R^2 上给定 n 条平行于坐标

轴的线段集 $U=\{l_1, l_2, \cdots, l_n\}$，问题的目标是寻找两个全等的平行于坐标轴的最小正方形 S_1 和 S_2，使得 U 中每条线段都至少被一个正方形触碰，且正方形 S_1 和 S_2 的中心点 s_1 和 s_2 都位于 U 中的线段上，如图 3.6 所示。

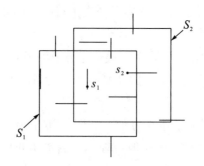

图 3.6 两个最小正方形触碰问题

命题 3.2 L_∞ 距离度量标准下的两个维修点选址问题等价于最小正方形触碰问题：两个维修点的最优位置分别是两个最小正方形的中心点的位置，且两个维修点到它们分别服务的最远需求线段的 L_∞ 距离等于最小正方形边长的一半。

为了找到最优解中的两个正方形，我们首先如上一节所述，计算出一个平行于坐标轴的最小矩形 S'（不限定矩形的中心点 s' 位于 U 中的线段上）。

但是在之后的操作中，我们无法使用 Voronoi 图的多边形边界线将矩形 S' 划分为两部分，再分别寻找触碰这两部分线段的最小正方形，并且同时还要如上一节中那样调整正方形位置使之中心点均位于 U 中的线段上。这是因为在调整正方形中心点的过程中，我们无法保证最后得到的正方形仍然是最小的。

如果直接使用枚举法，尝试同时定位两个正方形的中心点，我们不仅需要考虑两个中心点位置的 $O(n^2)$ 种组合方式（两个中心点可能位于的线段共有 n 条），而且还要考虑两个中心点具体定位于线段上的哪一点处。而一条线段上有无穷个连续的点，通常的处理方式是在线段上等距地选取出有限个点，再以这有限个点作为正方形中心点的可能位置来做后续运算。这样处理将会导致一个较高的运算时间抑或是一个不准确的结果。

于是，我们考虑下述方案：首先固定一个目标正方形 S_1（最优解中的正方形）的位置，再确定第二个目标正方形 S_2 的位置。而为了固定目标正方形 S_1，需要先假设目标正方形 S_1 的大小，再判定该假设是否成立。于是就需要首先考虑目标正方形 S_1 边长的可能值，也就是最优解中两个全等正方形边长的可能值。

引理 3.2 令问题最优解中正方形边长为 α^*,那么必定存在两条线段 l_i,$l_j \in U$,使得 $d_\infty(l_i, l_j) = \frac{\alpha^*}{2}$ 或 $d_\infty(l_i, l_j) = \alpha^*$。

证明: 最优解的两个全等正方形 S_1 和 S_2 中必定至少存在一个正方形(设为 S_1),它与 U 中某些线段恰好触碰。正方形 S_1 与 U 中的线段恰好触碰有如下两种情况:①正方形 S_1 仅与 U 中一条线段(设为 l_i)恰好触碰,此时中心点 s_1 的位置限制了正方形 S_1 的大小,那么 $d_\infty(s_1, l_i) = \frac{\alpha^*}{2}$,而 s_1 的位置被它所在的线段限制,不妨设该线段为 l_j,则 $d_\infty(s_1, l_i) = d_\infty(l_i, l_j)$,故 $d_\infty(l_i, l_j) = \frac{\alpha^*}{2}$;②正方形 S_1 与 U 中两条线段(设为 l_i 和 l_j)恰好触碰,并且 l_i 和 l_j 分别与正方形 S_1 的两条对边触碰,此时这两条线段限制了正方形的大小,那么 $d_\infty(l_i, l_j) = \alpha^*$。如果两个正方形与 U 中线段的位置关系均不是上述两种情况,那么我们可以同时缩小正方形 S_1 和 S_2,或者先移动 s_1 再同时缩小正方形 S_1 和 S_2,直至上述情况发生。而缩小后的两个正方形仍可触碰 U 中所有线段,这与正方形 S_1 和 S_2 是最优解(最小正方形)矛盾。因此,$d_\infty(l_i, l_j) = \frac{\alpha^*}{2}$ 或 $d_\infty(l_i, l_j) = \alpha^*$。

根据引理 3.2 可知,最优解正方形的边长要么等于 U 中某两条线段之间的 L_∞ 距离,要么等于 U 中某两条线段之间 L_∞ 距离的一半。于是,我们可以设计算法,对任意一个正方形边长的可能值进行判断:判断以其作为边长的两个正方形是否能触碰 U 中所有线段。

3.4.2 两个边长为 α 的正方形的判定

问题描述:对于一个给定的数值 α,判断是否存在两个边长均为 α 的平行于坐标轴的正方形 $S_1(\alpha)$ 和 $S_2(\alpha)$,使得 U 中每条线段均至少被正方形 $S_1(\alpha)$ 和 $S_2(\alpha)$ 中的一个触碰,且正方形 $S_1(\alpha)$ 和 $S_2(\alpha)$ 的中心点 s_1^c 和 s_2^c 均位于 U 中的线段上。

现在,我们求解上述对于边长 α 的判定性问题。如上一节所述求出平行于坐标轴且与 U 中所有线段都触碰的最小矩形 S'。同样地,这里也有四条边界线段 l_L、l_R、l_T 和 l_B。我们不妨同样假设矩形 S' 的长和宽分别为它的水平边和竖直边。于是,两个正方形中必有一个[设为 $S_1(\alpha)$]触碰 l_L,而另一个[设为 $S_2(\alpha)$]触碰 l_R。又因为我们的算法先固定正方形 $S_1(\alpha)$,然后用正方形 S_2

(α)去触碰所有未被正方形$S_1(\alpha)$触碰的线段，所以可以考虑按照$S_1(\alpha)$所触碰的边界线段来分为下述三种情况进行讨论：

情况 1：$S_1(\alpha)$触碰边界线段l_L和l_B，如图 3.7(a)所示。

情况 2：$S_1(\alpha)$触碰边界线段l_L和l_T，如图 3.7(b)所示。

情况 3：$S_1(\alpha)$仅触碰l_L，其它三条边界线段均由$S_2(\alpha)$触碰，如图 3.7(c)所示。

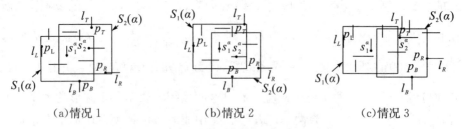

|(a)情况 1|(b)情况 2|(c)情况 3|

图 3.7　两个正方形与边界线段的触碰关系

注意：$S_1(\alpha)$同时触碰l_L、l_T和l_B这三条边界线段的情形包含在前两种情况中。

1. 情况 1：$S_1(\alpha)$触碰l_L和l_B

要固定正方形$S_1(\alpha)$，也就是确定它的中心点s_1^α的位置。由于$S_1(\alpha)$触碰l_L和l_B，因此s_1^α的坐标$(x(s_1^\alpha),\ y(s_1^\alpha))$满足：$x(s_1^\alpha)-x(p_L)\leqslant\dfrac{\alpha}{2}$，$y(s_1^\alpha)+\dfrac{\alpha}{2}\geqslant y(p_L)$；$x(s_1^\alpha)+\dfrac{\alpha}{2}\geqslant x(p_B)$，$y(s_1^\alpha)-y(p_B)\leqslant\dfrac{\alpha}{2}$，这四个不等式取等，当且仅当正方形$S_1(\alpha)$恰好触碰边界线段$l_L$和$l_B$时。据此，我们可以针对$U$中每条线段$l_i(1\leqslant i\leqslant n)$，判断中心点$s_1^\alpha$是否能位于其上。

引理 3.3(a)　在情况 1 下，对于任意一条线段$l_i\in U$，正方形$S_1(\alpha)$的中心点s_1^α能位于其上的充要条件是：

①若l_i是一条水平线段，那么l_i的左、右端点的横坐标分别满足$x(L(l_i))\leqslant x(p_L)+\dfrac{\alpha}{2}$和$x(R(l_i))\geqslant x(p_B)-\dfrac{\alpha}{2}$，$l_i$的纵坐标满足$y(p_L)-\dfrac{\alpha}{2}\leqslant y(l_i)\leqslant y(p_B)+\dfrac{\alpha}{2}$；

②若l_i是一条竖直线段，那么l_i的横坐标满足$x(p_L)-\dfrac{\alpha}{2}\leqslant x(l_i)\leqslant x(p_L)+\dfrac{\alpha}{2}$，$l_i$的上、下端点的纵坐标分别满足$y(T(l_i))\geqslant y(p_L)-\dfrac{\alpha}{2}$，$y(B(l_i))\leqslant$

$y(p_B) + \dfrac{\alpha}{2}$。

对于任意一条通过了引理 3.3(a)判定的线段，考虑置 $S_1(\alpha)$ 的中心点 s_1^α 于其上。而关于 s_1^α 在一条线段上的具体位置，则有如下性质。

引理 3.4(a)　如图 3.8 所示，①令 $S_{1,\alpha}^{\mathrm{left}}$ 与 $S_{1,\alpha}^{\mathrm{right}}$ 为两个边长均为 α 且中心点均在水平线段 $l_i \in U$ 上的正方形，且中心点 $s_{1,\alpha}^{\mathrm{left}}$ 位于中心点 $s_{1,\alpha}^{\mathrm{right}}$ 左侧。若这两个正方形均能同时触碰左边界线段 l_L 与下边界线段 l_B，U 中所有被正方形 $S_{1,\alpha}^{\mathrm{left}}$ 触碰的线段均能被正方形 $S_{1,\alpha}^{\mathrm{right}}$ 触碰。②令 $S_{1,\alpha}^{\mathrm{up}}$ 与 $S_{1,\alpha}^{\mathrm{down}}$ 为两个边长均为 α 且中心点均在竖直线段 $l_i \in U$ 上的正方形，且中心点 $s_{1,\alpha}^{\mathrm{up}}$ 位于中心点 $s_{1,\alpha}^{\mathrm{down}}$ 上方。若这两个正方形均能同时触碰左边界线段 l_L 与下边界线段 l_B，则 U 中所有被正方形 $S_{1,\alpha}^{\mathrm{down}}$ 触碰的线段均能被正方形 $S_{1,\alpha}^{\mathrm{up}}$ 触碰。

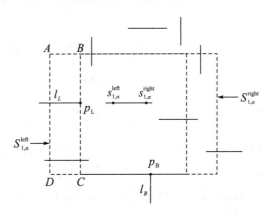

图 3.8　$S_1(\alpha)$ 的中心点位于一条水平线段上的两个位置

证明：此处仅证明引理 3.4(a)①点，第②点类似。令正方形 $S_{1,\alpha}^{\mathrm{left}}$ 与 $S_{1,\alpha}^{\mathrm{right}}$ 如图 3.8 所示。使用反证法，假设存在线段 $l_j \in U$ 只被 $S_{1,\alpha}^{\mathrm{left}}$ 触碰而未被 $S_{1,\alpha}^{\mathrm{right}}$ 触碰，则 l_j 与 $S_{1,\alpha}^{\mathrm{left}}$ 相交的部分只能位于图 3.8 中矩形 $ABCD$ 区域内。那么，l_j 上任意一点均位于点 p_L 的左侧，这与 p_L 是左边界点矛盾，故假设不成立，证毕。

由引理 3.4(a)可知，为了使正方形 $S_1(\alpha)$ 能触碰尽可能多的线段以使必须由正方形 $S_2(\alpha)$ 触碰的线段尽量少，我们应当使 $S_1(\alpha)$ 的中心点 s_1^α 的位置尽量靠右或靠上。于是，当考虑将 s_1^α 置于一条通过了引理 3.3(a)判定的线段 l_i 上时，若 l_i 是一条水平线段，则算法应当将 s_1^α 的坐标赋值为：

$$x(s_1^\alpha) \leftarrow \min\{x(p_L) + \tfrac{\alpha}{2},\ x(R(l_i))\},\quad y(s_1^\alpha) \leftarrow y(l_i) \qquad (3-5)$$

若 l_i 是一条竖直线段，则算法应该将 s_1^α 的坐标赋值为：

$$x(s_1^q) \leftarrow x(l_i), \quad y(s_1^q) \leftarrow \min\{y(p_B) + \frac{\alpha}{2}, \ y(T(l_i))\} \qquad (3-6)$$

现在，我们给出情况 1 下的判定过程：

---

(1)对于 U 中每条线段，判断是否能置正方形 $S_1(\alpha)$ 的中心点 s_1^q 于其上，即对于线段 l_i （$1 \leqslant i \leqslant n$），根据引理 3.3(a)判断是否能置 s_1^q 于其上。

①若否，则判断下一条线段 l_{i+1} 是否能安置 s_1^q。

②若是，则按式(3-5)或式(3-6)确定 s_1^q 在 l_i 上的位置，并计算此时正方形 $S_1(\alpha)$ 所触碰的 U 中的线段；然后，对于 U 中未被 $S_1(\alpha)$ 触碰的线段，调用 3.3 节中的算法，求出触碰这些线段的最小正方形，并判断该正方形的边长是否小于等于 α。

a. 若是，则能构造出正方形 $S_1(\alpha)$ 与 $S_2(\alpha)$，最优正方形的边长不超过 α；

b. 若否，则判断下一条线段 l_{i+1} 是否能安置 s_1^q。

(2)若遍历 U 中所有线段来安置正方形 s_1^q 之后，皆无法构造出正方形 $S_1(\alpha)$ 与 $S_2(\alpha)$，则在情况 2 下继续进行判定。

---

2. 情况 2：$S_1(\alpha)$ 触碰 l_L 和 l_T

在此种情况下，同样先固定正方形 $S_1(\alpha)$。因为正方形 $S_1(\alpha)$ 触碰 l_L 和 l_T，所以 s_1^q 的坐标 $(x(s_1^q), \ y(s_1^q))$ 满足 $x(s_1^q) - x(p_L) \leqslant \frac{\alpha}{2}$、$y(s_1^q) - \frac{\alpha}{2} \leqslant y(p_L)$、$x(s_1^q) + \frac{\alpha}{2} \geqslant x(p_T)$、$y(p_T) - y(s_1^q) \leqslant \frac{\alpha}{2}$，这四个不等式取等均当且仅当正方形 $S_1(\alpha)$ 恰好触碰边界线段 l_L 和 l_T。据此，我们可以针对 U 中每条线段 l_i（$1 \leqslant i \leqslant n$），判断中心点 s_1^q 是否能位于其上。

引理 3.3(b) 在情况 2 下，对于任意一条线段 $l_i \in U$，正方形 $S_1(\alpha)$ 的中心点 s_1^q 能位于其上的充要条件是：

①若 l_i 是一条水平线段，那么 l_i 的左、右端点的横坐标分别满足 $x(L(l_i)) \leqslant x(p_L) + \frac{\alpha}{2}$ 和 $x(R(l_i)) \geqslant x(p_B) - \frac{\alpha}{2}$，$l_i$ 的纵坐标满足 $y(p_T) - \frac{\alpha}{2} \leqslant y(l_i) \leqslant y(p_L) + \frac{\alpha}{2}$；

②若 l_i 是一条竖直线段，那么 l_i 的横坐标满足 $x(p_L) - \frac{\alpha}{2} \leqslant x(l_i) \leqslant x(p_L) + \frac{\alpha}{2}$，$l_i$ 的上、下端点的纵坐标分别满足 $y(T(l_i)) \geqslant y(p_T) - \frac{\alpha}{2}$ 和 $y(B(l_i)) \leqslant y(p_L) + \frac{\alpha}{2}$。

对于任意一条通过了引理 3.3(b)判定的线段，考虑设置 $S_1(\alpha)$ 的中心点 s_1^q 于其上。类似引理 3.4(a)，在情况 2 下，关于 s_1^q 在某条线段上的具体位置，有引理 3.4(b)。

引理 3.4(b) ①令 $S_{1,\alpha}^{left}$ 与 $S_{1,\alpha}^{right}$ 为两个边长均为 α 且中心点均在水平线段 $l_i \in U$ 上的正方形，且中心点 $s_{1,\alpha}^{left}$ 位于 $s_{1,\alpha}^{right}$ 左侧。若这两个正方形均能同时触碰左边界线段 l_L 与上边界线段 l_T，则 U 中所有被正方形 S_1^{left} 触碰的线段均能被正方形 $S_{1,\alpha}^{right}$ 触碰。

②令 $S_{1,\alpha}^{up}$ 与 $S_{1,\alpha}^{down}$ 为两个边长均为 α 且中心点均在竖直线段 $l_i \in U$ 上的正方形，且中心点 $s_{1,\alpha}^{up}$ 位于中心点 $s_{1,\alpha}^{down}$ 上方。若这两个正方形均能同时触碰左边界线段 l_L 与上边界线段 l_T，则 U 中所有被正方形 $S_{1,\alpha}^{up}$ 触碰的线段均能被正方形 $S_{1,\alpha}^{down}$ 触碰。

由引理 3.4(b)可知，为了使正方形 $S_1(\alpha)$ 能触碰尽可能多的线段以使必须由正方形 $S_2(\alpha)$ 触碰的线段尽量少，我们应当使 $S_1(\alpha)$ 的中心点 s_1^q 的位置尽量靠右或靠下。于是，当考虑将 s_1^q 置于一条通过了引理 3.3(b)判定的线段 l_i 上时，若 l_i 是一条水平线段，则应当将 s_1^q 的坐标赋值为：

$$x(s_1^q) \leftarrow \min\{x(p_L)+\frac{\alpha}{2}, \ x(R(l_i))\}, \ y(s_1^q) \leftarrow y(l_i) \qquad (3-7)$$

若 l_i 是一条竖直线段，则算法应当将 s_1^q 的坐标赋值为：

$$x(s_1^q) \leftarrow x(l_i), \ y(s_1^q) \leftarrow \max\{y(p_T)-\frac{\alpha}{2}, \ y(B(l_i))\} \qquad (3-8)$$

现在，我们给出情况 2 下的判定过程：

---

(1)对于 U 中每条线段，判断是否能置正方形 $S_1(\alpha)$ 的中心点 s_1^q 于其上，即对于线段 l_i $(1 \leqslant i \leqslant n)$，根据引理 3.3(b)判断是否能置 s_1^q 于其上。
①若否，则判断下一条线段 l_{i+1} 是否能安置 s_1^q。
②若是，则按式(3−7)或式(3−8)确定 s_1^q 在 l_i 上的位置，并计算此时正方形 $S_1(\alpha)$ 所触碰的 U 中的线段；然后，对于 U 中未被 $S_1(\alpha)$ 触碰的线段，调用 3.3 节中的算法，求出触碰这些线段的最小正方形，并判断该正方形的边长是否小于等于 α。
a. 若是，则能构造出正方形 $S_1(\alpha)$ 与 $S_2(\alpha)$，最优正方形的边长不超过 α；
b. 若否，则判断下一条线段 l_{i+1} 是否能安置 s_1^q。
(2)若遍历 U 中所有线段来安置正方形 s_1^q 之后，皆无法构造出正方形 $S_1(\alpha)$ 与 $S_2(\alpha)$，则在情况 3 下继续进行判定。

---

3. 情况 3：$S_1(\alpha)$ 仅触碰 l_L

在情况 3 下，因为 $S_1(\alpha)$ 仅触碰 l_L，不便于直接确定其位置，而 $S_2(\alpha)$ 触碰了 l_T、l_B、l_R 这三条边界线段，故首先考虑固定正方形 $S_2(\alpha)$，再判定未被 $S_2(\alpha)$ 触碰的线段能否被 $S_1(\alpha)$ 触碰。

因为正方形 $S_2(\alpha)$ 同时触碰 l_T、l_B、l_R，所以它的中心点 s_2^q 的坐标

$(x(s_2^a),\ y(s_2^a))$ 满足 $x(p_R)-x(s_2^a)\leqslant\dfrac{\alpha}{2}$、$x(s_2^a)-\dfrac{\alpha}{2}\leqslant\min\{x(p_T),\ x(p_B)\}$、

$y(p_T)-y(s_2^a)\leqslant\dfrac{\alpha}{2}$ 以及 $y(p_T)-y(p_B)\leqslant\dfrac{\alpha}{2}$。注意：后两个不等式表示适宜于情况三的正方形的边长 α 必须满足 $\alpha\geqslant y(p_T)-y(p_B)$。于是，对于判断正方形 $S_2(\alpha)$ 的中心点 s_2^a 是否能位于某条线段 $l_i\in U$ 上，有引理 3.3(c)。

引理 3.3(c)　在情况 3 下，对于任意一条线段 $l_i\in U$，正方形 $S_2(\alpha)$ 的中心点 s_2^a 能位于其上的充要条件是：

①若 l_i 是一条水平线段，那么 l_i 的左、右端点的横坐标分别满足 $x(L(l_i))\leqslant\min\{x(p_T),\ x(p_B)\}+\dfrac{\alpha}{2}$、$x(R(l_i))\geqslant x(p_R)-\dfrac{\alpha}{2}$，$l_i$ 的纵坐标满足 $y(p_T)-\dfrac{\alpha}{2}\leqslant y(l_i)\leqslant y(p_B)+\dfrac{\alpha}{2}$；

②若 l_i 是一条竖直线段，那么 l_i 的横坐标满足 $x(p_R)-\dfrac{\alpha}{2}\leqslant x(l_i)\leqslant\min\{x(p_T),\ x(p_B)\}+\dfrac{\alpha}{2}$，$l_i$ 的上、下端点的纵坐标分别满足 $y(T(l_i))\geqslant y(p_T)-\dfrac{\alpha}{2}$ 与 $y(B(l_i))\leqslant y(p_B)+\dfrac{\alpha}{2}$。

对于任意一条通过了引理 3.3(c)判定的线段，考虑设置 $S_2(\alpha)$ 的中心点 s_2^a 于其上。类似引理 3.4(a)和引理 3.4(b)，在情况 3 下，关于 s_2^a 在某条线段上的具体位置，有如下引理 3.4(c)。

引理 3.4(c)　①令 $S_{2,a}^{\text{left}}$ 与 $S_{2,a}^{\text{right}}$ 为两个边长均为 α 且中心点均在水平线段 $l_i\in U$ 上的正方形，且中心点 $s_{2,a}^{\text{left}}$ 位于 $s_{2,a}^{\text{right}}$ 左侧。若这两个正方形均能同时触碰右边界线段 l_R、上边界线段 l_T 与下边界线段 l_B，则 U 中所有被正方形 $S_{2,a}^{\text{right}}$ 触碰的线段均能被正方形 $S_{2,a}^{\text{left}}$ 触碰。

②令 $S_{2,a}^{\text{up}}$ 与 $S_{2,a}^{\text{down}}$ 为两个边长均为 α 且中心点均在竖直线段 $l_i\in U$ 上的正方形，且中心点 $s_{2,a}^{\text{up}}$ 位于中心点 $s_{2,a}^{\text{down}}$ 上方。若这两个正方形均能同时触碰右边界线段 l_R、上边界线段 l_T 与下边界线段 l_B，则 U 中所有被正方形 $S_{2,a}^{\text{up}}$ 触碰的线段的集合与所有被正方形 $S_{2,a}^{\text{down}}$ 触碰的线段的集合相同。

由引理 3.4(c)可知，在情况 3 下，为了使正方形 $S_2(\alpha)$ 能触碰尽可能多的线段，应使它的中心点 s_2^a 的位置尽量靠左。因此，当考虑将 s_2^a 置于一条通过了引理 3.3(c)判定的线段 l_i 上时，若 l_i 是一条水平线段，则应将 s_2^a 的坐标赋值为：

$$x(s_2^a)\leftarrow\max\{x(p_R)-\dfrac{\alpha}{2},\ x(L(l_i))\},\ y(s_2^a)\leftarrow y(l_i) \tag{3-9}$$

若 l_i 是一条竖直线段，则无论 s_2^a 在 l_i 上何处，只要 $S_2(\alpha)$ 能触碰上、下两个边界线段，那么 $S_2(\alpha)$ 所触碰的线段都相同，于是可对 s_2^a 的坐标赋值为：

$$\begin{cases} x(s_2^a) \leftarrow x(l_i) \\ y(s_2^a) \leftarrow \dfrac{1}{2}\{\max\{y(B(l_i)),\ y(p_T) - \dfrac{\alpha}{2}\}\}, \\ \min\{y(T(l_i)),\ y(p_B) + \dfrac{\alpha}{2}\} \end{cases} \tag{3-10}$$

实际上，对于一条通过了引理 3.4(c) 判定的竖直线段 l_i，在其上任意一点安置 s_2^a 都不会影响正方形 $S_1(\alpha)$ 与 $S_2(\alpha)$ 是否能触碰所有线段的判定结果。

现在我们给出情况 3 下的判定过程：

预判断：若 $\alpha < y(p_T) - y(p_B)$，则在情况三下肯定无法构造出两个能触碰 U 中所有线段的边长为 α 的正方形，那么最优解中两个正方形的边长大于 α；若 $\alpha \geqslant y(p_T) - y(p_B)$，则在情况 3 下做如下判定。

(1)对于 U 中每条线段，判断是否能置正方形 $S_2(\alpha)$ 的中心点 s_2^a 于其上，即对于线段 l_i $(1 \leqslant i \leqslant n)$，根据引理 3.3(c) 判断是否能置 s_2^a 于其上。

①若否，则判断下一条线段 l_{i+1} 是否能安置 s_2^a。

②若是，则按式(3-9)式(3-10)确定 s_2^a 在 l_i 上的位置，并计算此时正方形 $S_2(\alpha)$ 所触碰的 U 中的线段；然后，对于 U 中未被 $S_2(\alpha)$ 触碰的线段，调用 3.3 节中的算法，求出触碰这些线段的最小正方形，并判断该正方形的边长是否小于等于 α。

a. 若是，则能构造出正方形 $S_1(\alpha)$ 与 $S_2(\alpha)$，最优正方形的边长不超过 α；

b. 若否，则判断下一条线段 l_{i+1} 是否能安置 s_2^a。

(2)若遍历 U 中所有线段来安置 s_1^a 之后，皆无法构造出正方形 $S_1(\alpha)$ 与 $S_2(\alpha)$，则在情况 3 下无法构造出符合条件的正方形(也就是说，在三种情况下都无法构造出能触碰所有线段的两个边长均为 α 的正方形)，则最优解中两个正方形的边长大于 α。

3.4.3 算法设计与分析

在前文对判定性问题的分析的基础上，给出两个最小正方形触碰问题(优化问题)，即 L_∞ 距离度量标准下平面上两个维修点选址问题的算法流程：

算法 Alg _ 2MatL_∞

输入：n 条需求线段的端点坐标。

输出：两个最优触碰正方形的边长及二者的中心点坐标。

(1)计算边界线段、边界点的坐标；根据引理 3.2 计算出最优正方形边长的所有可能值，并对这些值按大小进行排序。

(2)对上述边长可能值的序列应用二分查找法，依次对每次查找的数值进行如下步骤(3)所述的判定。

(3)判断以查找到的数值 α 为边长的两个正方形能否触碰 U 中所有线段：

①依次考虑前文中的三种情况，分别判断在各种情况下能否构造出这样的两个正方形：在每种情况的考察中，先固定正方形 $S_1(\alpha)$，再判断正方形 $S_2(\alpha)$ 是否能触碰 U 中所有未被正方形 $S_1(\alpha)$ 触碰的线段。

②若在三种情况下均无法构造出两个触碰 U 中所有线段的正方形，则二分查找比 α 大的数值；而若在某一种情况下构造出了两个能触碰 U 中所有线段的正方形，则二分查找比 α 小的数值。

(4)二分查找结束，得到最优解中两个正方形的边长及其中心点坐标。

定理 3.2 算法 Alg _ 2MatL_∞ 的正确性。

证明：由引理 3.2 可知，算法在距离值序列上使用二分查找法一定可以找到最优解。现在只需证明判定性问题的算法的正确性。

判定性问题的算法是判断能否用两个边长为 α 的正方形来触碰 U 中所有线段的方法。对于判定通过的情况，算法的正确性由正方形 $S_2(\alpha)$ 的构造方法来保证。于是，我们只需证明在判定不通过的情况下，算法也是正确的。

不妨以 3.4.2 小节中的情况一为例进行证明，其他两种情况类似。

因为在判定分析时，算法遍历了 U 中所有线段，所以算法不通过表明：无论 $S_1(\alpha)$ 的中心点 s_1^q 位于 U 中哪条线段上，都无法构造出两个边长为 α 的正方形。使用反证法，假设判定不通过时，仍至少存在一条线段 $l_i \in U$，使得当中心点 s_1^q 位于 l_i 上时，能构造出边长为 α 的正方形 $S_1(\alpha)$ 及 $S_2(\alpha)$。

不妨假设 l_i 是一条水平线段(l_i 是竖直线段的情况同理可证)。算法根据式(3－5)对 s_1^q 的横坐标赋值为 $x(s_1^q) \leftarrow \min\{x(p_L) + \frac{\alpha}{2},\ x(R(l_i))\}$。我们仅讨论当 $x(p_L) + \frac{\alpha}{2} \leqslant x(R(l_i))$ 时的情况(另一种情况的分析完全类似)。此时，算法赋值 $x(s_1^q) \leftarrow x(p_L) + \frac{\alpha}{2}$。由于在这个赋值下，无法构造出正方形 $S_1(\alpha)$ 及 $S_2(\alpha)$，而反证法却假设能构造出，故若假设成立，则对 $x(s_1^q)$ 的赋值必定不等于 $x(p_L) + \frac{\alpha}{2}$。

现在考虑对 $x(s_1^a)$ 的赋值。$x(s_1^a)$ 不能大于 $x(p_L)+\frac{\alpha}{2}$，否则正方形 $S_1(\alpha)$

无法触碰左边界线段 l_L。那么，只能将 $x(s_1^a)$ 赋值为一个小于 $x(p_L)+\frac{\alpha}{2}$ 的值，这样赋值相当于将算法计算出的正方形 $S_1(\alpha)$ 向左侧平移。然而，由引理 3.4(a) 可知，向左侧平移只可能使正方形 $S_1(\alpha)$ 所触碰的线段减少，这样还是无法构造出触碰所有线段的正方形 $S_1(\alpha)$ 和 $S_2(\alpha)$，因此假设不成立。故算法判定不通过时，确实无法构出两个能触碰 U 中所有线段且边长为 α 的正方形。

综上所述，算法正确性得证。

引理 3.5　3.4.2 小节中三种情况下的判定过程均需要 $O(n^2)$ 时间。

证明：由于在三种情况下的判定过程相似，因此我们只需考虑在情况一下进行判定的时间复杂度。

在情况一下：①正方形 $S_1(\alpha)$ 的中心点 s_1^a 可能位于 U 中任意一条线段上，我们依次考虑，则有 $O(n)$ 种选择；②对于每条线段，我们判断是否能置 s_1^a 于其上，若是，则定位 s_1^a 并构造正方形 $S_1(\alpha)$，这一步可在常数时间内完成(若否，则判断下一条线段)；③我们计算 U 中被正方形 $S_1(\alpha)$ 触碰了的线段，其余即为需要被正方形 $S_2(\alpha)$ 触碰的线段，因为每条线段都需要判断一次，所以这一步需要 $O(n)$ 时间；④对于未被正方形 $S_1(\alpha)$ 触碰的 U 中的线段，通过调用 3.3 节中一个维修点选址问题的算法，我们可在 $O(n)$ 时间内求得触碰这些线段的最小正方形的边长，并将其与 α 进行比较。因为上述②~④步是在同一层循环中连续进行的，所以它们总共需要 $O(n)$ 时间。再考虑到第①步的 $O(n)$ 次循环，故算法针对情况一的运算时间复杂度为 $O(n^2)$，整个判定过程需要 $O(n^2)$ 时间。

定理 3.3　算法 Alg_2MatL$_\infty$ 的时间复杂度为 $O(n^2\log n)$。

证明：为了求解优化问题，我们在最优正方形边长的可能值的序列上运用二分查找法，选出每次进行判定的两个正方形的边长。由引理 3.2 可知，最优解中正方形的边长可能等于 U 中任意两条线段之间的距离或该距离值的一半。而 U 中 n 条线段两两之间的距离最多有 $O(n^2)$ 个不同的值，再算上每个距离值的 $1/2$，仍是最多有 $O(n^2)$ 个不同的值。

二分查找之前，先对这 $O(n^2)$ 个值进行排序，需要 $O(n^2\log(n^2))=O(n^2\log n)$ 时间。然后使用二分查找法选出 $\log(n^2)$ 个[即 $O(\log n)$ 个]需要判定的最优正方形的边长可能值。算法对每个可能值进行判定，判定过程在 3.4.2 小节的三种情况下依次进行，于是根据引理 3.5 可知，对每个边长可能

值的判定至多需要 $O(n^2)$ 时间，因此整个算法得到最优解需要运行 $O(n^2 \log n)$ 时间。

3.5 L_1 距离度量标准下的一个维修点选址问题

3.5.1 最小菱形触碰问题及最小菱形的性质

类似于 3.3 节的处理方式，将 L_1 距离度量标准下的一个维修点选址问题转换为"最小菱形触碰问题"来进行求解，先给出如下相关定义。

定义 3.5（菱形） 通常，菱形指四条边都相等的四边形，直角菱形指一个顶角为 90° 的菱形，即正方形。而为了方便，此处定义的菱形专指与坐标轴成 45° 的直角菱形。本章之后所提及的菱形皆为此定义所指的菱形。

注意：与坐标轴成 45° 的菱形是指四条边均与横、纵坐标轴夹角成 45° 的菱形。

定义 3.6（触碰） 类似于定义 3.1，可定义线段与菱形之间的位置关系：触碰与恰好触碰。若线段 l_i 上至少有一个点位于菱形 Q 内部或位于菱形 Q（四条边）上，称一条线段 l_i 被一个菱形 Q 触碰，或者称菱形 Q 触碰线段 l_i。若菱形 Q 触碰线段 l_i 且线段 l_i 上任意一点都不位于菱形 Q 内部（不包括边界），称线段 l_i 被菱形 S 恰好触碰，或者称菱形 S 恰好触碰线段 l_i。具体如图 3.9 所示。

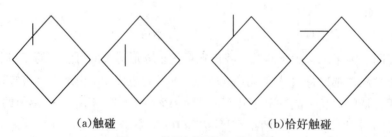

(a)触碰   (b)恰好触碰

图 3.9　线段与菱形的位置关系

定义 3.7（最小菱形触碰问题） 在平面 R^2 上给定 n 条平行于坐标轴的线段集 $U = \{l_1, l_2, \cdots, l_n\}$，问题的目标是寻找一个最小的菱形 Q，使得 U 中所有线段都被菱形 Q 触碰，且菱形 Q 的中心点 q 位于某条线段上，如图 3.10 所示。

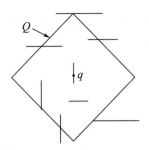

图 3.10　最小菱形触碰问题

由于菱形的中心点 q 到它的四条边上任意一点的 L_1 距离均相等，因此类似于 3.3 节中的命题 3.1，有如下命题 3.3。

命题 3.3　L_1 距离度量标准下的一个维修点选址问题等价于最小菱形触碰问题：维修点的最优位置就是最优解菱形的中心点位置，且维修点到离它最远的需求线段的距离为最优解菱形边长的 $\sqrt{2}$ 倍。

根据命题 3.3，我们将对维修点的选址问题转化为求解最小菱形触碰问题。仿照 3.3 节中寻找最小正方形的方法，我们同样试图先确定最小菱形的四条边的位置。因为菱形的四条边均与坐标轴成 45°，为了在与坐标轴成 45°的两个方向上找到"最外侧"的线段，我们对 U 中每条线段的端点的坐标[设为 $(x，y)$]做如下变化 $(x，y)\rightarrow(x'，y')$（图 3.11）：

$$\begin{cases} x'=x\cos 45°+y\sin 45°=\dfrac{x+y}{\sqrt{2}} \\[2mm] y'=y\cos 45°-x\sin 45°=\dfrac{y-x}{\sqrt{2}} \end{cases} \tag{3-11}$$

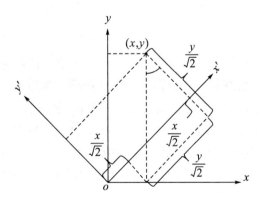

图 3.11　坐标变换

本节延用 3.3 节中关于边界线段的定义 3.3，也有如下概念：左边界线段

l_L、右边界线段 l_R、上边界线段 l_T 以及下边界线段 l_B。而为了确定最小菱形的位置，这里还需要了解如图 3.11 所示的 x' 和 y' 方向上的另外四条边界线段。为了叙述方便，先给出如下选择运算的定义，然后再定义 x' 和 y' 方向上的边界线段。

定义 3.8（选择运算） 对于一条线段，前文已定义了取端点操作 $L(\cdot)$、$R(\cdot)$、$T(\cdot)$ 和 $B(\cdot)$。在这些操作上再定义选择运算，用符号。表示：$T \circ L$、$T \circ R$、$B \circ L$ 及 $B \circ R$。其中，$T \circ L$ 对竖直线段取上端点，对水平线段取左端点；$T \circ R$ 对竖直线段取上端点，对水平线段取右端点；$B \circ L$ 对竖直线段取下端点，对水平线段取左端点；$B \circ R$ 对竖直线段取下端点，对水平线段取右端点，即：

$$\begin{cases} T \circ L(l_i) = \begin{cases} T(l_i), & l_i \text{ 竖直} \\ L(l_i), & l_i \text{ 水平} \end{cases}, \quad T \circ R(l_i) = \begin{cases} T(l_i), & l_i \text{ 竖直} \\ R(l_i), & l_i \text{ 水平} \end{cases} \\ B \circ L(l_i) = \begin{cases} B(l_i), & l_i \text{ 竖直} \\ L(l_i), & l_i \text{ 水平} \end{cases}, \quad B \circ R(l_i) = \begin{cases} B(l_i), & l_i \text{ 竖直} \\ R(l_i), & l_i \text{ 水平} \end{cases} \end{cases}$$

$$(3-12)$$

定义 3.9（边界线段与边界点） 在定义 3.3 的基础上，再定义四条边界线段：左上边界线段 l_{TL}、左下边界线段 l_{BL}、右上边界线段 l_{TR} 以及右下边界线段 l_{BR} 为四条分别含有左上边界点 p_{TL}、左下边界点 p_{BL}、右上边界点 p_{TR} 与右下边界点 p_{BR} 的线段，至此，总共定义了八条边界线段及八个边界顶点。其中边界点 p_{TL}、p_{BL}、p_{TR}、p_{BR} 分别定义为满足如下条件的点：

$$\begin{cases} y'(p_{TL}) = \max_{\forall l_i \in U}\{y'(B \circ R(l_i))\}, \quad x'(p_{BL}) = \min_{\forall l_i \in U}\{x'(T \circ R(l_i))\} \\ x'(p_{TR}) = \max_{\forall l_i \in U}\{x'(B \circ L(l_i))\}, \quad y'(p_{BR}) = \min_{\forall l_i \in U}\{y'(T \circ L(l_i))\} \end{cases}$$

$$(3-13)$$

于是，可以计算出一个与坐标轴成 45° 的矩形 F，使得它的四条边分别与 l_{TL}、l_{BL}、l_{TR}、l_{BR} 恰好触碰，如图 3.12(a) 所示。令矩形 F 的中心点为 f，设矩形 F 的上、左、下、右四个顶点分别为点 a、点 b、点 c、点 d。不妨假设矩形 F 的长边平行于 y' 轴，而短边平行于 x' 轴。这里需要注意的是，不同于 3.3 节中得到的矩形那样能触碰 U 中的所有线段，U 中的线段可能有部分未被矩形 F 触碰，如图 3.12(b) 所示。但关于矩形 F 与 U 中未被 F 触碰的线段，有如下性质。

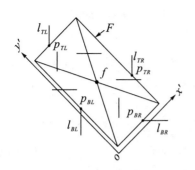
(a)边界线段、边界点与矩形 F

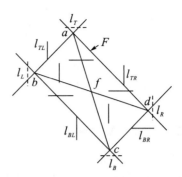
(b)矩形未触碰线段(虚线标记)

图 3.12 矩形 F 与未触碰线段

定义 3.10(包含) 若 B 内部任意一点都位于 A 的内部,称一个几何图形 A 包含(或覆盖)另一个几何图形 B。

引理 3.6 最小菱形触碰问题的目标菱形 Q 必定包含矩形 F。

引理 3.7 未被矩形 F 触碰的任意一条线段一定与 F 的某两条相邻边的延长线相交。如图 3.12(b)所示,线段 l_T 与矩形 F 的边 ba 的延长线和边 da 的延长线相交。

证明: 不妨以线段 l_T 为例来进行证明。假设 l_T 不与边 ba 的延长线相交,那么 $x'(B \circ R(l_T)) = x'(R(l_T)) < x'(T(l_{TL})) = x'(B \circ R(l_{TL}))$,这与线段 l_{TL} 的定义矛盾。同样地,若 l_T 不与边 da 的延长线相交,则与 l_{TR} 的定义矛盾,证毕。

注意:引理 3.7 同时也表明,位于矩形 F 的上顶点 a 的上方且未被矩形 F 触碰的线段一定是水平线段,如图 3.12(b)所示。对位于矩形 F 的其他三个顶点的外侧且未被矩形 F 触碰的线段也有类似的结论。

引理 3.8 若矩形 F 上顶点的上方存在未被矩形 F 触碰的线段,那么上边界线段 l_T 一定未被矩形 F 触碰;反之,若上边界线段 l_T 被矩形 F 触碰,那么矩形 F 上顶点的上方不存在未被矩形 F 触碰的线段。其中,上边界线段定义见 3.3 节中的定义 3.3。此外,对于矩形 F 的其他三个顶点与相应的边界线段,也存在类似结论。

根据引理 3.6～3.8,可直接得到如下推论。

推论 3.1 最小菱形触碰问题的目标菱形 Q 是满足下述三个条件的最小菱形:

(1)中心点 q 在 U 中某条线段上;

(2)包含矩形 F;

(3)同时触碰左边界线段 l_L、右边界线段 l_R、上边界线段 l_T 以及下边界线段 l_B。

引理 3.9 一个包含矩形 F 的菱形 Q' 能触碰 l_L、l_R、l_T、l_B 的充要条件是 Q' 的左顶点位于 l_L 左侧、右顶点位于 l_R 右侧、上顶点位于 l_L 上方、下顶点位于 l_B 下方。

证明：引理 3.9 的必要性是显然的，只需证明其充分性。不妨证明菱形 Q' 能触碰 l_T，其他三个同理可证。假设 Q' 未触碰 l_T（反证），又因为 Q' 的上顶点位于 l_T 上方，所以 l_T 要么位于 Q' 的左上边的左侧，要么位于 Q' 的右上边的右侧。若 l_T 位于 Q' 的左上边的左侧，则 l_T 与 F 的边 ba 的延长线不相交；若 l_T 位于 Q' 的右上边的右侧，则 l_T 与 F 的边 da 的延长线不相交。Q' 未触碰 l_T，则 F 一定也未触碰 l_T。于是由引理 3.7 可知，l_T 与 ba 的延长线和 da 的延长线都相交，与假设矛盾，所以菱形 Q' 触碰 l_T。

由推论 3.1 和引理 3.9，我们可以直接得到下述定理。

定理 3.4 最小菱形触碰问题的目标菱形 Q 是满足下述三个条件的最小菱形：

(1)中心点 q 在 U 中某条线段上；

(2)包含矩形 F；

(3)左顶点位于 l_L 左侧、右顶点位于 l_R 右侧、上顶点位于 l_T 上方、下顶点位于 l_B 下方。

因此，我们寻找最优解菱形就是要找到满足定理 3.4 中三个条件的最小菱形。现在我们参考 3.3 节中寻找最小正方形的过程：先找到最小矩形［对应于此处的条件(2)］，再将中心点移动到 U 中某条线段上［对应于此处的条件(1)］，并扩增为正方形。但此处还要求菱形满足条件(3)，这一条件无法在上述过程中达成，这是因为加上条件(3)之后，上述过程的两个步骤中至少有一个会变为双目标操作。

由此，我们考虑借鉴 3.4 节中对边长做判定的算法，先计算出最优解中菱形边长的所有可能值，再判断以这些可能值作为边长的菱形是否满足定理 3.4 中的条件(1)～(3)。

进一步，对应 3.4 节中的最优正方形，其边长可能值的数量是有限的。那么对于本节的最优菱形，同样根据菱形需要触碰 U 中所有线段这一要求，也应该能类似地找出目标菱形边长的所有可能值，且这些可能值的数量有限。具体分析过程如引理 3.10 所述。

引理 3.10 最小菱形触碰问题的目标菱形的边长 α^* 一定由 U 中某两条线

段之间的 L_1、L_∞ 距离或某三条线段两两之间的 L_1、L_∞ 距离决定。

证明： 类似于 3.4 节中引理 3.2 的证明过程，这里也从限制菱形大小的因素入手分析。不同于引理 3.2 的是，除了要考虑菱形中心点位于线段上、菱形的边与线段恰好触碰这两种情况，这里还需要考虑菱形的顶点恰好触碰线段的情况。

于是可以分情况进行讨论，当菱形与 U 中线段的位置关系不属于下列情况之一时，都可以通过缩小菱形的大小直至下列某种情况发生（由此可确定目标菱形边长的可能值）。按菱形的边恰好与线段触碰的情况来分类：

情况 1：菱形的两条对边分别与一条线段恰好触碰，如图 3.13(a)所示。

情况 2：菱形没有边（不含顶点）与线段恰好触碰，如图 3.13(b)与图 3.13(c)所示。

情况 3：菱形仅有一条不含顶点的边与一条线段恰好触碰，如图 3.13(d)与图 3.13(e)所示。

情况 4：菱形的两条邻边分别与一条线段恰好触碰，如图 3.13(f)与图 3.13(g)所示。

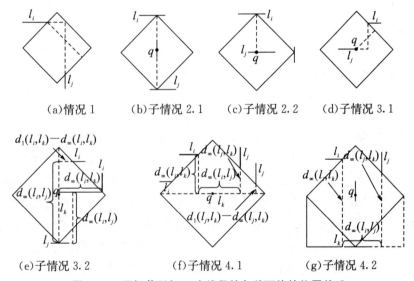

(a)情况 1　　(b)子情况 2.1　　(c)子情况 2.2　　(d)子情况 3.1

(e)子情况 3.2　　(f)子情况 4.1　　(g)子情况 4.2

图 3.13　目标菱形与 U 中线段的各种可能的位置关系

(1)对于情况 1，令与目标菱形恰好触碰的两条线段为 l_i 和 l_j，如图 3.13(a)所示：

$$d_1(l_i,\ l_j)=\sqrt{2}\alpha^*　　　　　　(3-14)$$

(2)对于情况 2，要确定目标菱形的大小，还需要菱形的顶点与线段恰好触碰或者对菱形中心点位置的限制，否则菱形可以缩小，于是有如下两种子情况。

①子情况 2.1：菱形的两个相对顶点分别与一条线段恰好触碰，如图 3.13(b)所示。令这两条线段分别为 l_i 和 l_j，则：

$$d_\infty(l_i, l_j) = \sqrt{2}\alpha^* \tag{3-15}$$

②子情况 2.2：菱形的一个顶点或两个相邻顶点恰好触碰线段，如图 3.13(c)所示。若仅有一个顶点恰好触碰线段(设为 l_i)，要确定菱形大小，必有中心点位于某线段(设为 l_j)上且 l_i 平行于 l_j，则：

$$d_\infty(l_i, l_j) = \frac{\alpha^*}{\sqrt{2}} \tag{3-16}$$

而若菱形有两个相邻顶点恰好触碰线段，那么这两个顶点中必有一个顶点恰好触碰的线段(设为 l_i)与中心点所在的线段(设为 l_j)互相平行，则也有：

$$d_\infty(l_i, l_j) = \frac{\alpha^*}{\sqrt{2}} \tag{3-17}$$

(3)对于情况 3，要确定目标菱形的大小，除了一条与线段(设为 l_i)恰好触碰的边，还需要确定中心点的位置或者顶点的位置，这需要分为如下两种子情况进行讨论。

①子情况 3.1：仅由中心点的位置即可确定菱形的大小。此时，中心点必然位于某线段(设为 l_j)的端点处，如图 3.13(d)所示，那么：

$$d_1(l_i, l_j) = \frac{\alpha^*}{\sqrt{2}} \tag{3-18}$$

②子情况 3.2：考虑除一条边以外，还需要菱形的顶点与 U 中线段触碰。由于两个顶点与线段触碰的情况与情况 2 重复，因此，这里只考虑还有一个顶点与线段触碰的情况。然而，仅根据一个顶点与一条边分别与一条线段触碰这些信息，目标菱形的大小依然无法确定。于是进一步考虑中心点所处线段这个信息，设与边和顶点恰好触碰的线段分别为 l_i 和 l_j，设中心点所在的线段为 l_k，如图 3.13(e)所示。首先，l_k 必定垂直于 l_j，否则与情况 2.2 重复。于是，根据 l_i 与菱形的边触碰的位置的不同，目标菱形的边长有两种可能性。当 l_i 与菱形的边触碰之处靠近菱形中部时［图 3.13(e)中加粗线段 l_i 所示］：

$$d_\infty(l_i, l_k) + d_\infty(l_i, l_j) = \sqrt{2}\alpha^* \tag{3-19}$$

而当 l_i 与菱形的边触碰之处靠近菱形顶部时[图 3.13(e)中线段 l_i 所示]：

$$d_1(l_i, l_k) - d_\infty(l_i, l_k) + d_\infty(l_i, l_j) = \sqrt{2}\alpha^* \tag{3-20}$$

(4)对于情况 4，菱形的两条邻边位置由其所触碰的线段决定，但这还无法保证菱形不能缩小。若要确定目标菱形的大小，还需确定菱形的中心点或一个顶点的位置。

①子情况 4.1：目标菱形的大小由两条邻边所恰好触碰的线段 l_i 和 l_j 与中心点所在的线段 l_k 确定，如图 3.13(f)所示。当线段 l_i 与菱形的边触碰之处靠近菱形顶部[图 3.13(f)中加粗线段 l_i]且 l_j 与菱形的边触碰之处也靠近菱形顶部[图 3.13(f)中加粗线段 l_j]时，有：

$$d_\infty(l_i, l_k) + d_\infty(l_i, l_j) + d_\infty(l_j, l_k) = \sqrt{2}\alpha^* \tag{3-21}$$

类似地，当 l_i 位置如图 3.13(f)中线段 l_i 所示，l_j 位置如图 3.13(f)中线段 l_j 所示时，有：

$$d_\infty(l_i, l_k) + d_\infty(l_i, l_j) + d_1(l_j, l_k) - d_\infty(l_j, l_k) = \sqrt{2}\alpha^* \tag{3-22}$$

当 l_i 位置如图 3.13(f)中线段 l_i 所示，l_j 位置如图 3.13(f)中加粗线段 l_j 所示时，有：

$$d_1(l_i, l_k) - d_\infty(l_i, l_k) + d_\infty(l_i, l_j) + d_\infty(l_j, l_k) = \sqrt{2}\alpha^* \tag{3-23}$$

当 l_i 位置如图 3.13(f)中线段 l_i 所示，而 l_j 位置如图 3.13(f)中线段 l_j 所示时，有：

$$d_1(l_i, l_k) - d_\infty(l_i, l_k) + d_\infty(l_i, l_j) + d_1(l_j, l_k) - d_\infty(l_j, l_k) = \sqrt{2}\alpha^* \tag{3-24}$$

②子情况 4.2：目标菱形的大小由两条邻边恰好触碰的线段 l_i 和 l_j 与一个顶点恰好触碰的线段 l_k 确定，如图 3.13(g)所示。不妨设与 l_i 和 l_j 恰好触碰的两条邻边均位于菱形上半部分，那么中心点所在的线段一定是竖直的，否则与子情况 4.1 重复。于是，与线段 l_k 恰好触碰的顶点一定不是图中位于菱形中部的两个顶点，否则与子情况 2.2 重复。所以，该顶点一定位于菱形底部，则：

$$d_\infty(l_i, l_k) + d_\infty(l_i, l_j) + d_\infty(l_j, l_k) = 2\sqrt{2}\alpha^* \tag{3-25}$$

综合上述四种情况，引理 3.10 得证。

由上述引理 3.10 及其证明过程可知，触碰 U 中所有线段这一要求决定了目标菱形的边长必须等于 U 中两条或三条线段之间距离值的线性组合。具体如下：

(1)目标菱形的边长可能由 U 中任意两条线段 l_i 和 l_j 之间的距离决定。对引理 3.10 中式(3-14)至式(3-18)进行整理，可得目标菱形的边长可能为下列四个值之一：

$$\frac{d_1(l_i, l_j)}{\sqrt{2}}, \ \frac{d_\infty(l_i, l_j)}{\sqrt{2}}, \ \sqrt{2}d_1(l_i, l_j), \ \sqrt{2}d_\infty(l_i, l_j)$$

因为 U 中总共有 n 条线段，所以就可能有 $4C_n^2$ 个不同的值。

（2）目标菱形的边长也可能由 U 中任意三条线段 l_i、l_j 和 l_k 之间的距离决定。对引理 3.10 中式（3-19）至式（3-25）进行整理，可得目标菱形的边长可能为下列六个值之一：

$$\frac{d_\infty(l_i, l_k) + d_\infty(l_i, l_j) + d_\infty(l_j, l_k)}{\sqrt{2}} \quad\quad (3-26)$$

$$\frac{d_\infty(l_i, l_k) + d_\infty(l_i, l_j) + d_\infty(l_j, l_k)}{2\sqrt{2}} \quad\quad (3-27)$$

$$\frac{d_\infty(l_i, l_k) + d_\infty(l_i, l_j)}{\sqrt{2}} \quad\quad (3-28)$$

$$\frac{d_1(l_j, l_k) - d_\infty(l_j, l_k) + d_\infty(l_i, l_k) + d_\infty(l_i, l_j)}{\sqrt{2}} \quad\quad (3-29)$$

$$\frac{d_1(l_i, l_k) + d_1(l_j, l_k) + d_\infty(l_i, l_j) - d_\infty(l_i, l_k) - d_\infty(l_j, l_k)}{\sqrt{2}} \quad (3-30)$$

$$\frac{d_1(l_i, l_k) - d_\infty(l_i, l_k) + d_\infty(l_i, l_j)}{\sqrt{2}} \quad\quad (3-31)$$

对于任意给定的三条线段 l_i、l_j、l_k，考虑它们三者在上述六个式子中的顺序轮换情况：式（3-26）与式（3-27）均各只有一种轮换方式，式（3-28）至式（3-30）均各有三种轮换方式，式（3-31）有六种轮换方式。所有任意三条线段会给目标菱形的边长带来至多 17 个可能值。而从 n 条线段中任选三条有 C_n^3 种方案，于是至多 $17C_n^3$ 个不同的值。

综上所述，目标菱形的边长至多有 $17C_n^3 + 4C_n^2$ 个不同的可能值。于是，我们可以在这 $17C_n^3 + 4C_n^2$ 个边长可能值中查找满足定理 3.4 的最小菱形，由此得到问题最优解。而每次查找就是判定某个边长值是否满足定理 3.4 中的三个条件的过程，由此我们考虑判定性问题。

说明：因为根据定理 3.4 可知，最优菱形必须包含矩形 F，所以在设计算法时，没有必要考虑如引理 3.10 中所述那么多的边长的可能值，而只需考虑其中不小于矩形 F 的长边长度的边长可能值。

3.5.2　边长为 α 的菱形的判定

判定性问题的描述：给定一个数值 α，判定是否能找到一个边长为 α 且能触碰 U 中所有线段的菱形。

菱形能触碰 U 中所有线段的充要条件是：它满足定理 3.4 中的三个条件。假设菱形 Q 的中心点 $q(x，y)$ 位于某条线段 $l_i(l_i \in U)$ 上。

(1)根据定理 3.4 条件(1)，若 l_i 为水平线段，则：

$$\begin{cases} x(L(l_i)) \leqslant x \leqslant x(R(l_i)) \\ y = y(l_i) \end{cases} \tag{3-32}$$

而若 l_i 为竖直线段，则：

$$\begin{cases} x = x(l_i) \\ y(B(l_i)) \leqslant y \leqslant y(T(l_i)) \end{cases} \tag{3-33}$$

(2)定理 3.4 条件(2)等价于菱形 Q 能触碰边界线段 l_{TL}、l_{BL}、l_{TR}、l_{BR}，即：

$$\begin{cases} x'(p_{TR}) - x' \leqslant \dfrac{\alpha}{2} \\ x' - x'(p_{BL}) \leqslant \dfrac{\alpha}{2} \\ y'(p_{TL}) - y' \leqslant \dfrac{\alpha}{2} \\ y' - y'(p_{BR}) \leqslant \dfrac{\alpha}{2} \end{cases} \tag{3-34}$$

其中，$x'(\cdot)$ 与 $y'(\cdot)$ 表示各点在 $x'Oy'$ 坐标系下的坐标值。将坐标统一转换为 xOy 坐标系下的坐标，整理得 $(x，y)$ 满足：

$$\begin{cases} x(p_{TR}) + y(p_{TR}) - \dfrac{\alpha}{\sqrt{2}} \leqslant x + y \leqslant x(p_{BL}) + y(p_{BL}) + \dfrac{\alpha}{\sqrt{2}} \\ x(p_{BR}) - y(p_{BR}) + \dfrac{\alpha}{\sqrt{2}} \leqslant x - y \leqslant x(p_{TL}) - y(p_{TL}) + \dfrac{\alpha}{\sqrt{2}} \end{cases} \tag{3-35}$$

(3)定理 3.4 条件(3)等价于：

$$\begin{cases} x - \dfrac{\alpha}{\sqrt{2}} \leqslant x(l_L) \\ x + \dfrac{\alpha}{\sqrt{2}} \geqslant x(l_R) \\ y + \dfrac{\alpha}{\sqrt{2}} \geqslant y(l_T) \\ y - \dfrac{\alpha}{\sqrt{2}} \leqslant y(l_B) \end{cases} \tag{3-36}$$

说明：若左边界线段 l_L 不是竖直线段，那么它必定被矩形 F 触碰，于是满足定理 3.4 条件(2)的菱形必定触碰它，故只需考虑 l_L 是水平线段的情况。

对于另外三条边界线段 l_B、l_T、l_R 也有同样性质。

不等式组(3−36)整理即为：

$$\begin{cases} x(l_R) - \dfrac{\alpha}{\sqrt{2}} \leqslant x \leqslant x(l_L) + \dfrac{\alpha}{\sqrt{2}} \\[3mm] y(l_T) - \dfrac{\alpha}{\sqrt{2}} \leqslant y \leqslant y(l_B) + \dfrac{\alpha}{\sqrt{2}} \end{cases} \tag{3−37}$$

联立不等式组(3−35)与不等式组(3−37)，判定性问题可转化为：对于 U 中每条线段，判断其上是否存在一点 $p(x, y)$ 满足如下方程组。

$$\begin{cases} x(p_{TR}) + y(p_{TR}) - \dfrac{\alpha}{\sqrt{2}} \leqslant x + y \leqslant x(p_{BL}) + y(p_{BL}) + \dfrac{\alpha}{\sqrt{2}} \\[3mm] x(p_{BR}) - y(p_{BR}) - \dfrac{\alpha}{\sqrt{2}} \leqslant x - y \leqslant x(p_{TL}) - y(p_{TL}) + \dfrac{\alpha}{\sqrt{2}} \\[3mm] x(l_R) - \dfrac{\alpha}{\sqrt{2}} \leqslant x \leqslant x(l_L) + \dfrac{\alpha}{\sqrt{2}} \\[3mm] y(l_T) - \dfrac{\alpha}{\sqrt{2}} \leqslant y \leqslant y(l_B) + \dfrac{\alpha}{\sqrt{2}} \end{cases} \tag{3−38}$$

再结合①中不等式组(3−32)与(3−33)可知，判定性问题等价于判断是否存在一条线段 $l_i \in U$，满足：

(1)若 l_i 是水平线段，则：

$$\begin{cases} x(L(l_i)) \leqslant x(l_L) + \dfrac{\alpha}{\sqrt{2}} \\[3mm] x(R(l_i)) \geqslant x(l_R) - \dfrac{\alpha}{\sqrt{2}} \\[3mm] y(l_T) - \dfrac{\alpha}{\sqrt{2}} \leqslant y(l_i) \leqslant y(l_B) + \dfrac{\alpha}{\sqrt{2}} \\[3mm] x(L(l_i)) + y(l_i) \leqslant x(p_{BL}) + y(p_{BL}) + \dfrac{\alpha}{\sqrt{2}} \\[3mm] x(R(l_i)) + y(l_i) \geqslant x(p_{TR}) + y(p_{TR}) - \dfrac{\alpha}{\sqrt{2}} \\[3mm] x(L(l_i)) - y(l_i) \leqslant x(p_{TL}) - y(p_{TL}) + \dfrac{\alpha}{\sqrt{2}} \\[3mm] x(R(l_i)) - y(l_i) \geqslant x(p_{BR}) - y(p_{BR}) - \dfrac{\alpha}{\sqrt{2}} \end{cases} \tag{3−39}$$

式中，$y(l_i)$、$x(L(l_i))$、$x(R(l_i))$ 分别表示水平线段 l_i 的纵坐标以及它的左、右端点的横坐标。

(2)若 l_i 是竖直线段，则：

$$
\begin{cases}
x(l_R) - \dfrac{\alpha}{\sqrt{2}} \leqslant x(l_i) \leqslant x(l_L) + \dfrac{\alpha}{\sqrt{2}} \\[2mm]
y(T(l_i)) \geqslant y(l_T) - \dfrac{\alpha}{\sqrt{2}} \\[2mm]
y(B(l_i)) \leqslant y(l_B) + \dfrac{\alpha}{\sqrt{2}} \\[2mm]
x(l_i) + y(B(l_i)) \leqslant x(p_{BL}) + y(p_{BL}) + \dfrac{\alpha}{\sqrt{2}} \\[2mm]
x(l_i) + y(T(l_i)) \geqslant x(p_{TR}) + y(p_{TR}) - \dfrac{\alpha}{\sqrt{2}} \\[2mm]
x(l_i) - y(T(l_i)) \leqslant x(p_{TL}) - y(p_{TL}) + \dfrac{\alpha}{\sqrt{2}} \\[2mm]
x(l_i) - y(B(l_i)) \geqslant x(p_{BR}) - y(p_{BR}) - \dfrac{\alpha}{\sqrt{2}}
\end{cases}
\tag{3-40}
$$

式中，$x(l_i)$、$y(T(l_i))$、$y(B(l_i))$ 分别表示竖直线段 l_i 的横坐标以及它的上、下端点的纵坐标。

3.5.3　算法设计与分析

我们现在给出最小菱形触碰问题(优化问题)，即 L_1 距离度量标准下平面上一个维修点选址问题的算法流程：

算法 Alg_1MatL$_1$
输入：n 条需求线段的端点坐标。 输出：最小触碰菱形的边长及其中心点坐标。 (1)计算八个边界点的坐标以及矩形 F；计算任意两条线段之间的 L_1 距离与 L_∞ 距离，再根据引理 3.10 及其后的分析计算出目标菱形边长的所有可能值，筛除其中小于矩形 F 长边长度的数值，并按大小排序。 (2)在第(1)步得到的边长可能值序列上应用二分查找法，每次查找进行第(3)步所述的判定性分析。 (3)对于序列中的一个数值 α，遍历 U 中所有线段：对于每条水平线段，判断不等式组(3-39)是否成立；对于每条竖直线段，判断不等式组(3-40)是否成立。若 U 中存在一条线段使得不等式组(3-39)或者(3-40)成立，则在边长可能值序列中二分查找比 α 小的数值；否则，所有线段都无法使得(3-39)或者(3-40)成立，则在边长可能值序列中二分查找比 α 大的数值。

(4)二分查找结束，得到最优菱形的边长及菱形中心点所处线段，再在该线段上计算出菱形中心点坐标：不妨设中心点位于水平线段 l 上且菱形边长为 α^*，则计算使得点 $(x, y(l))$ 到八条边界线段的 L_1 距离均小于等于 α^* 的 x 值(由于 α^* 是最优菱形的边长，故 x 值唯一)，于是得到菱形中心点坐标 $(x, y(l))$；中心点位于竖直线段上的情况类似。

定理 3.4 和引理 3.10 以及 3.5.2 小节中对判定性问题的分析保证了算法 $\mathrm{Alg\_1Mat}L_1$ 的正确性，我们下面讨论它的时间复杂度。

引理 3.11 3.5.2 小节中的判定过程需要 $O(n)$ 时间。

证明：判定性问题的算法先计算八个边界顶点，需要 $O(n)$ 时间。之后，针对每条线段判定是否能置目标菱形中心点于其上，每次需要判断常数个不等式是否成立，可在常数时间内完成，因此对于 n 条线段的判断需要 $O(n)$ 时间。由于上述过程是连续进行的，因此整个判定过程可在 $O(n)$ 时间内完成。

定理 3.5 算法 $\mathrm{Alg\_1Mat}L_1$ 的时间复杂度为 $O(n^3 \log n)$。

证明：算法使用二分查找法，选择出一系列最优菱形边长的可能值，并逐个判断以其为边长的菱形是否能触碰所有 n 条线段。

根据引理 3.10 及其后的分析可知，最优解中菱形边长的可能值不会多于 $17C_n^3 + 4C_n^2 = O(n^3)$ 个。虽然其中小于矩形 F 的长边长度的数值不需考虑，但算法时间复杂度是从最坏情况这一角度来进行分析的，因此在不清楚各数值具体大小的情况下，分析时间复杂度理论上仍然需要考虑 $O(n^3)$ 个数值。

在二分查找之前，算法的步骤(1)先对这 $O(n^3)$ 个数值进行排序，这一步预处理需要 $O(n^3 \log n)$ 时间。然后使用二分查找法查找到 $O(\log n^3)$ 个需要判定的最优菱形的可能边长值，又根据引理 3.11 可知，每次判定需要 $O(n)$ 时间，故步骤(2)~(4)需要 $O(n \log n)$ 时间。因此，算法总的时间复杂度为 $O(n^3 \log n)$。

3.6 L_1 距离度量标准下的两个维修点选址问题

3.6.1 两个最小菱形触碰问题

类似于上一节中针对一个维修点选址问题的处理办法，我们可以将二维平面上 L_1 距离度量标准下两个维修点的选址问题转化为两个最小菱形触碰问题来求解。

定义 3.11(两个最小菱形触碰问题) 在平面 R^2 上给定 n 条平行于坐标轴的线段集 $U = \{l_1, \cdots, l_n\}$，问题的目标是寻找两个最小的全等菱形 Q_1 和 Q_2，使得 U 中每条线段都至少被一个菱形触碰，且菱形 Q_1 和 Q_2 的中心点 q_1 和 q_2 都位于 U 中的线段上，如图 3.14 所示。

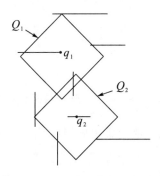

图 3.14　两个最小菱形触碰问题

命题 3.4 L_1 距离度量标准下的两个维修点选址问题等价于两个最小菱形触碰问题：两个维修点的最优位置分别为两个最小菱形的中心点的位置，且两个维修点到它们各自服务的最远需求线段的 L_1 距离等于最小菱形边长的 $\sqrt{2}$ 倍。

问题所要求的两个目标菱形(最优菱形)的大小由它们与各线段的触碰情形决定，具体而言，两个菱形的边长由它们的中心点所在线段与它们的边恰好触碰的几条线段之间的距离决定，因此它们边长的所有可能值也如 3.5 节中引理 3.10 及其后的分析所示。于是，我们可对这些边长的所有可能值进行二分查找，依次判断是否能构造出以各可能值为边长的菱形 Q_1 与 Q_2。

对于给定的菱形边长 α，算法判定是否能构造出触碰 U 中所有线段的两个菱形 $Q_1(\alpha)$ 和 $Q_2(\alpha)$。延用前文中关于八条边界线段的定义，我们首先计算出与左上边界线段、右上边界线段、左下边界线段、右下边界线段同时触碰的最小矩形 F。不妨假设矩形 F 的长边平行于 y' 轴，短边平行于 x' 轴，如图 3.15 所示。在此假设下，两个目标菱形的相对位置应该是：一个[不妨设为 $Q_1(\alpha)$]位于左上方，而另一个[$Q_2(\alpha)$]位于右下方。于是，左上边界线段 l_{TL} 必定由菱形 $Q_1(\alpha)$ 触碰，而右下边界线段 l_{BR} 必定由菱形 $Q_2(\alpha)$ 触碰。

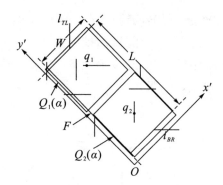

图3.15 最小矩形 F 与两个菱形

先假设 l_T、l_B、l_L、l_R 这四条边界线段均与矩形 F 相交，那么只需考虑两个菱形与 l_{TL}、l_{TR}、l_{BR}、l_{BL} 触碰的情况。于是，类似于3.4.2小节中两个正方形与四条边界线段的触碰情况，此处也可分为下述三种情况进行讨论（图3.16）：

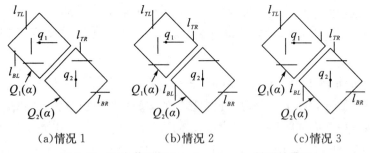

(a)情况1   (b)情况2   (c)情况3

图3.16 两个菱形与 l_T，l_B，l_L，l_R 触碰的情况

(1)情况1：$Q_1(\alpha)$ 触碰 l_{BL} 与 l_{TL}，如图3.16(a)所示。

(2)情况2：$Q_1(\alpha)$ 触碰 l_{TL} 与 l_{TR}，如图3.16(b)所示。

(3)情况3：$Q_1(\alpha)$ 仅触碰 l_{TL}，l_{TR}、l_{BR} 与 l_{BL} 均由 $Q_2(\alpha)$ 触碰，如图3.16(c)所示。

注意：$Q_1(\alpha)$ 同时触碰 l_{BL}、l_{TL} 与 l_{TR} 的情形包含在前两种情况中。

然后，在上述三种情况下，再分别考虑 l_T、l_B、l_L、l_R 这四条边界线段与矩形 F 不相交的情况。若 l_T（或 l_L）与矩形 F 不相交，那么它必定被菱形 $Q_1(\alpha)$ 触碰；若 l_B（或 l_R）与矩形 F 不相交，那么它必定被菱形 $Q_2(\alpha)$ 触碰，如图3.17所示。于是，对于 l_T（或 l_B、l_L、l_R）与矩形 F 不相交的情况，可以分析 $Q_1(\alpha)$ 或 $Q_2(\alpha)$ 能触碰这4条边界线段的充要条件。

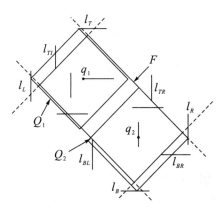

图 3.17 l_T、l_B、l_L、l_R **与矩形** F **不相交**

3.6.2 两个边长为 α 的菱形的判定

判定性问题的描述：给定一个数值 α，判断能否设置两个边长为 α 的菱形，使得它们的中心点位于 U 中的线段上，并且 U 中任意一条线段都能被至少一个菱形触碰。

类似于 3.4 节中求解两个最小正方形的办法，这里也先固定其中一个菱形 [不妨设为 $Q_1(\alpha)$]，计算未被 $Q_1(\alpha)$ 触碰的线段，再判断另一个菱形 $Q_2(\alpha)$ 能否触碰这些线段。对于后一个步骤，即判定 $Q_2(\alpha)$ 能否触碰未被 $Q_1(\alpha)$ 触碰的线段，可直接调用 3.5.2 小节的判定过程来实现，因此本小节讨论的重点在于如何固定菱形 $Q_1(\alpha)$。

由于判定性问题要求菱形的中心点位于 U 中的线段上，因此可以先在 $Q_1(\alpha)$ 与各条边界线段触碰的不同情况下，分别针对 U 中每条线段，逐一进行判断是否能置 $Q_1(\alpha)$ 的中心点 q_1^q 于其上，然后再在通过判定的线段上考虑 q_1^q 具体位置。

要判断能否在 U 中各条线段上安置 q_1^q，必须先考虑为了触碰相应边界线段，q_1^q 的坐标所需满足的条件。设 q_1^q 的坐标为 (x, y)，再设 (x, y) 在 $x'Oy'$ 坐标系下转换为 (x', y')。我们先讨论在菱形 $Q_1(\alpha)$ 与 l_{TL}、l_{BL}、l_{BR}、l_{TR} 触碰的三种情况下，(x, y) 分别需要满足的条件，再讨论若 l_T（或 l_L、l_B、l_R）与矩形 F 不相交时，(x, y) 需要满足的条件。

1. 情况 1：$Q_1(\alpha)$ 触碰 l_{BL} 与 l_{TL}

先判断哪些线段上能安置 q_1^q。

$Q_1(\alpha)$ 触碰 l_{BL} 与 l_{TL} 等价于 $y'(p_{TL}) - y' \leqslant \dfrac{\alpha}{2}$，$x' + \dfrac{\alpha}{2} \geqslant x'(p_{TL})$，$x' - x'(p_{BL}) \leqslant \dfrac{\alpha}{2}$，$y' - \dfrac{\alpha}{2} \leqslant y'(p_{BL})$，整理即为：

$$\begin{cases} x(p_{BL}) - y(p_{BL}) - \dfrac{\alpha}{\sqrt{2}} \leqslant x - y \leqslant x(p_{TL}) - y(p_{TL}) + \dfrac{\alpha}{\sqrt{2}} \\ x(p_{TL}) + y(p_{TL}) - \dfrac{\alpha}{\sqrt{2}} \leqslant x + y \leqslant x(p_{BL}) + y(p_{BL}) + \dfrac{\alpha}{\sqrt{2}} \end{cases} \tag{3-41}$$

若 l_L 与矩形 F 不相交，则还需考虑 $Q_1(\alpha)$ 触碰 l_L 的等价条件。此时，l_L 必定为竖直线段。根据 3.5 节中引理 3.9 可知，在已知 $Q_1(\alpha)$ 触碰了 l_{BL} 与 l_{TL} 的基础上，$Q_1(\alpha)$ 触碰 l_L 的充要条件是 $Q_1(\alpha)$ 的左顶点位于 l_L 左侧。于是，$Q_1(\alpha)$ 触碰 l_L 等价于 $x - \dfrac{\alpha}{\sqrt{2}} \leqslant x(l_L)$，整理即为：

$$x \leqslant x(l_L) + \dfrac{\alpha}{\sqrt{2}} \tag{3-42}$$

若 l_T 与矩形 F 不相交，则还需考虑 $Q_1(\alpha)$ 触碰 l_T 的等价条件。此时，l_T 必定为水平线段。如图 3.18 所示，$Q_1(\alpha)$ 触碰 l_T 的充要条件是：$Q_1(\alpha)$ 的上顶点位于 l_T 上方，并且位于图中虚线 [过点 $L(l_T)$ 且与坐标轴成 45°的直线] 的右侧。于是，$Q_1(\alpha)$ 触碰 l_T 等价于 $y + \dfrac{\alpha}{\sqrt{2}} \geqslant -x + x(T(l_T)) + y(l_T)$，$y + \dfrac{\alpha}{\sqrt{2}} \geqslant y(l_T)$。整理即为：

$$\begin{cases} x + y \geqslant x(T(l_T)) + y(l_T) - \dfrac{\alpha}{\sqrt{2}} \\ y \geqslant y(l_T) - \dfrac{\alpha}{\sqrt{2}} \end{cases} \tag{3-43}$$

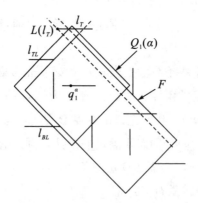

图 3.18　l_T 与矩形 F 不相交

　　根据上述讨论，对于 U 中任意一条线段，我们给出能置 q_i^c 于其上的充要条件。

　　(1)对于 U 中任意一条水平线段 l_i，令 $y(l_i)$ 表示 l_i 的纵坐标，$x(L(l_i))$ 与 $x(R(l_i))$ 分别表示 l_i 的左、右端点的横坐标，那么：

　　①在 l_L 和 l_T 均与矩形 F 相交的情况下，由式(3-41)可知，能够置 q_i^c 于 l_i 上的充要条件是：

$$\begin{cases} x(R(l_i))-y(l_i) \geqslant x(p_{BL})-y(p_{BL})-\dfrac{\alpha}{\sqrt{2}} \\[2mm] x(L(l_i))-y(l_i) \leqslant x(p_{TL})-y(p_{TL})+\dfrac{\alpha}{\sqrt{2}} \\[2mm] x(R(l_i))+y(l_i) \geqslant x(p_{TL})+y(p_{TL})-\dfrac{\alpha}{\sqrt{2}} \\[2mm] x(L(l_i))+y(l_i) \leqslant x(p_{BL})+y(p_{BL})+\dfrac{\alpha}{\sqrt{2}} \end{cases} \qquad (3-44)$$

　　②在 l_L 与矩形 F 不相交而 l_T 与矩形 F 相交的情况下，由式(3-41)和式(3-42)可知，能置 q_i^c 于 l_i 上的充要条件是不等式组(3-44)与式(3-45)成立：

$$x(L(l_i)) \leqslant x(l_L)+\frac{\alpha}{\sqrt{2}} \qquad (3-45)$$

　　③在 l_T 与矩形 F 不相交而 l_L 与矩形 F 相交的情况下，由式(3-41)和式(3-43)可知，能置 q_i^c 于 l_i 上的充要条件是不等式组(3-44)与式(3-46)成立：

$$\begin{cases} x(R(l_i))+y(l_i) \geqslant x(T(l_T))+y(l_T)-\dfrac{\alpha}{\sqrt{2}} \\[2mm] y(l_i) \geqslant y(l_T)-\dfrac{\alpha}{\sqrt{2}} \end{cases} \qquad (3-46)$$

　　④在 l_L 和 l_T 均与矩形 F 不相交的情况下，由式(3-41)、式(3-42)、式(3-43)可知，能置 q_i^c 于 l_i 上的充要条件是不等式组(3-44)、(3-45)、(3-46)同时成立。

　　(2)对于 U 中任意一条竖直线段 l_j，令 $x(l_j)$ 表示 l_j 的横坐标，$y(T(l_j))$ 与 $y(B(l_j))$ 分别表示 l_j 的上、下端点的纵坐标，那么：

　　①在 l_L 和 l_T 均与矩形 F 相交的情况下，由式(3-41)可知，能置 q_i^c 于 l_j 上的充要条件是：

$$\begin{cases} x(l_j) - y(B(l_j)) \geqslant x(p_{BL}) - y(p_{BL}) - \dfrac{\alpha}{\sqrt{2}} \\[2mm] x(l_j) - y(T(l_j)) \leqslant x(p_{TL}) - y(p_{TL}) + \dfrac{\alpha}{\sqrt{2}} \\[2mm] x(l_j) + y(T(l_j)) \geqslant x(p_{TL}) + y(p_{TL}) - \dfrac{\alpha}{\sqrt{2}} \\[2mm] x(l_j) + y(B(l_j)) \leqslant x(p_{BL}) + y(p_{BL}) + \dfrac{\alpha}{\sqrt{2}} \end{cases} \qquad (3-47)$$

②在 l_L 与矩形 F 不相交而 l_T 与矩形 F 相交的情况下，由式(3-41)和式(3-42)可知，能置 q_i^a 于 l_j 上的充要条件是不等式组(3-47)与下述式(3-48)成立：

$$x(l_j) \leqslant x(l_L) + \frac{\alpha}{\sqrt{2}} \qquad (3-48)$$

③在 l_T 与矩形 F 不相交而 l_L 与矩形 F 相交的情况下，由式(3-41)和式(3-43)可知，能置 q_i^a 于 l_j 上的充要条件是不等式组(3-47)与下述式(3-49)成立：

$$\begin{cases} x(l_j) + y(T(l_j)) \geqslant x(T(l_T)) + y(l_T) - \dfrac{\alpha}{\sqrt{2}} \\[2mm] y(T(l_j)) \geqslant y(l_T) - \dfrac{\alpha}{\sqrt{2}} \end{cases} \qquad (3-49)$$

④在 l_L 和 l_T 均与矩形 F 不相交的情况下，由式(3-41)、式(3-42)、式(3-43)可知，能置 q_i^a 于 l_j 上的充要条件是不等式组(3-47)、(3-48)、(3-49)同时成立。

根据上述讨论，我们可以针对 U 中每条线段判断是否能置 q_i^a 于其上。接着，我们考虑在一条线段上安置 q_i^a 的具体位置(假设 q_i^a 能被置于这条线段上)。

引理 3.12 在 l_L 和 l_T 均与矩形 F 相交的情况下，对于两个能同时触碰边界线段 l_{TL} 和 l_{BL} 且边长均为 α 的菱形 Q_α^1 与 Q_α^2：

(1)若它们的中心点 q_α^1、q_α^2 均位于同一条水平线段 $l_i \in U$ 上，并且 q_α^1 位于 q_α^2 的左侧，则 U 中所有被 Q_α^1 触碰的线段都能被 Q_α^2 触碰；

(2)若它们的中心点 q_α^1、q_α^2 均位于同一条竖直线段 $l_j \in U$ 上，并且 q_α^1 位于 q_α^2 的上方，则 U 中所有被 Q_α^1 触碰的线段都能被 Q_α^2 触碰。

证明：引理的第(1)点与第(2)点类似，此处仅证明第(1)点。采用反证法，假设存在 $l_k \in U$，它被 Q_α^1 触碰但未被 Q_α^2 触碰。那么，l_k 仅能与 Q_α^1 相交于图 3.19 中灰色阴影区域。于是对于线段 l_k，要么其上所有点的 y' 方向坐标均大

于 $y'(p_{TL})$，如图中线段 l_k^1；要么其上所有点均位于 p_L 的左侧，如图中线段 l_k^2；要么其上所有点的 x' 方向坐标均小于 $x'(p_{BL})$，如图中线段 l_k^3。这与左上边界点 p_{TL}、左边界点 p_L 以及左下边界点 p_{BL} 的定义矛盾。故不存在这样的线段 l_k，假设不成立，证毕。

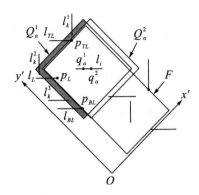

图 3.19 中心点在同一条水平线段上的两个菱形

说明：对于 l_L 和 l_T 均与矩形 F 不相交的情形，若 Q_a^1 与 Q_a^2 均能同时触碰 l_{TL}、l_{BL}、l_L 和 l_T，则引理 3.12 同样成立。

根据引理 3.12，我们设计算法对 q_1^a 的坐标进行如下赋值。

(1)若考虑将 q_1^a 设置于 U 中一条水平线段 l_i 上：

①在 l_L 和 l_T 均与矩形 F 相交的情况下，算法对 q_1^a 的坐标赋值为：

$$\begin{cases} x \leftarrow \min \left\{ x(R(l_i)),\ x(p_{TL}) - y(p_{TL}) + y(l_i) + \dfrac{\alpha}{\sqrt{2}},\ x(p_{BL}) + \right. \\ \left. \qquad\qquad y(p_{BL}) - y(l_i) + \dfrac{\alpha}{\sqrt{2}} \right\} \\ y \leftarrow y(l_i) \end{cases} \qquad (3-50)$$

②l_L 与矩形 F 不相交而 l_T 与矩形 F 相交的情况下，算法对 q_1^a 的坐标赋值为：

$$\begin{cases} x \leftarrow \min \left\{ x(R(l_i)),\ x(p_{TL}) - y(p_{TL}) + y(l_i) + \dfrac{\alpha}{\sqrt{2}},\ x(p_{BL}) + \right. \\ \left. \qquad\qquad y(p_{BL}) - y(l_i) + \dfrac{\alpha}{\sqrt{2}},\ x(l_L) + \dfrac{\alpha}{\sqrt{2}} \right\} \\ y \leftarrow y(l_i) \end{cases} \qquad (3-51)$$

③在 l_T 与矩形 F 不相交而 l_L 与矩形 F 相交的情况下，算法对 q_1^a 的坐标赋值与式(3-50)相同。

④在 l_L 和 l_T 均与矩形 F 不相交的情况下，算法对 q_1^a 的坐标赋值与式(3−51)相同。

(2)若考虑将 q_1^a 设置于 U 中一条竖直线段 l_j 上：

①在 l_L 和 l_T 均与矩形 F 相交的情况下，算法对 q_1^a 的坐标赋值为：

$$\begin{cases} x \leftarrow x(l_j) \\ y \leftarrow \max \left\{ y(B(l_j)),\ x(l_j) - x(p_{TL}) + y(p_{TL}) - \dfrac{\alpha}{\sqrt{2}}, \right. \\ \qquad\qquad \left. -x(l_j) + x(p_{TL}) + y(p_{TL}) - \dfrac{\alpha}{\sqrt{2}} \right\} \end{cases} \quad (3-52)$$

②在 l_L 与矩形 F 不相交而 l_T 与矩形 F 相交的情况下，算法对 q_1^a 的坐标赋值与式(3−52)相同；

③在 l_T 与矩形 F 不相交而 l_L 与矩形 F 相交的情况下，算法对 q_1^a 的坐标赋值为：

$$\begin{cases} x \leftarrow x(l_j) \\ y \leftarrow \max \left\{ y(B(l_j)),\ x(l_j) - x(p_{TL}) + y(p_{TL}) - \dfrac{\alpha}{\sqrt{2}}, \right. \\ \qquad\qquad -x(l_j) + x(p_{TL}) + y(p_{TL}) - \dfrac{\alpha}{\sqrt{2}}, \\ \qquad\qquad -x(l_j) + x(T(l_T)) + y(l_T) - \dfrac{\alpha}{\sqrt{2}}, \\ \qquad\qquad \left. y(l_T) - \dfrac{\alpha}{\sqrt{2}} \right\} \end{cases} \quad (3-53)$$

④在 l_L 和 l_T 均与矩形 F 不相交的情况下，算法对 q_1^a 的坐标赋值与式(3−53)相同。

在情况 1 下的菱形边长 α 的判定过程：

---

(1)首先判断 l_L 和 l_T 是否与矩形 F 相交(以下以 l_L 和 l_T 均与矩形 F 相交为例说明算法操作过程)。

(2)若 l_L 和 l_T 均与矩形 F 相交：对于 U 中每条线段，判断是否能置 q_1^a 于其上，即对线段 $l_i (1 \leqslant i \leqslant n)$ 判断式(3−44)或式(3−47)是否成立。

①若否，则考虑下一条线段 l_{i+1} 是否能安置 q_1^a。

②若是，则根据式(3−50)或式(3−52)对 q_1^a 的坐标进行赋值，再计算 U 中所有未被 $Q_1(\alpha)$ 触碰的线段，然后调用 3.6.2 小节中判断性问题算法判断这些线段是否能由 $Q_2(\alpha)$ 触碰：

$a.$ 若是，则能构造出触碰 U 中所有线段的菱形 $Q_1(\alpha)$ 与 $Q_2(\alpha)$，故最优菱形边长小于等于 α。

$b.$ 若否，则考虑下一条线段 l_{i+1} 是否能安置 q_2^a。

(3)若遍历 U 中所有线段来安置 q_1^a 后，均无法构造出 $Q_1(\alpha)$ 与 $Q_2(\alpha)$，则考虑情况二。

说明：①若 l_L 与矩形 F 不相交而 l_T 与矩形 F 相交，则步骤（2）根据式（3-44）与式（3-45）或式（3-47）与式（3-48）进行判断，步骤（2）中②根据式（3-51）或式（3-52）进行判断。

②若 l_T 与矩形 F 不相交而 l_L 与矩形 F 相交，则步骤（2）根据式（3-44）与（3-46）或式（3-47）与（3-49）进行判断，步骤（2）中②根据式（3-50）或式（3-53）进行判断。

③若 l_L 和 l_T 均与矩形 F 不相交，则步骤（2）根据式（3-44）至（3-46）或式（3-47）至（3-49）进行判断，步骤（2）中②根据式（3-51）或式（3-53）进行判断。

2. 情况 2：$Q_1(\alpha)$ 触碰 l_{TL} 与 l_{TR}

根据对称性可知，在情况 2 下，菱形边长 α 的判定过程与在情况 1 下的判定过程完全类似，此处略。

3. 情况 3：$Q_1(\alpha)$ 仅触碰 l_{TL}，而 $Q_2(\alpha)$ 触碰 l_{TR}、l_{BR}、l_{BL}

在这种情况下，我们先固定 $Q_2(\alpha)$ 的位置，再判断能否使 $Q_1(\alpha)$ 触碰 U 中所有未被 $Q_2(\alpha)$ 触碰的线段。于是，先判断哪些线段上能安置 q_2^α。

$Q_2(\alpha)$ 触碰 l_{TR}、l_{BR}、l_{BL} 等价于 $x'(p_{TR}) - x' \leqslant \frac{\alpha}{2}$，$y' + \frac{\alpha}{2} \geqslant y'(p_{TR})$，

$y' - y'(p_{BR}) \leqslant \frac{\alpha}{2}$，$x' - x'(p_{BL}) \leqslant \frac{\alpha}{2}$，$y' + \frac{\alpha}{2} \geqslant y'(p_{BL})$。整理即为：

$$\begin{cases} x(p_{TR}) + y(p_{TR}) - \dfrac{\alpha}{\sqrt{2}} \leqslant x + y \leqslant x(p_{BL}) + y(p_{BL}) + \dfrac{\alpha}{\sqrt{2}} \\ x(p_{BR}) - y(p_{BR}) - \dfrac{\alpha}{\sqrt{2}} \leqslant x - y \leqslant \min\{x(p_{TR}) - y(p_{TR}),\ x(p_{BL}) - y(p_{BL})\} + \dfrac{\alpha}{\sqrt{2}} \end{cases}$$

$$(3-54)$$

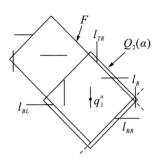
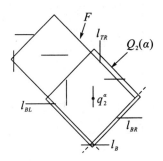

(a)l_R 与矩形 F 不相交   (b)l_B 与矩形 F 不相交

图 3.20　l_R、l_B 与矩形 F 不相交

若 l_R 与矩形 F 不相交，则还需考虑 $Q_2(\alpha)$ 触碰 l_R 的等价条件。此时 l_R 必定为竖直线段。根据 3.5 节中引理 3.9 可知，在已知 $Q_2(\alpha)$ 触碰了 l_{TR} 与 l_{BR} 的基础上，$Q_2(\alpha)$ 触碰 l_R 的充要条件是 $Q_2(\alpha)$ 的右顶点位于 l_R 右侧，如图 3.20(a) 所示。于是，$Q_2(\alpha)$ 触碰 l_R 等价于 $x+\dfrac{\alpha}{\sqrt{2}} \geqslant x(l_R)$，整理即为：

$$x \geqslant x(l_R) - \frac{\alpha}{\sqrt{2}} \tag{3-55}$$

若 l_B 与矩形 F 不相交，则还需考虑 $Q_2(\alpha)$ 触碰 l_B 的等价条件。此时 l_B 必定为水平线段。同样根据 3.5 节中引理 3.9 可知，在已知 $Q_2(\alpha)$ 触碰了 l_{BL} 与 l_{BR} 的基础上，$Q_2(\alpha)$ 触碰 l_B 的充要条件是 $Q_2(\alpha)$ 的下顶点位于 l_B 下方，如图 3.20(b) 所示。于是，$Q_2(\alpha)$ 触碰 l_B 等价于 $y-\dfrac{\alpha}{\sqrt{2}} \leqslant y(l_B)$，整理即为：

$$y \leqslant y(l_B) + \frac{\alpha}{\sqrt{2}} \tag{3-56}$$

根据上述讨论，对于 U 中任意一条线段，我们给出能置 q_2^α 于其上的充要条件：

(1) 对于 U 中任意一条水平线段 l_i，令 $y(l_i)$ 表示 l_i 的纵坐标，$x(L(l_i))$ 与 $x(R(l_i))$ 分别表示 l_i 的左、右端点的横坐标，那么：

① 在 l_R 和 l_B 均与矩形 F 相交的情况下，由式 (3-54) 可知，能置 q_2^α 于 l_i 上的充要条件是：

$$\begin{cases} x(R(l_i)) + y(l_i) \geqslant x(p_{TR}) + y(p_{TR}) - \dfrac{\alpha}{\sqrt{2}} \\ x(L(l_i)) + y(l_i) \leqslant x(p_{BL}) + y(p_{BL}) + \dfrac{\alpha}{\sqrt{2}} \\ x(R(l_i)) - y(l_i) \geqslant x(p_{BR}) - y(p_{BR}) - \dfrac{\alpha}{\sqrt{2}} \\ x(L(l_i)) - y(l_i) \leqslant \min\{x(p_{TR}) - y(p_{TR}),\ x(p_{BL}) - \\ \qquad\qquad y(p_{BL})\} + \dfrac{\alpha}{\sqrt{2}} \end{cases} \tag{3-57}$$

② 在 l_R 与矩形 F 不相交而 l_B 与矩形 F 相交的情况下，由式 (3-54) 和式 (3-55) 可知，能置 q_2^α 于 l_i 上的充要条件是不等式组 (3-57) 成立并且：

$$x(R(l_i)) \geqslant x(l_R) - \frac{\alpha}{\sqrt{2}} \tag{3-58}$$

③ 在 l_B 与矩形 F 不相交而 l_R 与矩形 F 相交的情况下，由式 (3-54) 和

式(3−56)可知，能置 q_2^a 于 l_i 上的充要条件是不等式组(3−57)成立并且：

$$y(l_i) \leqslant y(l_B) + \frac{\alpha}{\sqrt{2}} \tag{3−59}$$

④在 l_R 和 l_B 均与矩形 F 不相交的情况下，由式(3−54)至(3−56)可知，能置 q_2^a 于 l_i 上的充要条件是不等式组(3−57)至(3−59)同时成立。

(2)对于 U 中任意一条竖直线段 l_j，令 $x(l_j)$ 表示 l_j 的横坐标，$y(T(l_j))$ 与 $y(B(l_j))$ 分别表示 l_j 的上、下端点的纵坐标，那么：

①在 l_R 和 l_B 均与矩形 F 相交的情况下，由式(3−54)可知，能置 q_2^a 于 l_j 上的充要条件是：

$$\begin{cases} x(l_j) + y(T(l_j)) \geqslant x(p_{TR}) + y(p_{TR}) - \frac{\alpha}{\sqrt{2}} \\ x(l_j) + y(B(l_j)) \leqslant x(p_{BL}) + y(p_{BL}) + \frac{\alpha}{\sqrt{2}} \\ x(l_j) - y(B(l_j)) \geqslant x(p_{BR}) - y(p_{BR}) - \frac{\alpha}{\sqrt{2}} \\ x(l_j) - y(T(l_j)) \leqslant \min\{x(p_{TR}) - y(p_{TR}),\ x(p_{BL}) - \\ \qquad\qquad y(p_{BL})\} + \frac{\alpha}{\sqrt{2}} \end{cases} \tag{3−60}$$

②在 l_R 与矩形 F 不相交而 l_B 与矩形 F 相交的情况下，由式(3−54)和式(3−55)可知，能置 q_2^a 于 l_j 上的充要条件是不等式组(3−60)成立并且：

$$x(l_j) \geqslant x(l_R) - \frac{\alpha}{\sqrt{2}} \tag{3−61}$$

③在 l_B 与矩形 F 不相交而 l_R 与矩形 F 相交的情况下，由式(3−54)和(3−56)可知，能置 q_2^a 于 l_j 上的充要条件是不等式组(3−60)成立并且：

$$y(B(l_j)) \leqslant y(l_B) + \frac{\alpha}{\sqrt{2}} \tag{3−62}$$

④在 l_R 和 l_B 均与矩形 F 不相交的情况下，由式(3−54)至(3−56)可知，能置 q_2^a 于 l_j 上的充要条件是不等式组(3−60)至(3−62)同时成立。

接下来，我们考虑在一条线段上安置 q_2^a 的具体位置，类似于情况1中引理3.12，此处亦有如下性质。

引理3.13 在 l_R 和 l_B 均与矩形 F 相交的情况下，对于两个能同时触碰边界线段 l_{TR}、l_{BR} 和 l_{BL} 且边长均为 α 的菱形 Q_α^1 与 Q_α^2：

①若它们的中心点 q_α^1、q_α^2 均位于同一条水平线段 $l_i \in U$ 上，并且 q_α^1 位于 q_α^2 左侧，则 U 中所有被 Q_α^2 触碰的线段都能被 Q_α^1 触碰；

②若它们的中心点 q_a^1、q_a^2 均位于同一条竖直线段 $l_j \in U$ 上，并且中心点 q_a^1 位于 q_a^2 上方，则 U 中所有被 Q_a^2 触碰的线段都能被 Q_a^1 触碰。

说明：对于 l_R 和 l_B 与矩形 F 相交的情况，若 Q_a^1 与 Q_a^2 均能同时触碰 l_{TR}、l_{BR}、l_{BL}、l_R 和 l_B，则引理 3.13 同样成立。

根据引理 3.13，我们给出算法对 q_a^2 的坐标进行赋值。

(1)若考虑将 q_a^2 设置于 U 中一条水平线段 l_i 上：

①在 l_R 和 l_B 均与矩形 F 相交的情况下，算法对 q_a^2 的坐标赋值为：

$$
\begin{cases}
x \leftarrow \max\Big\{ x(L(l_i)), \; x(p_{TR}) + y(p_{TR}) - y(l_i) - \dfrac{\alpha}{\sqrt{2}}, \\
\qquad\qquad x(p_{BR}) - y(p_{BR}) + y(l_i) - \dfrac{\alpha}{\sqrt{2}} \Big\} \\
y \leftarrow y(l_i)
\end{cases}
\tag{3-63}
$$

②在 l_R 与矩形 F 有不相交而 l_B 与矩形 F 相交的情况下，算法对 q_a^2 的坐标赋值为：

$$
\begin{cases}
x \leftarrow \max\Big\{ x(L(l_i)), \; x(p_{TR}) + y(p_{TR}) - y(l_i) - \dfrac{\alpha}{\sqrt{2}}, \\
\qquad\qquad x(p_{BR}) - y(p_{BR}) + y(l_i) - \dfrac{\alpha}{\sqrt{2}}, \; x(l_R) - \dfrac{\alpha}{\sqrt{2}} \Big\} \\
y \leftarrow y(l_i)
\end{cases}
\tag{3-64}
$$

③在 l_B 与矩形 F 不相交而 l_R 与矩形 F 相交的情况下，算法对 q_a^2 的坐标赋值与式(3-63)相同。

④在 l_R 和 l_B 均与矩形 F 不相交的情况下，算法对 q_a^2 的坐标赋值与式(3-64)相同。

(2)若考虑将 q_a^2 设置于 U 中一条竖直线段 l_j 上：

①在 l_R 和 l_B 均与矩形 F 相交的情况下，算法对 q_a^2 的坐标赋值为：

$$
\begin{cases}
x \leftarrow x(l_j) \\
y \leftarrow \min\Big\{ y(T(l_j)), \; -x(l_j) + x(p_{BL}) + y(p_{BL}) + \dfrac{\alpha}{\sqrt{2}}, \\
\qquad\qquad x(l_j) - x(p_{BR}) + y(p_{BR}) + \dfrac{\alpha}{\sqrt{2}} \Big\}
\end{cases}
\tag{3-65}
$$

②在 l_R 与矩形 F 不相交而 l_B 与矩形 F 相交的情况下，算法对 q_a^2 的坐标赋值与式(3-65)相同。

③在 l_B 与矩形 F 不相交而 l_R 与矩形 F 相交的情况下，算法对 q_a^2 的坐标赋值为：

$$\begin{cases} x \leftarrow x(l_j) \\ y \leftarrow \min\left\{ y(T(l_j)),\ -x(l_j)+x(p_{BL})+y(p_{BL})+\dfrac{\alpha}{\sqrt{2}}, \right. \\ \qquad\qquad \left. x(l_j)-x(p_{BR})+y(p_{BR})+\dfrac{\alpha}{\sqrt{2}},\ y(l_B)+\dfrac{\alpha}{\sqrt{2}} \right\} \end{cases} \tag{3-66}$$

④在 l_R 和 l_B 均与矩形 F 不相交的情况下,算法对 q_2^g 的坐标赋值与式(3−66)相同。

在情况 3 下的菱形边长 α 的判定过程:

---

(1)首先判断 l_R 和 l_B 是否与矩形 F 相交(以下以 l_R 和 l_B 均与矩形 F 相交为例说明算法操作过程)。

(2)若 l_R 和 l_B 均与矩形 F 相交,对于 U 中每条线段,判断是否能置 q_2^g 于其上,即对线段 $l_i(1 \leqslant i \leqslant n)$ 判断式(3−57)或式(3−60)是否成立:

①若否,则考虑下一条线段 l_{i+1} 是否能安置 q_2^g。

②若是,则根据式(3−63)或式(3−65)对 q_2^g 的坐标进行赋值,再计算 U 中所有未被 $Q_2(\alpha)$ 触碰的线段,然后调用 3.6.2 小节中判断性问题算法判断这些线段是否能由 $Q_1(\alpha)$ 触碰:

a. 若是,则能构造出触碰 U 中所有线段的菱形 $Q_1(\alpha)$ 与 $Q_2(\alpha)$,故最优菱形边长小于等于 α。

b. 若否,则考虑下一条线段 l_{i+1} 是否能安置 q_2^g。

(3)若遍历 U 中所有线段来安置 q_2^g 后,均无法构造出 $Q_1(\alpha)$ 与 $Q_2(\alpha)$,则表明在三种情况下均无法构造出能触碰 U 中所有线段且边长为 α 的两个菱形。

说明:①若 l_R 与矩形 F 不相交而 l_B 与矩形 F 相交,则步骤(2)根据式(3−57)与式(3−58)或式(3−60)与式(3−61)进行判断,步骤(2)中②根据式(3−64)或式(3−65)进行判断。

②若 l_B 与矩形 F 不相交而 l_R 与矩形 F 相交,则步骤(2)根据式(3−57)与式(3−59)或式(3−60)与式(3−62)进行判断,步骤(2)中②根据式(3−63)或式(3−66)进行判断。

③若 l_R 和 l_B 均与矩形 F 不相交,则步骤(2)根据式(3−57)至(3−59)或式(3−60)至(3−62)进行判断,步骤(2)中②根据式(3−64)或式(3−66)进行判断。

3.6.3　算法设计与分析

基于 3.6.2 小节中菱形边长 α 的判定过程,现在给出两个最小菱形触碰问题(优化问题),即 L_1 距离度量标准下平面上两个维修点选址问题的算法:

算法 Alg _ 2MatL_1

输入：n 条需求线段的端点坐标。

输出：两个最小触碰菱形的边长及二者中心点坐标。

(1)计算边界线段、边界点的坐标；计算任意两条线段之间的 L_1 距离与 L_∞ 距离，再根据 3.5 节中引理 3.10 及其后的分析计算出最优菱形边长的所有可能值，并对这些值按大小进行排序。

(2)在上述序列上应用二分查找法，依次对每次查找的数值进行步骤(3)所述的判定性分析。

(3)判断以查找到的数值 α 为边长的两个菱形能否触碰 U 中所有线段：

①依次在 3.6.2 小节中的三种情况下判断能否构造出这样的两个菱形：在每种情况的考察中，先固定一个菱形，再调用 3.6.2 小节中的算法判定另一个菱形能否触碰 U 中所有未被前一个菱形触碰的线段(具体过程在 3.6.2 小节中分情况描述)。

②若在三种情况下均无法构造出触碰 U 中所有线段的两个菱形，则二分查找比 α 大的数值；而若在某一种情况下构造出了触碰 U 中所有线段的两个菱形，则二分查找比 α 小的数值。

(4)二分查找结束，得到最优解中两个菱形的边长及其中心点坐标。

引理 3.14 在 3.6.2 小节的三种情况下，菱形边长 α 的判定过程均可在 $O(n^2)$ 时间内完成；于是算法 Alg _ 2MatL_1的步骤(3)需要 $O(n^2)$ 时间。

证明：首先，在常数时间内即可判断 l_T、l_B、l_L、l_R 这四条边界线段是否与矩形 F 相交。然后，在 $Q_1(\alpha)$ 是否与 l_{TL}、l_{BL}、l_{TR}、l_{BR} 触碰的三种情况下，依次判断能否构造出触碰所有线段的 $Q_1(\alpha)$ 和 $Q_2(\alpha)$。因为在这三种情况下的判定过程相似，则时间复杂度相同，所以我们仅分析情况 1 下的判定过程所需时间。

在情况 1 下，对每条线段都要判断是否能置 q_1^a 于其上，故需要判断 $O(n)$ 次。而对于每条通过判定的线段，需要确定 q_1^a 在线段上的具体位置，从而确定 $Q_1(\alpha)$ 的位置，然后找出所有未被 $Q_1(\alpha)$ 触碰的线段，再判断它们是否能被 $Q_2(\alpha)$ 触碰。

关于 $Q_1(\alpha)$ 的可能位置，即 q_1^a 的可能位置，需要遍历 U 中所有线段来确定，则需要考虑的 $Q_1(\alpha)$ 的可能位置有 $O(n)$ 个。而对于每个 $Q_1(\alpha)$ 的固定位置，调用 3.6.2 小节中的判定过程来判断能否找到符合要求的 $Q_2(\alpha)$ 也需要 $O(n)$ 时间。因此，在情况 1 下的判定过程需要 $O(n^2)$ 时间。而菱形边长 α 的判定过程是依次在三种情况下连续进行的，故整个判定过程，即算法 Alg _ 2MatL_1的步骤(3)也需要 $O(n^2)$ 时间，证毕。

定理 3.6 算法 Alg _ 2MatL_1的时间复杂度为 $O(n^3 \log n)$。

证明：由本节的分析可知，两个最优菱形的边长的可能值也可根据 3.5 节中引理 3.10 及其后的分析得到，即最优菱形边长可限制于 $O(n^3)$ 个。算法先

对这些可能值进行排序，然后使用二分查找法，并对每次查找出的值依次进行
3.6.2 小节中的判定。

算法步骤(1)对 $O(n^3)$ 个数值进行排序需要 $O(n^3 \log n)$ 时间。然后，对其
进行二分查找，得到 $O(\log n^3) = O(\log n)$ 个需要判定的菱形的可能边长，再
根据引理 3.14 分析可知，每次判定需要 $O(n^2)$ 时间，故可在 $O(n^2 \log n)$ 时间
内得到两个最优菱形的边长及其位置，即算法步骤(2)~(4)需要 $O(n^2 \log n)$ 时
间。因此，算法总共需要 $O(n^3 \log n)$ 时间，证毕。

3.7 算例

我们给出两个例子来分别说明 L_∞ 与 L_1 距离度量标准下的算法过程。在
这两个算例中，随机于平面上给定 10 条线段代表故障公共自行车大量分布的
道路，工作人员先将这些道路上的故障公共自行车集中于每条道路上的某处，
然后再用货车运输至相应的维修点处。

3.7.1 问题在 L_∞ 距离度量标准下的算例

在一个平面网格状道路模型中，给定 10 条线段表示故障公共自行车大量
分布的道路(图 3.21)。要求在这 10 条线段上设置一个或两个维修点对这些故
障公共自行车提供维修服务。考虑设置问题目标为：使各维修点到它服务的线
段的最大 L_∞ 距离取得最小值，即寻找中心点在某条线段上的最小正方形。各
线段端点坐标见表 3.1。

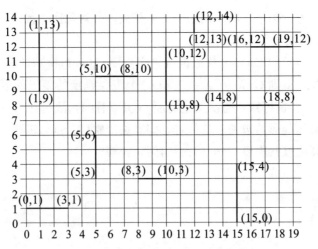

图 3.21 L_∞ 距离度量标准下的问题示例

表 3.1 算例 1 中各线段端点坐标

(1, 9)(1, 13)	(5, 10)(8, 10)	(10, 8)(10, 12)	(12, 13)(12, 14)	(16, 12)(19, 12)
(14, 8)(18, 8)	(0, 1)(3, 1)	(5, 3)(5, 6)	(8, 3)(10, 3)	(15, 0)(15, 4)

(1)L_∞ 距离度量标准下的一个维修点的选址。

首先，找出触碰所有线段（触碰四条边界线段）的最小矩形。四个边界点分别为左边界点(1，9)、上边界点(12，13)、右边界点(16，12)、下边界点(3，1)，其中左边界点与下边界点不唯一。那么，最小矩形的中心点坐标为(8.5，7)，四个顶点坐标如图 3.22(a)所示，矩形的长和宽分别为 15 和 12。

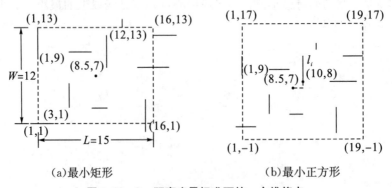

（a）最小矩形　　　　　　　（b）最小正方形

图 3.22 L_∞ 距离度量标准下的一个维修点

然后，在 L_1 距离下，对 U 中每条线段计算其距离矩形中心最近的点，并计算以该点为中心的最小正方形的边长。例如，对于图 3.22(b)中的线段 l_i，在L_1距离下，l_i上与$(8.5，7)$最近的点为$(10，8)$。于是，根据引理 3.1 可求得以$(10，8)$为中心的最小正方形的边长等于 18。

遍历 U 中所有线段，并分别求得中心点位于各条线段上的最小正方形边长。对这 n 个正方形的边长求最小值，从而得到最优解。经计算可得，本例的最优正方形以$(10，8)$为中心，边长等于 18，如图 3.22(b)所示。于是，维修点设置于点$(10，8)$处，它到任何一条需求线段的 L_∞ 距离均不超过 9。

(2)L_∞ 距离度量标准下的两个维修点的选址。

对于图 3.21 中的 10 条线段，它们两两之间的 L_∞ 距离的所有数值的集合为 $\{d \in \mathbf{N} \mid 2 \leqslant d \leqslant 15\}$。根据引理 3.2，最优解中两个全等正方形边长的所有可能值的集合为 $\{d \in \mathbf{N}^+ \mid d \leqslant 15\} \cup \{x+0.5 \mid x \in \mathbf{N}^+, x \leqslant 7\}$，共 22 个不同的值。我们对其进行排序，再在所得序列上运用二分查找法。排序后的序列如下：

$\{1，1.5，2，2.5，3，3.5，4，4.5，5，5.5，6，6.5，7，7.5，8，9，10，11，12，13，14，15\}$

第一次查找的数值(边长)为 6(第 11 个数)。考虑能否构造边长为 6 的两个正方形来触碰这 10 条线段。先考虑情况 1，即正方形 $S_1(6)$ 触碰左边界线段和下边界线段，而正方形 $S_2(6)$ 触碰右边界线段与上边界线段。因为无论 $S_1(6)$ 的中心点位于哪条线段上，它都无法同时触碰左边界线段和下边界线段，所以情况 1 下无法构造出 $S_1(6)$ 与 $S_2(6)$。类似地，在其他两种情况下，也无法构造出边长为 6 且触碰所有 10 条线段的两个正方形。因此，最优解中两个正方形的边长一定大于 6。继续二分查找比 6 大的数值。

第二次查找的数值(边长)为 10(第 17 个数)。考虑边长为 10 的两个正方形能否触碰这 10 条线段。先考虑情况 1。当 $S_1(10)$ 的中心点 s_1^{10} 位于图 3.23(a)所示的一条竖直线段上时，$s_1(10)$ 能同时触碰左边界线段与下边界线段。根据式(3-6)，s_1^{10} 坐标赋值为$(5，6)$，于是 $S_1(10)$ 触碰了 6 条线段。对于其余 4 条线段，调用 3.4 节中的算法，计算得到触碰这 4 条线段的最小正方形 $S_2(10)$，如图 3.23(b)所示，它的边长等于 10(这个正方形的位置不唯一)。因此，能够构造出两个边长为 10 且触碰所有线段的正方形。继续二分查找比 10 小的数值。

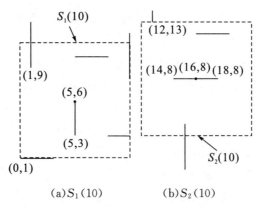

(a)$S_1(10)$ (b)$S_2(10)$

图 3.23 L_∞ 距离度量标准下的两个维修点

再依次查找数值 7.5、8、9，都无法以这些数值为边长构造出触碰所有 10 条线段的两个正方形。于是二分查找结束，得到最优解正方形边长就等于 10，最优解如图 3.23 所示。

3.7.2   问题在 L_1 距离度量标准下的算例

在平面网格状道路模型中，给定 10 条线段代表故障公共自行车主要分布的道路(图 3.24)，要求在这 10 条线段上设置一个或两个维修点对这些故障公共自行车提供维修服务。考虑比前述 L_∞ 距离度量标准更符合实际的度量方式，此时问题的目标是使各维修点到它服务的线段的最大 L_1 距离取得最小值，即寻找中心点在某条线段上的最小正方形。各线段端点坐标见表 3.2。

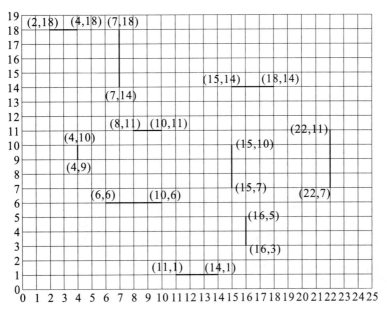

图 3.24 L_1 距离度量标准下的问题示例

表 3.2 算例 2 中各线段端点坐标

(2, 18)(4, 18)	(7, 14)(7, 18)	(15, 14)(18, 14)	(4, 9)(4, 10)	(8, 11)(10, 11)
(6, 6)(10, 6)	(15, 7)(15, 10)	(22, 7)(22, 11)	(16, 3)(16, 5)	(11, 1)(14, 1)

(1) L_1 距离度量标准下的一个维修点的选址。

首先，计算出这 10 条线段两两之间的 L_1 距离与 L_∞ 距离，并得到引理 3.10 及其后分析所述的最优菱形边长的所有可能值。

其次，找出左上边界点、右上边界点、左下边界点、右下边界点，并得到与坐标轴成 45° 的矩形 F，如图 3.25(a) 所示。矩形 F 的长边与短边的长度分别为 $\frac{25}{\sqrt{2}}$ 和 $\frac{15}{\sqrt{2}}$。

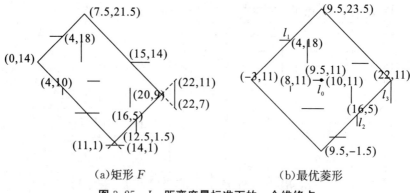

(a)矩形 F (b)最优菱形

图 3.25 L_1 距离度量标准下的一个维修点

再次，取出目标菱形边长的所有可能值中大于 $\dfrac{25}{\sqrt{2}}$ 的数值并进行排序，再对该序列使用二分查找法。对于每个查找到的数值，遍历所有线段，对每条线段判断不等式组(3-39)或(3-40)是否成立，即对任意一条水平线段 l，判断下述不等式组(3-67)是否成立：

$$
\begin{cases}
x(R(l)) \leqslant 4 + \dfrac{\alpha}{\sqrt{2}} \\[2mm]
x(R(l)) \geqslant 22 - \dfrac{\alpha}{\sqrt{2}} \\[2mm]
18 - \dfrac{\alpha}{\sqrt{2}} \leqslant y(l) \leqslant 1 + \dfrac{\alpha}{\sqrt{2}} \\[2mm]
x(L(l)) + y(l) \leqslant 14 + \dfrac{\alpha}{\sqrt{2}} \\[2mm]
x(R(l)) + y(l) \geqslant 29 - \dfrac{\alpha}{\sqrt{2}} \\[2mm]
x(L(l)) - y(l) \leqslant -14 + \dfrac{\alpha}{\sqrt{2}} \\[2mm]
x(R(l)) - y(l) \geqslant 11 - \dfrac{\alpha}{\sqrt{2}}
\end{cases}
\tag{3-67}
$$

而对任意一条竖直线段 l，判断下述不等式组(3-68)是否成立：

$$\begin{cases} 22-\dfrac{\alpha}{\sqrt{2}} \leqslant x(l) \leqslant 4+\dfrac{\alpha}{\sqrt{2}} \\[2mm] y(T(l)) \geqslant 18-\dfrac{\alpha}{\sqrt{2}} \\[2mm] y(B(l)) \leqslant 1+\dfrac{\alpha}{\sqrt{2}} \\[2mm] x(l)+y(B(l)) \leqslant 14+\dfrac{\alpha}{\sqrt{2}} \\[2mm] x(l)+y(T(l)) \geqslant 29-\dfrac{\alpha}{\sqrt{2}} \\[2mm] x(l)-y(T(l)) \leqslant -14+\dfrac{\alpha}{\sqrt{2}} \\[2mm] x(l)-y(B(l)) \geqslant 11-\dfrac{\alpha}{\sqrt{2}} \end{cases} \tag{3-68}$$

最后，二分查找结束时得到最优菱形，它的边长为 $\alpha^* = \dfrac{25}{\sqrt{2}}$，中心点所在线段 l_0 的两个端点的坐标分别为 $(8，11)$ 和 $(10，11)$，如图 3.25(b) 所示。进一步计算得到最优菱形的中心点坐标为 $(9.5，11)$。

最优菱形同时与线段 l_1、l_2、l_3 恰好触碰，它的边长对应于引理 3.10 中的情况 1 或子情况 3.2，即 $\dfrac{d_1(l_1，l_2)}{\sqrt{2}}=\dfrac{25}{\sqrt{2}}$，$\dfrac{d_\infty(l_1，l_0)+d_\infty(l_1，l_3)}{\sqrt{2}}=\dfrac{25}{\sqrt{2}}$。

于是，L_1 距离度量标准下的维修点选址问题的最优解中维修点位置坐标为 $(10，11)$，它到需求对象所分布的最远道路(线段 l_1、l_2、l_3)的 L_1 距离为 12.5。

(2)L_1 距离度量标准下的两个维修点的选址。

类似于求解一个维修点的问题，先计算出 10 条线段两两之间的 L_1 距离与 L_∞ 距离，并得到引理 3.10 及其后分析所述的最优菱形边长的所有可能值。再找出左上边界点、右上边界点、左下边界点、右下边界点，进而得到最小矩形 F。

然后，对目标菱形边长的所有可能值进行排序，再对该序列使用二分查找法，对于每个查找到的数值进行 3.6.2 小节中所述的判定。

二分查找结束时得到最优解：两个最优菱形的边长为 $7\sqrt{2}$，中心点坐标分别为 $(7，14)$ 和 $(15，7)$，如图 3.26 所示。两个中心点分别位于图中线段 l_1 与 l_2 上，具体而言，位于 l_1 与 l_2 的下端点处。

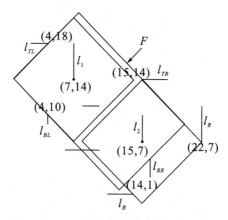

图 3.26 L_1 距离度量标准下的两个维修点

于是，在 L_1 距离度量标准下的两个维修点选址问题的最优解中，两个维修点 c_1 和 c_2 的坐标分别为 $(7,14)$ 和 $(15,7)$。距离 c_1 最远且由 c_1 负责维修其上公共自行车的道路是 l_{TL} 和 l_{BL}，距离 c_2 最远且由 c_2 负责维修其上公共自行车的道路是 l_{TR}、l_R 和 l_B，最远距离均等于 7。

注意：我们以最优解中菱形边长 $\alpha=7\sqrt{2}$ 为例，说明 3.6.2 小节中的判定性过程：

因为只有边界线段 l_R 和 l_B 与最小矩形 F 不相交，故在菱形 $Q_1(7\sqrt{2})$ 触碰边界线段 l_{BL}、l_{TL}、l_{TR} 的前两种情况下，仅计算 l_L、l_T 均与矩形 F 相交的子情况；而在 $Q_1(7\sqrt{2})$ 仅触碰 l_{TL} 而 $Q_2(7\sqrt{2})$ 触碰 l_{BL}、l_{TR}、l_{BR} 的情况下，仅计算 l_R、l_B 均与矩形 F 不相交的子情况。

情况 1：$Q_1(7\sqrt{2})$ 触碰 l_{BL} 与 l_{TL}。

在这种情况下，考虑 l_L、l_T 均与矩形 F 相交的子情况，确定 $Q_1(7\sqrt{2})$ 的中心点 $q_1^{7\sqrt{2}}$ 所在线段。对每条水平线段 l 判断不等式组（3-44）是否成立，即判断下述式（3-69）是否成立：

$$\begin{cases} x(R(l))-y(l)\geqslant 4-10-7=-13 \\ x(L(l))-y(l)\leqslant 4-18+7=-7 \\ x(R(l))+y(l)\geqslant 4+18-7=15 \\ x(L(l))+y(l)\leqslant 4+10+7=21 \end{cases} \tag{3-69}$$

对每条竖直线段 l 判断不等式组（3-47）是否成立，即判断下述式（3-70）是否成立：

$$\begin{cases} x(l) - y(B(l)) \geqslant 4 - 10 - 7 = -13 \\ x(l) - y(T(l)) \leqslant 4 - 18 + 7 = -7 \\ x(l) + y(T(l)) \geqslant 4 + 18 - 7 = 15 \\ x(l) + y(B(l)) \leqslant 4 + 10 + 7 = 21 \end{cases} \tag{3-70}$$

遍历所有线段后可得，图 3.26 中竖直线段 l_1 可使不等式组（3-69）成立。于是 $q_1^{7\sqrt{2}}$ 可位于 l_1 上。再在竖直线段 l_1 上确定 $q_1^{7\sqrt{2}}$ 的位置，即按照式（3-52）对 $q_1^{7\sqrt{2}}$ 的坐标进行赋值：

$$\begin{cases} x \leftarrow 7 \\ y \leftarrow \max\{14, 14, 8\} = 14 \end{cases} \tag{3-71}$$

计算出所有未被以（7，14）为中心点的菱形 $Q_1(7\sqrt{2})$ 触碰的线段，再调用 3.6.2 小节中的判定性问题算法，得到以（15，7）为中心点的菱形 $Q_2(7\sqrt{2})$。

于是，在情况 1 下找到了两个以 $7\sqrt{2}$ 为边长且能触碰所有线段的菱形（不需要再计算情况 2、3），那么最优菱形边长必定小于等于 $7\sqrt{2}$。

3.8 本章小结

本章研究了二维几何平面上公共自行车维修点的选址问题，即分别在 L_∞ 与 L_1 这两种距离度量标准下，考虑针对一个或两个维修点的选址。对于 L_∞ 距离度量标准下的选址问题，我们将其转化为最小正方形触碰问题进行求解；受此启发，我们考虑了更贴近实际背景的 L_1 距离度量标准下的选址问题，并将其转化为最小菱形触碰问题来求解。

对于 L_∞ 距离度量标准下的一个维修点的选址问题，或者一个最小正方形触碰问题，我们能在线性时间内求解：先找到能触碰所有线段且平行于坐标轴的最小矩形，再移动该矩形的中心点使之位于（L_1 距离下）最近的一条线段上，然后将矩形扩张为一个最小的正方形，此即问题的最优解。此最优正方形的中心点位置就是选址问题要求的维修点的最优位置。

对于 L_∞ 距离度量标准下的两个维修点的选址问题，即两个最小正方形触碰问题，我们给出了 $O(n^2 \log n)$ 时间的求解算法：考虑最优解中正方形边长的所有可能值，对所有可能值运用二分查找法进行逐一判定。而对于判定过程，则是先固定一个正方形，再调用一个最小正方形触碰问题的求解算法来判断能否用另一个正方形去触碰未被前一个正方形触碰的线段。其中，在固定第一个正方形的位置时，需要遍历每条线段，考察第一个正方形的中心点是否能位于其上。算法计算得到的两个最优正方形的中心点位置分别就是选址问题的目标维修点位置。

L_1 距离度量标准下的一个维修点的选址问题，即最小菱形触碰问题：类似于最小正方形触碰问题，我们对于最小菱形触碰问题的求解也是先试图找到一个能触碰所有线段且与坐标轴成 45° 的最小矩形。但是，此时的最小矩形不便于直接求出，我们只能构造出一个能触碰大部分线段的矩形。我们在构造出的这个矩形的基础上，分析出最优解中菱形（最小菱形）的一个充要条件（定理 3.4）。再结合最小菱形边长的所有可能值（引理 3.10），我们设计出了一个 $O(n^3 \log n)$ 时间的算法。而我们选址问题的最优维修点位置就是该算法求得的最优菱形的中心点的位置。

对于 L_1 距离度量标准下的两个维修点的选址问题，即两个最小菱形触碰问题，其求解思路类似于解决两个最小正方形触碰问题的思路。根据引理 3.10，给定一个数值，判定是否能构造出以其为边长的两个触碰所有线段的菱形。考虑其中一个菱形与边界线段触碰的三种情况，在每种情况下，先固定一个菱形的位置，计算它所触碰的线段，再判断其余线段是否能由另一个菱形触碰。最后，结合最优解中菱形边长的所有可能值，我们给出的算法需要 $O(n^3 \log n)$ 时间。于是，算法计算出的两个最优菱形的中心点位置对应于选址问题中的两个维修点的最优位置。

当考虑了平面上的一个或两个维修点的选址问题后，我们自然会想到多个维修点的选址问题。对于这种于线段上选址的问题，其特殊情形（各条线段的长度相对于各条线段之间的距离可忽略不计的情形）就是著名的中心点选址问题。而我们已知的 p－中心点选址问题（p 是任意正整数）是 NP－难的，无法在多项式时间内计算出精确解，除非 NP＝P。于是，对于在二维几何平面上的若干条线段上进行 p 个维修点选址的问题，也必定是 NP－难的（这个问题的复杂度高于 p－中心点选址问题），我们在今后的研究工作中可以考虑对其设计近似算法，以计算近似解，或者对于在一些特定情况下的问题，寻找其特定性质以设计出多项式时间精确算法。

需要提及的是，文献［95］对 L_∞ 距离度量标准下的 p－中心点选址问题给出了一个指数时间的精确算法，但是在他们的问题中，各设施可以位于平面上的任意一处。我们也曾尝试运用他们的思路来设计算法，求解针对需求线段的选址问题，问题中各个维修点可位于平面上任意一处（不要求必须位于需求线段上）。但是，最终所得的算法效率低下，其计算的时间复杂度与全部线段在平面上所占据空间的大小有关。那么，与之相关方向的研究仍需要我们继续探讨。

4 树状道路网络上的公共自行车维修点选址

许多城市的道路网络呈放射状或其他不规则形态，本章以此为背景，考虑抽象化的树状道路网络上的维修点选址问题。令待维修的故障公共自行车主要分布于道路网络中的 n 条目标道路上。我们分别讨论设置一个、两个或任意多个维修点对这些目标道路上的故障公共自行车提供维修服务的问题。这三个问题均分别在"连续型"与"离散型"两种情形下考虑，连续型指维修点可被设置于道路网络中的任意一条道路上，而在离散型条件下的维修点只能设置于 n 条目标道路上。

由于待维修公共自行车在道路上的分布情况未知，类似于第 3 章中的处理方式，我们将待维修公共自行车按其所在道路为单位统一考虑，即一条目标道路上的待维修公共自行车均由该条道路代表。于是，每条目标道路上的待维修公共自行车按照该条目标道路到各个维修点之间距离的就近原则接受相应维修点的服务，即一条目标道路上的所有待维修公共自行车均被运输到距离这条道路最近的维修点进行维修。

我们以一个嵌入二维几何平面中的树图来表示树状道路网络。树图中每条边均对应一条道路，其中给定 n 条特殊的边对应于 n 条目标道路，称这 n 条边为需求线段。公共自行车运营公司先安排人力将这 n 条目标道路（需求线段）上的故障公共自行车集中于各条目标道路（需求线段）上的某处，再用货车将其运输到维修点。假定货车一次仅运输一条目标道路（需求线段）上的故障公共自行车，为了使所有故障公共自行车都能尽快得到维修，本章的问题就是在各条边上（连续型）或需求线段上（离散型）分别寻找一个、两个或任意多个维修点的最优位置，使每个维修点距离它们各自服务的最远需求线段尽可能的近（这源于 p－中心点选址模型的选址思路）。类似于第 3 章中的设置，道路与维修点之间的距离定义为道路上离维修点最近的一点与维修点之间的距离，于是在公共自行车的回收过程中，工作人员可先通过人力的方式将公共自行车集中于该点处，再运输到维修点。

4.1 定义与记号

令 $T = (V, E)$ 表示一个嵌入二维几何平面中的树图，$V = \{v_1, \cdots, v_{m+1}\}$ 和 $E = \{e_1, \cdots, e_m\}$ 分别为树图的顶点集合与边集合，其中 m 为树图的规模。树图中每条边具有正数权重（边长），分别表示对应道路的长度。在本章，我们将会延用图论中关于树图的定义：简单路径、邻接顶点、叶子、偏心距、偏心顶点、直径等。此外，我们还会使用根与有根树的定义。在取定了根的基础上，进而使用孩子、子孙、祖先、公共祖先、最低公共祖先等定义。

子树：当给树图 T 指定了一个根，将其看作有根树之后，树图 T 中任意一个顶点 v_i 的一个子树是 v_i 的一个孩子 v_j 以及 v_j 的所有子孙的导出子图，这个子树的根是 v_j。不同于一般有根树中定义的一个顶点 v_i 的子树是指以 v_i 为根的这一棵子树，这里顶点 v_i 的子树的定义类似于二叉树中的左子树与右子树的定义，不包含顶点 v_i 及连接 v_i 与其孩子的边，且顶点 v_i 有多少个孩子，它就有多少棵子树。

点：不同于顶点仅指一条边的端点，这里的嵌入二维几何平面中的树图定义点，表示几何意义上平面中的一个点。由于我们只讨论树图中的情况，因此点仅指各条边上的任意一个点。一个顶点也是一个点。在本章，简单路径、父亲、祖先、孩子、子孙等定义也可推广到任意两点之间。

需求线段：称树图上 $n (n < m)$ 条给定的边为需求线段，记作 $U = \{l_1, \cdots, l_n\}$，$U \subseteq E$。它们分别对应于需求对象所分布的 n 条道路。在本章，我们也对需求线段使用祖先、父亲、子孙、孩子等概念：一条需求线段的祖先为这条需求线段上任意一点的祖先；一条需求线段为一个点或另一条需求线段的祖先，当且仅当其上任意一点是该点或另一条需求线段上任意一点的祖先；关于需求线段的父亲、子孙、孩子的定义类似。

叶子边：在树图 T 中，若一条边的其中一个端点是叶子，则称这条边为叶子边。

叶线段：若一条叶子边是一条需求线段，则称这条叶子边为叶线段。

预处理 Δ：由一系列删除操作组成的针对树图 T 的预处理过程。对于任意一条叶子边，若它不是需求线段（叶线段），则删除这条边与它的叶子端点，它的另一个端点成为新的叶子。重复上述删除操作，直到树图中任意一条叶子边都是需求线段（叶线段）时停止。

距离：在树图 T 中，①任意两点 p 与 q 之间的距离定义为它们之间（唯一的）简单路径的长度，记作 $d(p, q)$。②任意一点 p 与任意一条需求线段 $l_i \in U$ 之间的距离记作 $d(p, l_i)$，定义为点 p 与需求线段 l_i 上任意一点之间距离的最小值，即 $d(p, l_i) = \min\limits_{q \in l_i} d(p, q)$。③任意两条需求线段 $l_i, l_j \in U$ 之间的距离记作 $d(l_i, l_j)$，定义为线段 l_i 上任意一点与线段 l_j 上任意一点之间距离的最小值，即 $d(l_i, l_j) = \min\limits_{p \in l_i, q \in l_j} d(p, q)$。如图 4.1 所示。

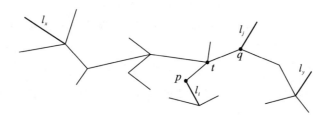

图 4.1　树图中的距离

注意：根据定义，当点 p 就在线段 l_i 上时，$d(p, l_i) = 0$；当点 p 不在线段 l_i 时，$d(p, l_i)$ 等于点 p 到线段 l_i 的两个端点的距离中的较小值；$d(l_i, l_j)$ 等于线段 l_i 的端点和线段 l_j 的端点之间的距离（四个值）中的最小值。

服务距离：一个维修点到它服务的最远需求线段之间的距离称为这个维修点的服务距离。当维修点不唯一时，所有维修点的服务距离的最大值为最大服务距离。维修点对某条需求线段提供服务是指这条需求线段代表的道路上的故障公共自行车会被运输到该维修点处接受维修服务。

直径与直径路：对于树图 T 中的一个线段集合 $U = \{l_1, l_2, \cdots, l_n\}$，直径 D 定义为 U 中任意两条线段之间距离的最大值，即 $D = \max\limits_{l_i, l_j \in U} d(l_i, l_j)$，其对应的路径称为关于该线段集合的直径路。（在我们的定义中，直径路中点就是几何意义上的中点，可位于树图中某顶点处也可位于某条边上，不同于传统意义上由最小偏心距定义的树图中心，它只能是树图的某个顶点）

4.2　问题描述

本章分别在连续型与离散型这两种情形下讨论一个、两个以及多个公共自行车维修点的选址问题，即讨论如下六个问题。

问题 1（连续型一个维修点选址问题）：在二维几何平面 R^2 上的树图 $T =$

$(V，E)$中，给定 n 条需求线段 $U = \{l_1，l_2，\cdots，l_n\}$，由一个维修点对这些线段提供服务。问题目标是在树图 T 上确定维修点 c 的位置，使得 U 中任意一条需求线段到维修点 c 的距离的最大值尽可能小。从维修点的角度而言，问题也可描述为：要求该维修点的服务距离取最小值。规范表达为求解如下优化问题：

$$\begin{cases} \min\limits \max\limits_{1\leqslant i\leqslant n}\{d(c，l_i)\} \\ \text{s. t. } c \text{ on } e_j \quad e_j \in E \end{cases} \tag{4-1}$$

问题 2(离散型一个维修点选址问题)：在二维几何平面 R^2 上的树图 $T = (V，E)$ 中，给定 n 条需求线段 $U = \{l_1，\cdots，l_n\}$，由一个维修点对它们提供服务。问题目标是在 n 条需求线段上确定一个维修点 c 的位置，使得 U 中任意一条需求线段到它的距离的最大值取最小，或者使得它的服务距离取最小值。规范表达为求解如下优化问题：

$$\begin{cases} \min\limits \max\limits_{1\leqslant i\leqslant n}\{d(c，l_i)\} \\ \text{s. t. } c \text{ on } l_j \quad l_j \in U \end{cases} \tag{4-2}$$

问题 3(连续型两个维修点选址问题)：在二维几何平面 R^2 上的树图 $T = (V，E)$ 中，给定 n 条需求线段 $U = \{l_1，\cdots，l_n\}$ $(2<n<m)$，设置两个维修点 c_1 与 c_2，对每条需求线段由就近维修点提供服务。问题目标是在树图 T 上(某条或某两条边上)确定维修点 c_1 与 c_2 的位置，使得 U 中所有需求线段到就近维修点的距离的最大值取最小。规范表达为求解如下优化问题：

$$\begin{cases} \min\limits \max\limits_{1\leqslant k\leqslant n}\{\min\{d(l_k，c_1)，d(l_k，c_2)\}\} \\ \text{s. t. } c_1 \text{ on } e_i，c_2 \text{ on } e_j \quad e_i，e_j \in E \end{cases} \tag{4-3}$$

问题 4(离散型两个维修点选址问题)：在二维几何平面 R^2 上的树图 $T = (V，E)$ 中，给定 n 条需求线段 $U = \{l_1，\cdots，l_n\}$ $(2<n<m)$，设置两个维修点 c_1 与 c_2，对各条需求线段按就近原则提供维修服务。问题目标是在 n 条需求线段上确定维修点 c_1 与 c_2 的位置，使得 U 中所有需求线段到就近维修点的距离的最大值取最小，规范表达为求解如下优化问题：

$$\begin{cases} \min\limits \max\limits_{1\leqslant k\leqslant n}\{\min\{d(l_k，c_1)，d(l_k，c_2)\}\} \\ \text{s. t. } c_1 \text{ on } l_i，c_2 \text{ on } l_j \quad l_i，l_j \in U \end{cases} \tag{4-4}$$

问题 5(连续型多个维修点选址问题)：在二维几何平面 R^2 上的树图 $T = (V，E)$ 中，给定 n 条需求线段 $U = \{l_1，l_2，\cdots，l_n\}$，需要在树图上设置 p 个维修点为 $c_1，c_2，\cdots，c_p(p<n<m)$，对每条需求线段由就近维修点提供服

务。问题目标是在树图 T 上确定维修点 c_1，c_2，…，c_p 的位置，使得所有需求线段到就近维修点的距离的最大值取最小，规范表达为求解如下优化问题：

$$\begin{cases} \min \max_{1\leqslant k\leqslant n} \{ \min_{1\leqslant i\leqslant p} \{ d(l_k, c_i) \} \} \\ \text{s. t.} \ \ c_i \text{ on } e_j \quad e_j \in E \end{cases} \tag{4-5}$$

问题 6（离散型多个维修点选址问题）：在二维几何平面 R^2 上的树图 $T=(V，E)$ 中，给定 n 条需求线段 $U=\{l_1，l_2，…，l_n\}$，在需求线段上设置 p 个维修点 $c_1，c_2，…，c_p(p<n<m)$，对每条需求线段由就近维修点提供服务。问题目标是在 n 条需求线段上确定 c_1，c_2，…，c_p 的位置，使得 U 中所有需求线段到就近维修点的距离的最大值取最小，规范表达为求解如下优化问题：

$$\begin{cases} \min \max_{1\leqslant k\leqslant n} \{ \min_{1\leqslant i\leqslant p} \{ d(l_k, c_i) \} \} \\ \text{s. t.} \ \ c_i \text{ on } l_j \quad l_j \in U \end{cases} \tag{4-6}$$

4.3 连续型一个维修点选址问题

我们首先给出一些关于树图的直径路的性质，这些性质均可由树图的连通性与反证法得到。在这些性质的基础上，我们接着说明维修点 c 的最优位置与直径路的关系。

性质 4.1 若树图 T 关于需求线段之集 U 的直径路不唯一，则：①任意两条直径路必相交；②任意两条直径路的交点就是它们各自的中点；③所有直径路均交于一个点，这个交点也是它们各自的中点。

定理 4.1 维修点 c 的最优位置为树图 T 关于需求线段之集 U 的任意一条直径路的中点，且它的服务距离为 $\dfrac{D}{2}$。

证明：当维修点 c 位于某条直径路中点时，它的服务距离就等于它到直径路任意一端的需求线段的距离，即 $\dfrac{D}{2}$。接下来采用反证法证明，若 c 不位于直径路中点处，则 c 要么位于某条直径路上，但不在直径路的中点处，要么不位于任意一条直径路上。①若 c 位于某条直径路上，但不是直径路的中点处，设这条直径路两端的需求线段为 l_x 和 l_y，那么 c 到需求线段 l_x 和 l_y 两者之一的距离大于 $\dfrac{D}{2}$。②若 c 不在任意一条直径路上，同样设某条直径路两端的需求线段为 l_x 和 l_y，根据树图的特性，在这条直径路上一定存在一点 p，使得：

$$\begin{cases} d(c, l_x) = d(c, p) + d(p, l_x) \\ d(c, l_y) = d(c, p) + d(p, l_y) \end{cases} \quad (4-7)$$

因此，$d(c, l_x) + d(c, l_y) > d(p, l_x) + d(p, l_y) = \dfrac{D}{2}$。于是，需求线段 l_x 和 l_y 中至少有一条与 c 之间的距离大于 $\dfrac{D}{2}$。情况①与②下得到的结果均较差，于是维修点最优位置必定位于直径路的中点处，证毕。

根据定理 4.1 可知，现在问题的关键是找到树图 T 中一条关于需求线段集合 U 的直径路，这类似于求解树图 T 本身的直径。在诸多教材中，均有讨论树图本身(关于树图所有边)的直径以及寻找一条直径的算法。该算法可大致描述为：任取树图中的一个顶点 u，找到该顶点的偏心顶点 v，再寻找顶点 v 的偏心顶点 w，那么顶点 v 与顶点 w 之间的简单路径就是树图的一条直径。这里运用到了树图直径的一个重要性质，即树图中任意一个顶点的偏心顶点一定是某条直径的一个端点。

通过上述分析，我们给出寻找维修点 c 最优位置的算法：

> 输入：树图 T 与 n 条需求线段。
> 输出：连续型一个维修点的最优位置。
> (1)对树图 T 做预处理 Δ(预处理后的树图仍记作 T)，这样 T 的任意一个叶子均是一条需求线段(叶线段)的端点。
> (2)任取树图 T 中的一条需求线段 l_i，在 T 上运用广度优先搜索算法，找到距离 l_i 最远的一条需求线段，设为 l_x。
> (3)再次在 T 上运用广度优先搜索算法，找到距离需求线段 l_x 最远的一条需求线段，设为 l_y。
> (4)找到需求线段 l_x 与需求线段 l_y 之间简单路径的中点，作为维修点 c 的位置。

定理 4.2 连续情形下的一个维修点选址问题能在 $O(m+n)$ 时间内计算得到，其中 m 为树图 T 的规模，n 为需求线段的数量。

证明： 步骤(1)中预处理 Δ 需要 $O(m+n)$ 时间；步骤(2)与步骤(3)两次运用广度优先搜索算法寻找距离指定需求线段最远的需求线段均需要 $O(m+n)$ 时间；步骤(4)在常数时间内找到 l_x 与 l_y 之间简单路径的中点。这四个步骤依次连续进行，因此算法总的时间复杂度为 $O(m+n)$，证毕。

4.4 离散型一个维修点选址问题

离散型情形下一个维修点的最优位置选址可以在连续型问题最优解的基础

上根据如下定理 4.3 得到。

定理 4.3 令树图 T 关于需求线段集合 U 的直径路的中点为 o。若 o 在某条需求线段上，则离散型问题的维修点最优位置 c^* 也在 o 处；若 o 不在任意一条需求线段上，则离散型问题的维修点最优位置 c^* 在所有需求线段上距离 o 最近的一点处，即：

$$d(c^*,o) = \min_{p \text{ on } l_i, \forall l_i \in U} d(p, o) \tag{4-8}$$

此时，维修点的服务距离为 $\frac{D}{2} + d(c^*, o)$。

证明：对于 o 在某条需求线段上的情况，结论是显然的，这里只需讨论 o 不在任意一条需求线段上的情况。设一条直径路两端的需求线段为 l_x 和 l_y，则 o 到 l_x 和 l_y 的距离均为 $\frac{D}{2}$，且它到任意一条需求线段的距离都不超过 $\frac{D}{2}$。假设离散情形下的维修点最优位置在点 q 处，那么它与 l_x 和 l_y 的距离之中必定有一个等于 $\frac{D}{2} + d(q, o)$，而另一个则小于等于 $\frac{D}{2} + d(q, o)$。于是，点 q 到任意一条需求线段的距离都必定小于等于 $\frac{D}{2} + d(q, o)$。因此，当维修点位于点 q 处时，它的服务距离等于 $\frac{D}{2} + d(q, o)$。所以，维修点距离 o 越近，它的服务距离越小，那么维修点最优位置表达式如式（4-8）所示，证毕。

根据定理 4.3，离散情形下的一个维修点选址问题的算法只需在连续型问题的算法最后添加一步操作——寻找位于某条需求线段上且距离直径路中点最近的点，这个点就是离散型问题的维修点最优位置。这一步操作能在线性时间内完成，因此离散型问题的算法时间复杂度仍为 $O(m+n)$。

4.5 连续型两个维修点选址问题

根据问题目标的含义分析，这个问题可以等价描述为：确定维修点 c_1 与 c_2 的位置，使得它们的最大服务距离取最小。令 f_1 和 f_2 分别表示维修点 c_1 与 c_2 的服务距离，即：

$$\begin{cases} f_1 = \max_{l_i \in U} \{ d(c_1, l_i) \mid d(l_i, c_1) \leqslant d(l_i, c_2) \} \\ f_2 = \max_{l_i \in U} \{ d(c_2, l_i) \mid d(l_i, c_2) \leqslant d(l_i, c_1) \} \end{cases} \tag{4-9}$$

于是，问题即转化为在树图 T 上确定 c_1 与 c_2 的位置，使得它们的最大服务距离 $f = \max\{f_1, f_2\}$ 取得最小值 f^*。

由于要设置两个维修点按就近原则为需求线段提供维修服务，自然地，我们可以将树图 T 拆分为两个不相交的子树 T_1 与 T_2，分别由维修点 c_1 和 c_2 对这两个子树中的需求线段提供服务，如图 4.2 所示。于是寻找两个维修点的位置就转化为了在两个子树中分别运用 4.3 节的算法找出各个子树的一个最优维修点的位置。再联系到 4.3 节中求得的关于需求线段集合 U 的直径路及直径路中点，我们猜想在直径路中点处划分树图 T，能较为"平均"地得到两个子树。考虑到如果直径路的中点恰好就是树图 T 的一个顶点，该中点的子树可能多于两个，于是我们根据直径路中点的位置分情况对问题进行讨论。

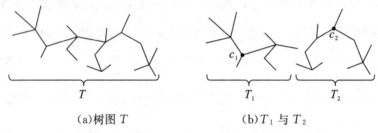

(a)树图 T (b) T_1 与 T_2

图 4.2　树图 T 拆分为两个子树 T_1 与 T_2

4.5.1　最优解的性质

1. 情况 1：直径路中点 o 位于树图 T 中两个邻接顶点之间的边上

在这种情况下，我们将一条直径路的中点 o 看作一个虚拟顶点，它将所在边划分成了两条边（根据性质 4.1，o 也是所有直径路的中点）。我们以 o 为根，将树图 T 看作有根树，可以得到根 o 的左子树 T_1 和右子树 T_2。因为树图 T 的任意一条关于需求线段之集的直径路都通过点 o 且点 o 位于一条边上，所以关于直径路两端的需求线段（设为 l_x 与 l_y）有如下性质。

性质 4.2　需求线段 l_x 与 l_y 一定是距离直径路中点 o 最远的两条需求线段，且它们分别位于子树 T_1 与 T_2 中。

接下来，我们讨论最优解中维修点 c_1 和 c_2 的位置以及服务距离 f_1 和 f_2 的相关性质。

引理 4.1　在最优解中，两个维修点分别位于两个子树中。

证明：这里采用反证法证明。不失一般性，我们假设 c_1 和 c_2 都在子树

T_1 中。那么，c_1 和 c_2 到需求线段 l_y 的距离均大于 $d(o, l_y)$，即 $d(c_1, l_y) > \dfrac{D}{2}$ 且 $d(c_2, l_y) > \dfrac{D}{2}$，也就是说，需求线段 l_y 到就近维修点的距离一定大于 $\dfrac{D}{2}$，因此 $f > \dfrac{D}{2}$。然而，即使如 4.3 节中只设置一个维修点于直径路中点 o 处，任意一条需求线段到（唯一）维修点的距离也不会超过 $\dfrac{D}{2}$，故将两个维修点设置在同一个子树中无法得到最优解，假设不成立，证毕。

根据引理 4.1，不妨假设在最优解中，维修点 c_1 位于子树 T_1 中，而维修点 c_2 位于子树 T_2 中，于是我们可直接得到如下结论。

断言 4.1 需求线段 l_x 由维修点 c_1 提供服务，而需求线段 l_y 由维修点 c_2 提供服务。

引理 4.2 在最优解中，l_x 是由维修点 c_1 提供服务的需求线段中距离 c_1 最远的一条，即维修点 c_1 的服务距离为 $f_1 = d(c_1, l_x)$；对称地，l_y 是由维修点 c_2 提供服务的需求线段中距离 c_2 最远的一条，即维修点 c_2 的服务距离为 $f_2 = d(c_2, l_y)$。

证明：我们只证明 $f_1 = d(c_1, l_x)$，另一个的证明完全相同。

采用反证法证明，假设存在一条由 c_1 提供服务的需求线段 l_v，使得 $d(c_1, l_v) = f_1 > d(c_1, l_x)$，如图 4.3 所示。接下来，我们按照 l_v 中靠近直径路中点 o 的端点 v 的可能位置分情况进行讨论。因为断言 4.1 表明顶点 v 不可能是 l_x 的一个子孙，所以可以分为下述两种情况：

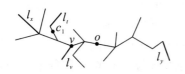
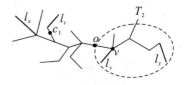

(a)v 是 l_x 与 c_1 的公共祖先 　　(b)l_v 与 v 位于子树 T_2 中

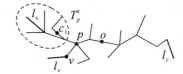

(c)v 与 l_x 位于它们最低公共祖先的不同子树中

图 4.3 引理 4.2 的证明

(1)顶点 v 是 l_x 的一个祖先，如图 4.3(a)所示；或者顶点 v 与需求线段 l_v

位于另一棵子树 T_2 中，如图 4.3(b)所示。

在这种情况下，我们首先需要说明的是，顶点 v(当它位于 T_1 中时)一定也是维修点 c_1 的祖先，即 v 是 l_x 与 c_1 的公共祖先。如若不然，无论是 c_1 为 v 的祖先，还是 v 与 c_1 位于它们(指 v 和 c_1 的)最低公共祖先的不同子树中，都有 $d(c_1, l_v) < d(c_1, l_x)$，与假设矛盾。于是，对于 c_1 的任意一个子孙需求线段(记为 l_t)，无论 c_1 与 l_x 之间的相对位置如何，都一定有 $d(c_1, l_t) \leqslant d(c_1, l_x)$，否则 l_x 不是距离 c_1 最远的需求线段，这与 l_x 位于直径的一端矛盾。再结合假设条件，可得 $d(c_1, l_t) < d(c_1, l_v)$。那么，如果我们将 c_1 沿树图的边向顶点 v 处移动，能使得 $d(c_1, l_v) = f_1$ 减小，由于这个移动不会影响 f_2 的取值，因此这有利于 $f = \max\{f_1, f_2\}$ 取得更小的值，故此时的 c_1 不在最优位置处，矛盾。

(2) v 与 l_x 位于它们(指 v 和 l_x 的)最低公共祖先的不同子树中，即 v 与 l_x 互相不为对方的祖先或子孙，如图 4.3(c)所示。

在这种情况下，令 v 与 l_x 的最低公共祖先为顶点 p。我们给出记号 T_p^x，表示包含 l_x 的顶点 p 的子树。我们表明维修点 c_1 一定位于 T_p^x 上，而不可能位于 T_p^x 以外的区域。否则，根据 l_x 是距离直径路中点 o 最远的需求线段这一条件可知，$d(c_1, l_x) > d(c_1, l_v)$，这与假设矛盾。因此，类似于前一种情况，我们可以将 c_1 沿树图的边向顶点 v 处移动，使 f_1 减小，那么此时的维修点 c_1 不在最优位置处，矛盾。

综合上述两种情况，引理 4.2 得证。

引理 4.3 在最优解中，维修点 c_1 位于连通直径路中点 o 与需求线段 l_x 的简单路径上；对称地，维修点 c_2 位于连通直径路中点 o 与需求线段 l_y 的简单路径上。

证明：我们在这里仅证明 c_1 的位置，c_2 的位置类似可证。采用反证法，假设 c_1 不在连通 o 与 l_x 的简单路径上，即 c_1 不是 l_x 的祖先，那么 c_1 与 l_x 位于它们(指 c_1 和 l_x 的)最低公共祖先的不同子树中，如图 4.4 所示。令 c_1 与 l_x 的最低公共祖先为顶点 q，于是 q 位于连通 o 与 l_x 的简单路径上。记 c_1 的任意一个子孙需求线段为 l_u。因为 l_x 位于直径路的一端，所以 l_x 比 l_u 距离 q 更远。再结合引理 4.2 的结论 $d(c_1, l_x) = f_1$，可知：

$$d(l_u, c_1) \leqslant d(l_u, q) \leqslant d(l_x, q) \leqslant d(l_x, c_1) = f_1 \qquad (4-10)$$

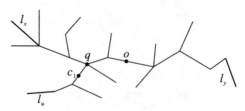

图 4.4　引理 4.3 的证明

那么，如果以 q 作为维修点 c_1 的位置，则 $f_1 = d(l_x, q)$，比假设中的 f_1 小且不影响 f_2 的取值，这有利于 $f = \max\{f_1, f_2\}$ 取更小值，这时的 c_1 不在最优位置处。由于在假设中，c_1 的位置可以取连通 o 与 l_x 的简单路径外的任意一点，因此在这条路径外无法找到维修点 c_1 的最优位置，证毕。

引理 4.4 在最优解中，即使子树 T_2 中存在一条需求线段 l_w 满足它到维修点 c_1 的距离不超过 c_1 的服务距离，即 $d(c_1, l_w) \leqslant f_1$，如图 4.5 所示，那么它到维修点 c_2 的距离也不会超过 c_2 的服务距离，即 $d(c_2, l_w) \leqslant f_2$ 也一定成立，因此安排 c_2 对 l_w 提供服务也不会使结果变差。类似地，子树 T_1 中即使存在一条需求线段 l_s 满足 $d(c_2, l_s) \leqslant f_2$，那么 $d(c_1, l_s) \leqslant f_1$ 一定也同时成立。

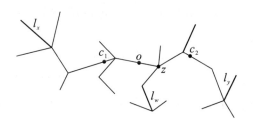

图 4.5 引理 4.4 的证明

证明： 我们这里仅证明第一部分，另一部分类似可证。采用反证法，假设在最优解中，T_2 中的需求线段 l_w 仅能接受维修点 c_1 的服务，即 $d(c_1, l_w) \leqslant f_1$，而不能接受维修点 c_2 的服务，即 $d(c_2, l_w) > f_2$。在这个假设下，必定有 $f_2 \geqslant f_1$ 且 $f = f_2$；否则如若 $f = f_1 > f_2$，我们就可以增大 f_2 的值直到 $d(c_2, l_w) \leqslant f_2$ 或者使 $f_2 = f_1$，而不改变最终结果（即 f 的大小）。再结合引理 4.2 的结论 $d(c_1, l_x) = f_1$ 与引理 4.3 的结论，可得：

$$2f_1 \geqslant d(l_x, c_1) + d(c_1, l_w) = d(l_x, l_w) = d(l_x, o) + d(o, l_w)$$
$$= d(l_y, o) + d(o, l_w)$$

$$(4-11)$$

令 l_y 与 l_w 的最低公共祖先为顶点 z（如果 l_w 的一个端点 w 是 l_y 的一个祖先，则 z 就是 w）。作为 l_y 的祖先，z 一定位于连通直径路中点 o 与需求线段 l_y 的简单路径上，于是 z 一定是 c_2 的祖先；否则，根据引理 4.3 可知，c_2 是 z 的祖先，这样会导致 $d(c_1, l_w) > d(c_2, l_w)$，与假设矛盾。然后，再结合引理 4.3 的结论 $d(c_2, l_y) = f_2$，可得：

$$d(l_y, z) + d(z, l_w) = d(l_y, c_2) + d(c_2, l_w) > 2f_2 \quad (4-12)$$

由上述不等式（4-11）与（4-12），可得：

$$2f_1 \geqslant d(l_y, o) + d(o, l_w) \geqslant d(l_y, z) + d(z, l_w) > 2f_2 \quad (4-13)$$

这与 $f_2 \geqslant f_1$ 矛盾，证毕。

根据引理 4.4 可直接得到如下结论。

定理 4.4 当直径路中点 o 不是树图 T 的一个顶点时，令以 o 为虚拟根的两个子树为 T_1 与 T_2，它们分别包含直径两端的需求线段 l_x 与 l_y。于是，T_1 中所有需求线段均由维修点 c_1 提供服务，而 T_2 中所有需求线段均由维修点 c_2 提供服务。如果 o 所在的边恰好是一条需求线段且它距离 l_x（或 l_y）近，则将它添加入 T_1（或 T_2）。如此，我们能分别在 T_1 与 T_2 中根据连续型一个维修点选址问题的算法，求出维修点 c_1 与 c_2 的最优位置。

2. 情况 2：直径路中点 o 恰好是树图 T 的一个顶点

在这种情况下，根据直径路中点 o（虚拟根）的子树的数量，我们又将分为两种子情况来讨论。

（1）子情况 1：直径路中点 o（虚拟根）恰好有两棵子树 T' 与 T''。

这种子情况的分析与前文 4.5.1 节中的分析（即情况 1）完全相同。维修点 c_1 与 c_2 的最优位置也能分别在 T' 与 T'' 中按一个维修点选址问题的算法求解。

（2）子情况 2：直径路中点 o（虚拟根）的子树数量大于 2。

假设树图 T 的一条直径路两端的需求线段 l_x 与 l_y 分别位于子树 T^1 与 T^2 中。

①我们断言维修点 c_1 与 c_2 一定分别位于子树 T^1 与 T^2 中（或者位于 o 与 T^1 或 T^2 之间的边上）；否则，不妨假设 T^1 中或者 o 与 T^1 之间的边上都没有维修点，那么最优解中两个维修点的最大服务距离为：

$$f^* \geqslant \min\{d(c_1, l_x), d(c_2, l_x)\} > d(o, l_x) = \frac{D}{2} \quad (4-14)$$

这个结果甚至比仅设置一个维修点时还要差，矛盾。

②我们再断言，需求线段 l_x 与 l_y 必定分别由维修点 c_1 与 c_2 提供服务。

令 l_f 为位于 T^1 与 T^2 以外的其他子树（T^3，T^4，…，T^k）中距离 o 最远的需求线段，且记 $D_f = d(o, l_f)$，$D_f \leqslant \frac{D}{2}$。接下来，我们讨论由哪一个维修点为 l_f 提供服务。

我们先假设维修点 c_1 对需求线段 l_f 提供服务，即 c_1 同时对 l_x 和 l_f 提供服务。根据需求线段 l_f 的定义，子树 T^3，T^4，…，T^k 中任意一条需求线段到 c_1 的距离不超过 $d(c_1, l_f)$。定义子树 $\overline{T^2} = \{o\} \cup T^1 \cup T^3 \cup \cdots \cup T^k$，如图 4.6 所示。又因为子树 T^1 中任意一条需求线段到 c_1 的距离均小于等于

$\max\{d(c_1, l_x), d(c_1, l_f)\}$，所以 $\overline{T^2}$ 中任意一条需求线段均可由 c_1 提供服务。于是，c_1 的服务距离 f_1 满足：

$$f_1 \geqslant \frac{d(c_1, l_x) + d(c_1, l_f)}{2} = \frac{d(o, l_x) + d(o, l_f)}{2} = \frac{D + 2D_f}{4}$$

$$(4-15)$$

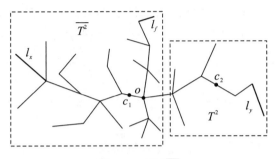

图 4.6 子树 $\overline{T^2}$

接下来，考虑子树 T^2。只需要把维修点 c_2 设置在 T^2 的直径路中点处，那么 T^2 中的任意一条需求线段到 c_2 的距离都小于 $\frac{D}{4}$，也就小于 f_1。因此，T^2 中的任意一条需求线段均可由 c_2 提供服务，且 $f_2 < \frac{D}{4}$。综上所述，子树 $\overline{T^2}$ 中任意一条需求线段由 c_1 提供服务，而子树 T^2 中任意一条需求线段由 c_2 提供服务，此时两个维修点的最大服务距离为 $f = f_1 = \frac{D + 2D_f}{4}$。

由对称性可知，假设维修点 c_2 对需求线段 l_f 提供服务，我们也能得到与上一段相同的结论。简而言之，定义子树 $\overline{T^1} = \{o\} \cup T^2 \cup T^3 \cup \cdots \cup T^k$。那么，也可得到子树 T^1 中任意一条需求线段由 c_1 提供服务，而子树 $\overline{T^1}$ 中的任意一条需求线段均可由 c_2 提供服务，此时也有 $f = f_2 = \frac{D + 2D_f}{4}$。

综上所述，在子情况 2 下，两个维修点 c_1 与 c_2 的位置分别取为 $\overline{T^2}$ 与 T^2 的直径路中点(或者 T^1 与 $\overline{T^1}$ 的直径路中点)，且两个维修点的最大服务距离为 $\frac{D + 2D_f}{4}$。

注意：当维修点 c_1 选址为子树 $\overline{T^2}$ 的直径路中点处，而维修点 c_2 选址为子树 T^2 的直径路中点处时，按照上述算法的规划，T^2 中的所有需求线段都由 c_2 提供服务。如此，位于 T^2 中但靠近 c_1 的需求线段就不是由最近的维修点提供服务的了。但是，这些需求线段距离 c_2 也较近，并不影响二者的最大服

务距离 f 的取值。如果要满足就近原则，只需在确定 c_1 与 c_2 的位置后，重新分配它们所服务的需求线段即可。另外，维修点 c_2 在 T^2 中的最优位置并不唯一。事实上，在连通虚拟根 o 与需求线段 l_y 的简单路径上，距离 l_y 不超过 $\dfrac{D+2D_f}{4}$ 的任意一点均可作为维修点 c_2 的最优位置。而在实际问题中，如果除需考虑距离因素外，还要考虑均衡维修工作量等因素，则可以将维修点 c_2 的位置设置得尽量靠近虚拟根 o，以便于服务子树 T^3，T^4，$\cdots$，T^k 中的需求线段，分担维修点 c_1 的工作量。

4.5.2 算法设计与分析

综合 4.5.1 节的分析，我们给出连续型两个维修点选址问题的算法：

输入：树图 T 与 n 条需求线段。

输出：连续型两个维修点的最优位置。

(1)调用 4.3 节中的算法计算树图 T 的直径路中点 o，记录一条直径路两端的需求线段 l_x 与 l_y。将 o 看作虚拟根，若 o 位于树图 T 中两个邻接顶点之间的边上，则进入步骤 (2)；若 o 恰好位于树图 T 的一个顶点处，则进入步骤(3)。

(2)首先，设树图 T 中虚拟顶点 o 的两个子树 T_1 与 T_2 分别包含 l_x 与 l_y(若 o 所在的边恰好是一条需求线段且这条线段 l_x 比 l_y 近，则将它添加入 T_1；反之，则将它添加入 T_2)。然后，分别对子树 T_1 与 T_2 调用 4.3 节中的算法，计算出它们各自的直径路中点 c_1 与 c_2，分别作为两个维修点的位置。于是，这两个维修点的最大服务距离为 $f^* = \max\{d(c_1, l_x), d(c_2, l_y)\}$。

(3)对于虚拟根 o 恰好是树图 T 的一个顶点的情况：

①若树图 T 中顶点 o 恰好有两个子树，则进入步骤(2)(因为 o 是树图 T 的一个顶点，所以进入步骤(2)后直接跳过判断 o 所在边是否为需求线段这一操作)；

②若树图 T 中顶点 o 的子树多于两个，分别记作 T^1，T^2，$\cdots$，T^k(不妨令其中包含 l_x 与 l_y 的子树分别为 T^1 与 T^2)，则进入步骤(4)。

(4)记 $\overline{T^1} = \{o\} \cup T^2 \cup T^3 \cup \cdots \cup T^k$，$\overline{T^2} = \{o\} \cup T^1 \cup T^3 \cup \cdots \cup T^k$。计算子树 T^3，T^4，$\cdots$，T^k 中距离 o 最远的需求线段，记作 l_f，并记录 $d(o, l_f) = D_f$。分别计算子树 T^1 与 $\overline{T^1}$ 的直径路中点 c^1 与 $\overline{c^1}$(或者计算 T^2 与 $\overline{T^2}$ 的直径路中点 c^2 与 $\overline{c^2}$)，以 c^1 与 $\overline{c^1}$ 或者 c^2 与 $\overline{c^2}$ 作为两个维修点的位置。此时，两个维修点的最大服务距离为 $f^* = \dfrac{D+2D_f}{4}$。

算法的正确性由 4.5.1 节中的分析保证。其中，步骤(2)针对的虚拟根 o 位于树图 T 中的一条边上的情况在 4.5.1 节中的情况 1 中讨论；而 4.5.1 节中的情况 2 则在两种子情况下分别讨论了步骤(3)中①和②的情况。

定理 4.5 连续型两个维修点选址问题能在 $O(m+n)$ 时间内计算求解，其中 m 为树图 T 的规模，n 为需求线段的数量。

证明：算法的四个步骤均调用了一次或两次 4.3 节中求解连续型一个维修点选址问题的算法，这些调用均需要线性时间。步骤(4)还运用广度优先搜索算法在线性时间内找到需求线段 l_f。四个步骤中的比较操作及计算均在常数时间内完成，因此每个步骤都能在线性时间内完成。而这四个步骤彼此之间是通过一条判别语句依次连接的，各个步骤接替进行：若虚拟根 o 在树图 T 的一条边上，则算法依次运算了步骤(1)与步骤(2)；若虚拟根 o 恰好是树图 T 的一个顶点，则算法运算了步骤(1)—步骤(3)中①—步骤(2)或步骤(1)—步骤(3)中②—步骤(4)。因此，总的算法时间复杂度也是线性的，证毕。

4.6 离散型两个维修点选址问题

与 4.5 节的连续型问题类似，离散型问题可以等价描述为：确定两个维修点的最优位置，使得它们的最大服务距离取最小。令集合 U_1 表示距离维修点 c_1 较近的所有需求线段，集合 U_2 表示距离维修点 c_2 较近的所有需求线段，即：

$$\begin{cases} U_1 = \{l_i \in U \mid d(l_i, c_1) \leqslant d(l_i, c_2)\} \\ U_2 = \{l_i \in U \mid d(l_i, c_2) < d(l_i, c_1)\} \end{cases} \quad (4-16)$$

再令 f_1 和 f_2 分别表示维修点 c_1 和 c_2 的服务距离，即：

$$f_1 = \max_{l_i \in U_1}\{d(c_1, l_i)\}, \quad f_2 = \max_{l_i \in U_2}\{d(c_2, l_i)\} \quad (4-17)$$

于是，问题就可描述为在 n 条需求线段上确定两个维修点 c_1 与 c_2 的位置，使得它们的最大服务距离 $f = \max\{f_1, f_2\}$ 取得最小值 f^*。

我们仍可将树图 T 划分为两个互不相交的子树 T_1 与 T_2，其内的需求线段分别由维修点 c_1 与 c_2 提供服务，即 T_1 包含 U_1 中所有需求线段，而 T_2 包含 U_2 中所有需求线段。

但是，子树 T_1 与 T_2 不能再直接取为在树图 T 的直径路中点处划分的两个子树。此外，也不同于 4.4 节中对于离散型一个维修点选址问题的处理方式，这里不能直接以位于需求线段上且分别距离连续型问题的两个最优维修点最近的两点作为离散型问题的最优解。

图 4.7 中所示的一个简易树图就是上述分析的一个例证。图中所示的树图 T_{e1} 上仅有四条需求线段 l_a、l_b、l_x 与 l_y，其中，l_x 与 l_y 是位于直径路两端的需求线段，l_a 与 l_b 分别位于直径路中点 o 的两侧，且 l_b 毗邻 o，而 l_a 到 l_x

的距离与它到 l_b 的距离相等。问题要求在这四条需求线段上设置两个维修点对它们提供服务。在这个例子的最优解中，维修点 c_1 应位于 l_a 上，而维修点 c_2 应位于 l_y 上。如此，c_1 对 l_a、l_b 与 l_x 提供服务，而 c_2 对 l_y 提供服务。c_1 的服务距离为 $\max\{d(c_1, l_x), d(c_1, l_b)\}$，$c_2$ 的服务距离为 0，则二者的最大服务距离 f^* 略大于 $\dfrac{D}{4}$。而如果使 c_1 与 c_2 分别距离连续型问题的两个维修点最优位置最近，即 c_1 尽量靠近 l_x 与 o 的中点 o_1，c_2 尽量靠近 l_y 与 o 的中点 o_2，那么 c_1 与 c_2 应分别位于 l_a 与 l_b 上，准确而言，分别位于图中 l_a 左端点与 l_b 右端点处。如此，l_y 由 c_2 提供服务，它们之间的距离接近 $\dfrac{D}{2}$，这样两个维修点的最大服务距离至少接近 $\dfrac{D}{2}$。因此，选取靠近连续型问题维修点最优位置的方案无法保证离散型问题能得到最优解。

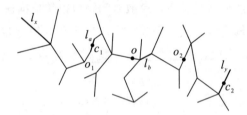

图 4.7 树图 T_{e1}

虽然通过上述分析可知，我们无法在直径路中点处将树图划分为两个连通子树，也不能直接在连续型问题最优解的基础上进行调整以得到本问题的最优解。但是，必定存在一条关于需求线段集合的直径路，满足：位于它两端的需求线段 l_x 与 l_y 分别由不同的维修点提供服务。又因为这条直径路是连通 l_x 与 l_y 的唯一简单路径，所以两个维修点各自服务的区域的分界点必定在这条直径路上。

接下来，我们阐述算法的设计过程。

因为要在一条直径路上的某处将树图分为两个子树，由两个维修点分别对两个子树中的需求线段提供服务，自然地，我们先要考虑这条直径路上的需求线段的划分情况。这条直径路上的需求线段必定一部分与 l_x 一样由维修点 c_1 提供服务，这些需求线段距离 c_1 近，包含在集合 U_1 中；而另一部分需求线段与 l_y 一样由维修点 c_2 提供服务，这些需求线段距离 c_2 近，包含在集合 U_2 中。由于我们的考察对象是需求线段，它们是一些特殊的边，因此我们以直径路上的边为对象讨论对树图 T 的划分，上述分析可规范化总结为下述性质。

性质 4.3 ①树图 T 中必定存在一条关于需求线段之集 U 的直径路(记为 P_D),使得在最优解中,位于它两端的需求线段 l_x 和 l_y 分别由不同的维修点(不妨分别设为 c_1 和 c_2)提供服务,则距离 l_x 和 l_y 最近的维修点分别为 c_1 和 c_2,即 $l_x \in U_1$,$l_y \in U_2$。②在直径路 P_D 上必定存在一条边 (u, v),使得在最优解中,离它的两个端点 u 和 v 最近的维修点分别为 c_1 和 c_2。

由性质 4.3 可知,若以边 (u, v) 上任意一点为虚拟根,则虚拟根有分别包含顶点 u 与顶点 v 的左、右子树,且左子树中的需求线段距离维修点 c_1 近,即左子树中需求线段之集为 U_1,而右子树中的需求线段距离维修点 c_2 近,即右子树中需求线段之集为 U_2。因此,我们可以分别在左、右子树中寻找一个离散情形下的最优维修点,则它们也就是整个树图的两个维修点的最优解。接下来,我们讨论如何在边 (u, v) 上划分树图 T 得到左、右子树。若边 (u, v) 不是一条需求线段,则直接移除它,树图 T 剩余部分是两个连通子树图,它们就是左、右子树。若边 (u, v) 本身就是一条需求线段 l_{uv},则需要考虑到维修点可能位于 l_{uv} 的情况。于是,除了要考虑树图 T 直接删除边 (u, v)(需求线段 l_{uv})之后得到的两个子树图,还需要考虑对它们分别添加需求线段 l_{uv} 后的两个子树图。

根据上述分析,我们可以在直径路上逐个搜索每条边,在搜索到的边上将树图 T 划分为两个子树,当直径路上的所有边搜索完后必定能得到最优解。但是,在直径路不唯一的情况下,有的直径路两端的需求线段可能由同一个维修点提供服务,如图 4.8 所示。在树图 T_{e2} 中,有四条需求线段 l_x、l_y、l_z 与 l_w,关于这四条需求线段有三条直径路:①连通 l_x 与 l_y 的简单路径;②连通 l_x 与 l_z 的简单路径;③连通 l_y 与 l_z 的简单路径。这三条简单路径的中点均为顶点 o,另外一条需求线段 l_w,其与 l_y 在 o 的同一个子树内且毗邻 o。在树图 T_{e2} 中设置两个维修点,那么其中一个(c_1)必定位于 l_w 上,而另一个(c_2)位于 l_x 或 l_z 上。不妨设 c_2 位于 l_z 上,那么直径路①两端的需求线段 l_x 与 l_y 均由 c_1 提供服务。

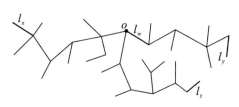

图 4.8 树图 T_{e2}

对于存在多条直径路的情况，我们难以判断哪条直径路两端的需求线段由同一个维修点提供服务，而哪条直径路两端的需求线段由两个维修点分别提供服务。为此，我们遍历各条直径路上的所有边，依次考虑在这些边上将树图 T 划分为两个子树 T_1 和 T_2，并在 T_1 和 T_2 内分别设置一个维修点来服务子树内的需求线段。

具体算法如下：

输入：树图 T 与 n 条需求线段。

输出：离散型两个维修点的最优位置。

(1) 对树图 T 做预处理 $\triangle$，再调用 4.3 节中的算法计算出一条直径路及其中点 o，记 o 到这条直径路两端需求线段的距离为 $\frac{D}{2}$。

(2) 找出所有与点 o 相距 $\frac{D}{2}$ 的需求线段，令这些需求线段的集合为 U_f。

(3) 令点 o 到 U_f 中每条需求线段的简单路径之集合为 P_f，再令 P_f 中所有边之集合为 E_d。遍历 E_d 中所有边，对其中任意一条边 (u, v)：

① 若边 (u, v) 不是需求线段：删除边 (u, v)，树图 T 剩余部分为两个连通子树 T_1 和 T_2。在 T_1 和 T_2 中分别调用 4.5 节中的算法计算出位于需求线段上的最优维修点 c_1^{uv} 与 c_2^{uv} 及其服务距离 f_1^{uv} 和 f_2^{uv}，并记录这两个维修点的最大服务距离为 $f_{uv} = \max\{f_1^{uv}, f_2^{uv}\}$。

② 若边 (u, v) 是一条需求线段 l_{uv}：记树图 T 除去边 (u, v) 后剩余的两个连通子树为 T_1^- 和 T_2^-，再记子树 $T_1^+ = T_1 \cup \{l_{uv}\}$，$T_2^+ = T_2 \cup \{l_{uv}\}$。分别在 T_1^-、T_2^-、T_1^+ 和 T_2^+ 中调用 4.5 节的算法计算出位于需求线段上的最优维修点 c_{1-}^{uv}、c_{2-}^{uv}、c_{1+}^{uv} 和 c_{2+}^{uv} 及其服务距离 f_{1-}^{uv}、f_{2-}^{uv}、f_{1+}^{uv} 和 f_{2+}^{uv}。再计算两个维修点在所有可能情况下的最大服务距离的最优值，即 $f_{uv} = \min\{\max\{f_{1-}^{uv}, f_{2+}^{uv}\}, \max\{f_{1+}^{uv}, f_{2-}^{uv}\}, \max\{f_{1+}^{uv}, f_{2+}^{uv}\}\}$。于是，两个维修点 c_1^{uv} 与 c_2^{uv} 则为 f_{uv} 取值对应的维修点，即 c_{1-}^{uv} 与 c_{2+}^{uv} 或者 c_{1+}^{uv} 与 c_{2-}^{uv} 或者 c_{1+}^{uv} 与 c_{2+}^{uv}。

(4) 取步骤 (3) 中得到的所有 f_{uv} 的最小值作为最终结果，即 $f^* = \min\limits_{(u,v)\in E_d} \{f_{uv}\}$，$f^*$ 取值对应的维修点就是两个维修点 c_1 与 c_2 的最优解。

注意：这里对算法的步骤 (3) 中②做一点解释。当 (u, v) 是一条需求线段 l_{uv} 时，f_{uv} 的取值需要考虑 $\max\{f_{1+}^{uv}, f_{2+}^{uv}\}$ 的原因：如图 4.9 所示，两个维修点的最优位置可能都在需求线段 l_{uv} 上。对于这种特殊情况，需要在树图 T 上划分出的两个子树中都加入边 (u, v)（需求线段 l_{uv}），以其作为设置维修点的可能位置。

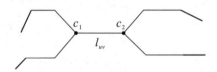

图 4.9 树图 T_{e3}

算法的正确性：根据性质 4.3 可知，必定存在一条树图 T 关于需求线段集合 U 的直径路，且该条直径路上存在一条边，使得该边两侧的需求线段分别由两个维修点提供服务。于是，算法步骤(1)依据 4.3 节中的性质 4.1 找到所有直径路共同的中点；步骤(2)找到所有直径路；步骤(3)遍历所有直径路上的边，且在这些边上分别将树图 T 划分为两个子树，再分别在两种情况下[对应步骤(3)中①与步骤(3)中②]寻找两个维修点的最优位置。

定理 4.6 离散型两个维修点选址问题能在 $O(m(m+n))$ 时间内计算求解，其中 m 为树图 T 的规模，n 为需求线段的数量。

证明：步骤(1)调用 4.3 节中的算法寻找直径路中点 o，步骤(2)搜索距离点 o 最远的全部需求线段，这两步均能在线性时间内完成。步骤(3)进行 $O(E_d)=O(m)$ 次循环，每次循环调用两次[步骤(3)中①]或四次[步骤(3)中②]4.5 节中的算法计算维修点的最优位置，需要 $O(m+n)$ 时间，故步骤(3)完成循环共需 $O(m(m+n))$ 时间。步骤(4)比较 $O(m)$ 个值的大小，得到最终结果。由于上述四个步骤依次连续进行，因此算法在 $O(m(m+n))$ 时间内完成，证毕。

4.7　连续型多个维修点选址问题

假如仿照 4.5 节中处理连续型两个维修点选址问题的思路，将树图划分为 p 个不相交的子树。因为我们仅知道树图关于需求线段集合的一条直径路的两端的需求线段分别由两个不同的维修点提供服务，那么每次只能将树图划分为两个子树，并在每个子树中分别设置 p_1 个和 p_2 个维修点($p_1+p_2=p$)，然而我们无法直接确定 p_1 与 p_2 的取值，所以据此设计的算法的时间复杂度将达到指数级(p 作为输入规模)。因此，我们考虑采取其他方法来求解本节的问题。

我们先考察最优解的性质。由于问题等价于确定 p 个维修点的位置，使得它们的最大服务距离的取值最小(令该最小值为 f^*)，因此最终结果就是最优解中某个维修点(设为 c_k)与其服务的某一条需求线段(设为 l_i)之间的距离 c。这个距离无法取得更小的值，即维修点 c_k 不能设置得更加靠近需求线段 l_i 的原因是：这个维修点还为其他需求线段提供服务，并且到另一条它所服务的需求线段 l_j 的距离也等于 f^*，故 $f^*=\dfrac{d(l_i, l_j)}{2}$。于是，关于最优解，我们有如下性质。

性质 4.4　在最优解中，所有维修点的最大服务距离 f^* 一定等于某两条需求线段之间的距离的一半，即存在整数 i，j（$1 \leqslant i < j \leqslant n$），使得 $f^* = \dfrac{d(l_i, l_j)}{2}$。

根据性质 4.4 可知，最优解 f^* 至多有 $O(n^2)$ 种不同的可能取值。于是，我们可以让每个维修点都取定一个相同的服务距离，判断是否能用 p 个维修点在这个服务距离内对全部 n 条需求线段都提供服务，并且，如果 p 个维修点在距离 λ 内能服务到全部 n 条需求线段，那么最优解中最大服务距离一定大于或等于 λ；反之，如果 p 个维修点在距离 λ 内无法服务到所有的需求线段，则最优解中最大服务距离一定小于 λ。于是，我们可以根据判定的结果，改变 p 个维修点的相同服务距离的取值，再重复判定的过程。最终，经过有限次判定后可以得到最优解。为此，我们先讨论本优化问题对应的判定性问题。

4.7.1　最大服务距离 λ 的判定

1. 判定性问题的描述与分析

判定性问题：给定所有维修点的最大服务距离 λ，即每个维修点只能对距离 λ 内的需求线段提供服务。问题的目标是判断能否在树图 T 中设置 p 个维修点，使得 U 中每条需求线段都至少能由一个维修点提供服务。

我们计算在距离 λ 内要服务到所有的需求线段所需要的最少维修点个数 p_λ，比较它与 p 的大小。

由于难以一次性设置多个维修点，因此我们考虑递推的思路，分步逐个确定各个维修点的位置，保证每条需求线段在 λ 距离内至少有一个维修点为它服务，从而最终得到最少的维修点个数。

对于树图，通常人们按照它的各个顶点自动划分阶段，形成递推关系。但在本问题中，各维修点是设置于各条需求线段上的，且服务距离由某个维修点与某条需求线段的任意一个端点之间的距离决定，因此直接以树图的各个顶点来划分阶段无法建立递推式。于是，我们需要设计出具有某种特征的子树来作为递推过程的一个阶段。

另外，通常可以选择其中一个顶点作为根，从根处开始执行递推，也可从一个叶子处开始执行。本问题要求在每条需求线段的 λ 距离内至少设置一个维修点。如果从根处开始递推，则相当于先考虑位于所有需求线段中间的那部分需求线段。对于这些需求线段，在其上或两侧均可设置为它提供服务的维修点，因此难以确定该维修点的位置。而如果从叶子处开始递推，则相当于先考虑位于所有需求线段外围的需求线段，为了使设置的维修点数量尽量少，只需要考虑在最外围的需求线段与其他需求线段之间某处设置维修点即可。因此，我们从位于外围的需求线段开始考虑，即从叶子处开始执行递推过程。

先对树图 T 做预处理 Δ，这样树图 T 的每条叶子边都是一条需求线段（即叶线段）的一个端点，那么位于所有需求线段外围的需求线段则等价于所有叶线段。在预处理 Δ 后，对于每条叶线段，为了设置尽量少的维修点，我们考虑在距离它的非叶子端点 λ 处设置一个维修点。对于相互距离较近的叶线段，可能只需要设置一个维修点就能够为它们都提供服务（即不同的叶线段不一定需要由不同的维修点提供服务），我们给出关于叶线段的族的定义，并以族为单位讨论设置维修点的情况。

为了操作与叙述方便，我们先对树图 T 做如下预处理 Σ。

预处理 Σ：由一系列针对边的合并操作组成的预处理过程：对于任意两条相邻边（具有公共端点的边）(u, v) 和 (v, w)，若它们均不是需求线段，且顶点 v 只有 u 与 w 这两个邻接顶点，则删除顶点 v，(u, v) 与 (v, w) 合并为边 (u, w) 且 (u, w) 的长度等于 (u, v) 长度与 (v, w) 长度之和，即 $d(u, w) = d(u, v) + d(v, w)$；重复上述针对边的合并操作，直至不存在如上所述的两条相邻边时停止。

聚集点与族：对树图 T 进行预处理 Δ 与预处理 Σ 之后，以关于所有需求线段之集的直径路中点为树图 T 的虚拟根，将树图 T 看作有根树。若一个顶点 u 的每个子树中均有且仅有一条需求线段（即叶线段），则称 u 为一个聚集点。以一个聚集点 u 为根的子树称为一个关于叶线段的族，简称族，记作 $F(u)$。树图 T 在经过预处理 Δ 与预处理 Σ 后，一个聚集点的一棵子树要么就是一条叶线段，要么是一条边连接着一条叶线段，如图 4.10 所示。

图 4.10 族（聚集点 u 的五个子树上各有一条叶线段）

2. 判定性问题的算法设计与解释

判定性问题的算法是以族为单位进行逐个计算的，考虑在每个族中设置最少数量的维修点(计算过最少维修点数量的族，则从树图 T 中移除)，直至树图 T 中任意一条需求线段在距离 λ 范围内都有维修点为止。算法中所使用的记号见表 4.1。

表 4.1 算法中所使用的记号

u：聚集点	w：聚集点 u 的父亲
U_u：族 $F(u)$ 中的所有叶线段之集	v_i：叶线段 $l_i \in U_u$ 的非叶子端点
$U_u^{\lambda+}$：集合 U_u 中距离 u 大于 λ 的所有叶线段之集，即 $U_u^{\lambda+} = \{l_i \in U_u \mid d(l_i, u) > \lambda\}$	
$U_u^{\lambda-}$：集合 U_u 中距离 u 不超过 λ 的所有叶线段之集，即 $U_u^{\lambda-} = \{l_i \in U_u \mid d(l_i, u) \leqslant \lambda\}$	
$l_{\text{close}}^{\lambda+}$：集合 $U_u^{\lambda+}$ 中距离 u 最近的叶线段	$l_{\text{far}}^{\lambda-}$：集合 $U_u^{\lambda-}$ 中距离 u 最远的叶线段

判定性问题的算法：

输入：树图 T，n 条需求线段，给定距离值 λ。
输出：树图上需设置的最少维修点数量 p_λ。
(1)计算族 $F(u)$ 中每条叶线段到聚集点 u 的距离 $d(l_i, u)$，$l_i \in U_u$。分三种情况继续计算：若对任意 $l_i \in U_u$ 都有 $d(l_i, u) > 2\lambda$，则进入步骤(2)；若存在 $l_i \in U_u$ 使得 $d(l_i, u) \leqslant 2\lambda$，且 $d(l_{\text{close}}^{\lambda+}, u) + d(l_{\text{far}}^{\lambda-}, u) > 2\lambda$，则进入步骤(3)；若存在 $l_i \in U_u$ 使得 $d(l_i, u) \leqslant 2\lambda$，且 $d(l_{\text{close}}^{\lambda+}, u) + d(l_{\text{far}}^{\lambda-}, u) \leqslant 2\lambda$，则进入步骤(4)。
(2)如图 4.11(a)所示：
①对于 U_u 中每条叶线段，在其上任意位置设置一个维修点；
②删除族 $F(u)$；
③根据边(u, w)是否是需求线段分情况讨论：
a. 若边(u, w)不是需求线段，则删除边(u, w)，计算族 $F(u)$ 中设置的维修点数量。若此时树图 T 中只有顶点 w，则运算结束，记录总共设置的维修点个数 p_λ，并与 p 进行比较；否则，在顶点 w 处(若满足条件)进行预处理Σ，继续计算下一个族[再次从步骤(1)开始对新的族进行操作]。
b. 若边(u, w)是一条需求线段，记为 l_{uw}，进入步骤(5)。
(3)如图 4.11(b)所示：
①对于 $U_u^{\lambda+}$ 中每条叶线段，在其上任意位置设置一个维修点；
②除了包含叶线段 $l_{\text{far}}^{\lambda-}$ 的子树，删除聚集点 u 的其他所有子树；
③再删除聚集点 u，并将叶线段 $l_{\text{far}}^{\lambda-}$ 与 u 直接相连且边$(v_{\text{far}}^{\lambda-}, w)$ 的长度等于原来的边$(v_{\text{far}}^{\lambda-}, u)$与边$(u, w)$的长度之和[如果边$(u, w)$是一条需求线段，则先移除它]；
④接着，进入步骤(5)。
(4)如图 4.11(c)所示：
①对于 $U_u^{\lambda+}$ 中除了 $l_{\text{close}}^{\lambda+}$ 的每条叶线段，在其上任意位置设置一个维修点；
②除了包含叶线段 $l_{\text{close}}^{\lambda+}$ 的子树，删除聚集点 u 的其他所有子树；
③再删除聚集点 u，并将叶线段 $l_{\text{close}}^{\lambda+}$ 与 w 直接相连且边$(v_{\text{close}}^{\lambda+}, w)$ 的长度等于原来的边$(v_{\text{close}}^{\lambda+}, u)$与边$(u, w)$的长度之和[如果边$(u, w)$是一条需求线段，则先移除它]；

④接着，进入步骤(5)。

(5)计算族 $F(u)$ 中设置的维修点数量。

①若此时顶点 w 不是叶子，则需求线段 $l_{far}^{\lambda-}$（或 $l_{close}^{\lambda+}$ 或 l_{uw}）归入以顶点 w 或其父亲为聚集点的族中，再在顶点 w 处做预处理 Σ（若需要），继续计算下一个族[再次从步骤(1)开始对新的族进行操作]。

②若此时顶点 w 就是一个叶子，则再在需求线段 $l_{far}^{\lambda-}$（或 $l_{close}^{\lambda+}$ 或 l_{uw}）上设置一个维修点，运算结束，记录总共设置的维修点个数 p_λ，并与 p 进行比较。

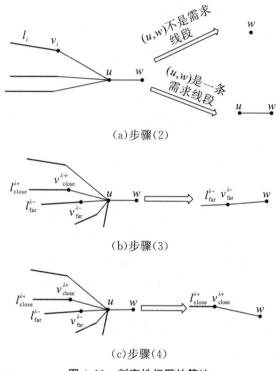

（a）步骤(2)

（b）步骤(3)

（c）步骤(4)

图 4.11 判定性问题的算法

注意：①若叶线段 $l_i \in U_u$ 本身就是聚集点 u 的一棵子树，则它的非叶子端点 v_i 就是聚集点 u 且 $d(l_i, u)=0$；②在 $U_u^{\lambda+}=\varnothing$ 与 $U_u^{\lambda-}=\varnothing$ 这两种特殊情形下，为了使步骤(1)中的判别式仍具有意义，我们定义：若 $U_u^{\lambda+}=\varnothing$，则令 $d(l_{close}^{\lambda+}, u)=2\lambda$；若 $U_u^{\lambda-}=\varnothing$，则令 $d(l_{far}^{\lambda-}, u)=0$。

3. 判定性问题算法的正确性

算法根据族 $F(u)$ 中每条叶线段到聚集点 u 的距离分成三种情况对族 $F(u)$ 进行处理，分别在三个步骤中进行计算。为此我们分步骤说明每种情况下算法的正确性。

第(1)步：这一步操作针对的情况是 U_u 中任意一条需求线段 l_i 都满足

$d(l_i, u) > 2\lambda$，那么在聚集点 u 的每棵子树中都需要分别设置一个维修点，且这些维修点都无法对族 $F(u)$ 以外的需求线段提供服务。于是，在对族 $F(u)$ 中所有的需求线段均设置维修点之后，即可删除族 $F(u)$。

第（2）步：这一步操作针对的情况是 U_u 中存在需求线段 l_i，使 $d(l_i, u) \leq 2\lambda$，且 $d(l_{\text{close}}^{\lambda+}, u) + d(l_{\text{far}}^{\lambda-}, u) > 2\lambda$。

①对于聚集点 u 的任意一棵包含 $U_u^{\lambda+}$ 中叶线段的子树，都需要在其中设置一个维修点。

②我们表明此时 $U_u^{\lambda-}$ 必定不是空集，即存在叶线段 $l_{\text{far}}^{\lambda-}$；否则，根据定义，当 $U_u^{\lambda-} = \varnothing$ 时，令 $d(l_{\text{far}}^{\lambda-}, u) = 0$，而又存在 l_i 使得 $d(l_i, u) \leq 2\lambda$，即 $d(l_{\text{close}}^{\lambda+}, u) \leq 2\lambda$，则 $d(l_{\text{close}}^{\lambda+}, u) + d(l_{\text{far}}^{\lambda-}, u) > 2\lambda$ 不成立，矛盾。

③如果在族 $F(u)$ 外与 $l_{\text{far}}^{\lambda-}$ 相距 λ 处设置一个维修点 $c_{\text{far}}^{\lambda-}$ 对 $l_{\text{far}}^{\lambda-}$ 提供服务，则与为 $U_u^{\lambda+}$ 中叶线段提供服务的维修点相比，$c_{\text{far}}^{\lambda-}$ 必定能服务到更多的位于族 $F(u)$ 以外的需求线段，且 $c_{\text{far}}^{\lambda-}$ 一定也能对 $U_u^{\lambda-}$ 中其他叶线段提供服务。

④假如在族 $F(u)$ 外与 $U_u^{\lambda-}$ 中另一条叶线段相距 λ 处设置一个维修点，虽然这个维修点可能比 $c_{\text{far}}^{\lambda-}$ 能够服务到更多的位于族 $F(u)$ 以外的需求线段，但它无法服务到 $l_{\text{far}}^{\lambda-}$，我们还是需要再添加一个维修点，因此这种方案不是最优的。

⑤由于我们仅针对族 $F(u)$ 内的叶线段进行分析，无法确定维修点 $c_{\text{far}}^{\lambda-}$ 对族 $F(u)$ 以外的需求线段的服务情况，因此我们暂时不设置维修点 $c_{\text{far}}^{\lambda-}$，并保留用以确定 $c_{\text{far}}^{\lambda-}$ 位置的叶线段 $l_{\text{far}}^{\lambda-}$，使之进入下一个族中再进行处理。族 $F(u)$ 中其他叶线段所在的子树就可以删除了，因为这些叶线段要么已有维修点提供服务（$U_u^{\lambda+}$ 中叶线段），要么可以由之后在其他族中设置的维修点 $c_{\text{far}}^{\lambda-}$ 提供服务（$U_u^{\lambda-} \setminus \{l_{\text{far}}^{\lambda-}\}$ 中叶线段）。

第（3）步：这一步操作针对的情况是 U_u 中存在需求线段 l_i 使得 $d(l_i, u) \leq 2\lambda$，且 $d(l_{\text{close}}^{\lambda+}, u) + d(l_{\text{far}}^{\lambda-}, u) \leq 2\lambda$。

①我们表明 $U_u^{\lambda+}$ 必定不是空集，即存在叶线段 $l_{\text{close}}^{\lambda+}$；否则，根据定义，当 $U_u^{\lambda+} = \varnothing$ 时，$d(l_{\text{close}}^{\lambda+}, u) = 3\lambda$，那么 $d(l_{\text{close}}^{\lambda+}, u) + d(l_{\text{far}}^{\lambda-}, u) \leq 2\lambda$ 不成立，矛盾。

②对于聚集点 u 的任意一棵包含 $U_u^{\lambda+}$ 中叶线段的子树，都需要在其中设置一个维修点。但此时我们仅对 $U_u^{\lambda+} \setminus \{l_{\text{close}}^{\lambda+}\}$ 中叶线段设置维修点，暂不设置为叶线段 $l_{\text{close}}^{\lambda+}$ 提供服务的维修点，原因将在随后的分析⑤中解释。

③如果在与 $l_{\text{close}}^{\lambda+}$ 相距 λ 处设置一个维修点 $c_{\text{close}}^{\lambda+}$ 对 $l_{\text{close}}^{\lambda+}$ 提供服务（此维修点必定位于聚集点 u 的包含 $l_{\text{close}}^{\lambda+}$ 的子树中），则 $c_{\text{close}}^{\lambda+}$ 必定能比为 $U_u^{\lambda+} \setminus \{l_{\text{close}}^{\lambda+}\}$ 中

叶线段提供服务的维修点服务到更多的位于族 $F(u)$ 以外的需求线段，且 $c_{\text{close}}^{\lambda+}$ 一定也能对 $U_u^{\lambda-}$ 中叶线段提供服务 [因为 $d(l_{\text{close}}^{\lambda+}, u) + d(l_{\text{far}}^{\lambda-}, u) \leqslant 2\lambda$]。

④假如在族 $F(u)$ 外与 $U_u^{\lambda-}$ 中某一条叶线段相距 λ 处设置一个维修点，类似于步骤（3）的分析④，也可以说明这种方案不是最优的。

⑤由于我们仅针对族 $F(u)$ 内的叶线段进行分析，无法确定维修点 $c_{\text{close}}^{\lambda+}$ 对族 $F(u)$ 以外的需求线段的服务情况，因此我们暂时不设置维修点 $c_{\text{close}}^{\lambda+}$，并保留用以确定 $c_{\text{close}}^{\lambda+}$ 位置的叶线段 $l_{\text{close}}^{\lambda+}$，使之进入下一个族中再另作处理。族 $F(u)$ 中其他叶线段所在的子树就可以删除了，因为这些叶线段要么已有维修点提供服务（$U_u^{\lambda+} \setminus \{l_{\text{close}}^{\lambda+}\}$ 中叶线段），要么可以由之后在其他族中设置的维修点 $c_{\text{close}}^{\lambda+}$ 提供服务（$U_u^{\lambda-}$ 中叶线段）。

第（4）步：若顶点 w 就是一个叶子，那么此时树图 T 就只剩余顶点 w 与需求线段 $l_{\text{far}}^{\lambda-}$（或 $l_{\text{close}}^{\lambda+}$ 或 l_{uw}）以及连接它们的边。针对这一条需求线段，设置一个维修点即可。若顶点 w 还与其他边相连接，则继续计算即可。

$U_u^{\lambda+} = \varnothing$ 或 $U_u^{\lambda-} = \varnothing$ 特殊情形下的分析：

①当 $U_u^{\lambda+} = \varnothing$ 时，$U_u = U_u^{\lambda-}$。这种情况下的分析完全与上述第（3）步分析④相同，可以用 $l_{\text{far}}^{\lambda-}$ 来代表 U_u 中其他叶线段。因此，我们定义当 $U_u^{\lambda+} = \varnothing$ 时，$d(l_{\text{close}}^{\lambda+}, u) = 3\lambda$，以使当这种特殊情况发生时有 $d(l_{\text{close}}^{\lambda+}, u) + d(l_{\text{far}}^{\lambda-}, u) > 2\lambda$，算法进入步骤（3）。

①当 $U_u^{\lambda-} = \varnothing$ 时，$U_u = U_u^{\lambda+}$。这种情况下的分析完全与上述第（4）步分析④相同，可以用 $l_{\text{close}}^{\lambda+}$ 来代表 U_u 中其他叶线段。因此，我们定义当 $U_u^{\lambda-} = \varnothing$ 时，$d(l_{\text{far}}^{\lambda-}, u) = 0$，以使当这种特殊情况发生时有 $d(l_{\text{close}}^{\lambda+}, u) + d(l_{\text{far}}^{\lambda-}, u) > 2\lambda$，算法进入步骤（3）。

4.7.2　最优化问题

根据 4.7.1 节的分析，连续型多个维修点选址问题的算法可叙述如下：对最优解中所有维修点的最大服务距离 f 的所有可能值进行排序，并在这个序列上运用二分查找法，每次查找时调用 4.7.1 节中判定性问题的算法。

上述算法的时间复杂度分析如下：

我们先考虑判定性问题的算法的运算时间。该算法逐个计算各族中所需设置维修点的数量，而在每个族中遍历每条叶线段（需求线段）以及连接各条叶线段与聚集点的边，因此对树图 T 中所有需求线段在 λ 距离内设置最少数量的维修点总共需要 $O(m+n)$ 时间。而之前的预处理 Δ 与预处理 $\sum$ 也都需要

$O(m+n)$ 时间，故判定性问题可在线性时间内完成。

根据 4.7.1 节中分析可知，优化问题使用的二分查找法运用于 $O(n^2)$ 个距离值的序列。因此，在假设任意两条需求线段之间的距离已知的情况下，我们有如下结论。

定理 4.7 连续情形下的 p 个维修点选址问题能在 $O((m+n)\log n + n^2)$ 时间内计算求解，其中 m 为树图 T 的规模，n 为需求线段的数量。

注意：当任意两条需求线段之间的距离未知时，我们还需预先计算出 $O(n)$ 条需求线段两两之间的距离。而任意两条需求线段之间的距离可通过计算其端点（即树图顶点）之间的距离得到。对于树图上任意两个顶点之间的距离，可以使用著名的 Tarjan 离线算法寻找这两个顶点的最低公共祖先，进而计算出二者之间的距离。使用 Tarjan 离线算法在规模为 $O(m)$ 的树图中计算出 $O(n)$ 个顶点两两之间的距离需要 $O(m+n^2)$ 时间。于是，在需求线段之间距离未知的条件下，连续型 p 个维修点选址问题的求解总共需要 $O((m+n)\log n + n^2)$ 时间。

4.8 离散型多个维修点选址问题

在离散型情形下，我们无法如 4.7 节中针对连续型情形下的判定性问题的算法一般，从叶线段入手以族为单位分别设置维修点。这是因为限定维修点只能位于需求线段上时，我们不能直接在距离一条叶线段 λ 处设置维修点，而需要考虑另一条需求线段到该叶线段的距离，与 λ 进行比较，这将使得搜索量大大增加。

但是，我们可以考虑在 4.6 节中两个维修点选址问题的算法的基础上进行推广，从而计算出离散型 p 个维修点的最优位置。需要注意的是，当 p 作为输入规模时，给出的算法将会需要指数级的计算时间复杂度。

类似于 4.6 节的分析，对于 $1 \leqslant i \leqslant p$，定义关于维修点 c_i 的需求线段的集合 U_i，离这些需求线段最近的维修点均是 c_i，即：

$$U_i = \{l_k \in U \mid d(l_k, c_i) = \min_{1 \leqslant j \leqslant p} d(l_k, c_j)\} \qquad (4-18)$$

故 U_i 中需求线段均可由 c_i 提供服务。再对 $1 \leqslant i \leqslant p$，令 f_i 表示维修点 c_i 的服务距离，则：

$$f_i = \max_{l_k \in U_i} \{d(c_i, l_k)\} \qquad (4-19)$$

于是，离散情形下的 p 个维修点选址问题可等价描述为在 n 条需求线段上确定 p 个维修点 c_1，c_2，$\cdots$，c_p 的位置，使得所有维修点的最大服务距离 $f = \max_{1 \leqslant i \leqslant p}\{f_i\}$ 取得最小值 f^*。

类似于 4.6 节中的性质 4.3，对于离散型 p 个维修点选址问题有如下性质。

性质 4.5 ①树图 T 中必定存在一条关于需求线段之集 U 的直径路(记为 P_D)，使得在最优解中，位于它两端的需求线段 l_x 和 l_y 分别由不同的维修点(设为 c_i 和 c_j)提供服务，则距离 l_x 和 l_y 最近的维修点分别为 c_i 和 c_j，即 $l_x \in U_i$，$l_y \in U_j$。②在直径路 P_D 上必定存在一条边$(u，v)$，使得在最优解中，离它的两个端点 u、v 最近的维修点是不同的，不妨分别设这两个不同的维修点为 c_u 和 c_v。若边$(u，v)$不是需求线段，则 c_u 和 c_v 分别位于边$(u，v)$的两侧；若边$(u，v)$是一条需求线段 l_{uv}，则 c_u 和 c_v 分别位于边$(u，v)$的两侧，或者一个位于 l_{uv} 上，另一个位于边$(u，v)$的一侧，或者分别位于顶点 u 和 v 处。

由性质 4.5 可知，我们必定可以在树图 T 的一条关于需求线段之集 U 的直径路上找到一条边$(u，v)$，在这条边上将树图 T 划分为两个子树 T_1 和 T_2，使得子树 T_1 中的需求线段只由位于 T_1 中的维修点提供服务，而子树 T_2 中的需求线段只由位于 T_2 中的维修点提供服务。

为了叙述方便，我们给出如下记号：对于树图 T 中任意一条边$(u，v)$，删除它后，树图 T 分为的两个子树分别记为 T_u^- 和 T_v^-。若边$(u，v)$是一条需求线段，则再记 $T_u^+ = T_u^- \cup \{l_{uv}\}$，$T_v^+ = T_v^- \cup \{l_{uv}\}$。于是，根据性质 4.5 及其后的分析，我们可以直接得到如下定理。

定理 4.8 必定存在两个正整数 p_1 和 p_2 与树图 T 中的一条边$(u，v)$，使得：

(1) $p = p_1 + p_2$；

(2) 边$(u，v)$位于树图 T 的一条关于需求线段之集 U 的直径路上；

(3) 若边$(u，v)$不是需求线段：令子树 T_u^- 的离散型 p_1 个维修点的一组最优解为 $\{c_1^u，c_2^u，\cdots，c_{p_1}^u\}$，它们的最大服务距离为 f_u^*；令子树 T_v^- 的离散型 p_2 个维修点的一组最优解为 $\{c_1^v，c_2^v，\cdots，c_{p_2}^v\}$，它们的最大服务距离为 f_v^*；则树图 T 的离散型 p 个维修点的一组最优解 $\{c_1，c_2，\cdots，c_p\}$ 与它们的最大服务距离 f^* 分别为：

$$\{c_1，c_2，\cdots，c_p\} = \{c_1^u，c_2^u，\cdots，c_{p_1}^u\} \cup \{c_1^v，c_2^v，\cdots，c_{p_2}^v\} \quad (4-20)$$

$$f^* = \max\{f_u^*，f_v^*\} \quad (4-21)$$

(4)若边 (u, v) 是一条需求线段 l_{uv}：令子树 T_u^- 的离散型 p_1 个维修点的一组最优解为 $\{c_1^{u-}, c_2^{u-}, \cdots, c_{p_1}^{u-}\}$，它们的最大服务距离为 f_{u-}^*；令子树 T_u^+ 的离散型 p_1 个维修点的一组最优解为 $\{c_1^{u+}, c_2^{u+}, \cdots, c_{p_1}^{u+}\}$，它们的最大服务距离为 f_{u+}^*；令子树 T_v^- 的离散型 p_2 个维修点的一组最优解为 $\{c_1^{v-}, c_2^{v-}, \cdots, c_{p_2}^{v-}\}$，它们的最大服务距离为 f_{v-}^*；令子树 T_v^+ 的离散型 p_2 个维修点的一组最优解为 $\{c_1^{v+}, c_2^{v+}, \cdots, c_{p_2}^{v+}\}$，它们的最大服务距离为 f_{v+}^*，则树图 T 的离散型 p 个维修点的一组最优解 $\{c_1, c_2, \cdots, c_p\}$ 与它们的最大服务距离 f^* 分别为：

$$\{c_1, c_2, \cdots, c_p\} = \begin{cases} \{c_1^{u-}, c_2^{u-}, \cdots, c_{p_1}^{u-}\} \bigcup \{c_1^{v+}, c_2^{v+}, \cdots, c_{p_2}^{v+}\}, \\ \quad 若 f^* = \max\{f_{u-}^*, f_{v+}^*\} \\ \{c_1^{u+}, c_2^{u+}, \cdots, c_{p_1}^{u+}\} \bigcup \{c_1^{v-}, c_2^{v-}, \cdots, c_{p_2}^{v-}\}, \\ \quad 若 f^* = \max\{f_{u+}^*, f_{v-}^*\} \\ \{c_1^{u+}, c_2^{u+}, \cdots, c_{p_1}^{u+}\} \bigcup \{c_1^{v+}, c_2^{v+}, \cdots, c_{p_2}^{v+}\}, \\ \quad 若 f^* = \max\{f_{u+}^*, f_{v+}^*\} \end{cases}$$

$$(4-22)$$

$$f^* = \min\{\max\{f_{u-}^*, f_{v+}^*\}, \max\{f_{u+}^*, f_{v-}^*\}, \max\{f_{u+}^*, f_{v+}^*\}\}$$

$$(4-23)$$

现在我们根据定理 4.8，递归调用一个维修点选址问题的算法，给出离散型 p 个维修点选址问题的算法：

输入：树图 T 与 n 条需求线段。
输出：离散型 p 个维修点的最优位置。
(1)计算树图 T 的一条关于需求线段之集 U 的直径路及其中点 o。
(2)计算距离点 o 最远的所有需求线段，并遍历 o 到这些需求线段的简单路径上的每条边。对其中任意一条边 (u, v) 执行：
①内层循环，对每个 $p_1(1 \leqslant p_1 \leqslant p-1)$，执行：
a. 若边 (u, v) 不是需求线段：递归调用本算法，计算子树 T_u 中 p_1 个维修点的最优解 $\{c_1^u, c_2^u, \cdots, c_{p_1}^u; f_u\}$，计算子树 T_v 中 $p-p_1$ 个维修点的最优解 $\{c_1^v, c_2^v, \cdots, c_{p-p_1}^v; f_v\}$，并得 $f_{ud}^{p_1} = \max\{f_u, f_v\}$。
b. 若边 (u, v) 是一条需求线段：递归调用本算法，计算子树 T_u^- 中 p_1 个维修点的最优解 $\{c_1^{u-}, c_2^{u-}, \cdots, c_{p_1}^{u-}; f_u^-\}$，计算子树 T_u^+ 中 p_1 个维修点的最优解 $\{c_1^{u+}, c_2^{u+}, \cdots, c_{p_1}^{u+}; f_u^+\}$，计算 T_v^- 中 $p-p_1$ 个维修点的最优解 $\{c_1^{v-}, c_2^{v-}, \cdots, c_{p-p_1}^{v-}; f_v^-\}$，计算 T_v^+ 中 $p-p_1$ 个维修点的最优解 $\{c_1^{v+}, c_2^{v+}, \cdots, c_{p-p_1}^{v+}; f_v^+\}$，$f_{ud}^{p_1} = \min\{\max\{f_u^-, f_v^+\}, \max\{f_u^+, f_v^-\}, \max\{f_u^+, f_v^+\}\}$。
②计算 $f_{uv} = \min_{1 \leqslant p_1 \leqslant p}\{f_{ud}^{p_1}\}$。
(3)计算 $f^* = \min\{f_{uv}\}$。f^* 取值对应的 p 个位置则为最优维修点位置。

114

定理 4.9 离散型 p 个维修点选址问题可在 $O(m^{p-1}(m+n))$ 时间内计算出。

证明： 设算法时间复杂度为 $T(p)$。算法步骤(1)计算一条直径路及其中点，需要 $O(m+n)$ 时间。算法步骤(2)的外层循环，遍历 $O(m)$ 条边；而内层循环中 p_1 的取值从 $1\sim p-1$，无论遍历到的边是否为需求线段，递归调用都需要 $T(p_1)+T(p-p_1)$ 时间，计算 f_{uv} 需要 $O(p_1)$ 时间，因此，这一步需要 $\sum_{p_1=1}^{p-1}O(m)(T(p_1)+T(p-p_1))$，即 $\sum_{p_1=1}^{p-1}O(mT(p_1))$ 时间。算法步骤(3)计算 f^* 需要 $O(m)$ 时间。因此，$T(p)$ 满足：

$$T(p)=O(m+n)+\sum_{p_1=1}^{p-1}O(mT(p_1)) \tag{4-24}$$

又有 $T(1)=O(m+n)$，所以递推可得：

$$\begin{cases} T(2)=O(m+n)+O(mT(1))=O(m(m+n)) \\ T(3)=O(m+n)+O(m(T(1)+T(2)))=O(m^2(m+n)) \\ \vdots \\ T(p)=O(m+n)+\sum_{p_1=1}^{p-1}O(mT(p_1))=O(m^{p-1}(m+n)) \end{cases} \tag{4-25}$$

最后，将式(4-25)代入式(4-24)验证，得：

$$\begin{aligned} T(p)&=O(m+n)+m(m+n)\sum_{i=1}^{p-1}O(m^{i-1}) \\ &=O\left(m+n+m(m+n)\frac{1-m^{p-1}}{1-m}\right) \\ &=O(m^{p-1}(m+n))。 \end{aligned} \tag{4-26}$$

故式(4-25)正确，证毕。

4.9 算例

在本节中，我们以一个简单的树图为例(代表树状道路网络模型)，在各种不同要求下对其上的需求线段(代表故障公共自行车主要分布的目标道路)分别设置维修点。如图 4.12 所示，树图上有 15 条需求线段(图中加粗线段)，各边长度标注于图中。公共自行车公司先安排人力将这 15 条道路(线段)上的故障公共自行车集中到各条目标道路(线段)的某处，再用货车运至就近维修点。假定货车一次只运输一条目标道路(线段)上的故障公共自行车，问题要求每次货车运送的路程尽量短，即任意一条需求线段到相应维修点的距离都要尽量近。

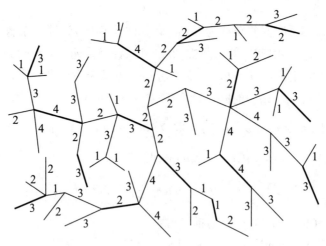

图 4.12 问题示例

4.9.1 连续型一个维修点的选址

根据前文分析可知，问题的关键是要找到关于需求线段之集的直径路及其中点。首先做预处理 Δ，删去不需考虑的边，如图 4.13 所示。其次任取一条需求线段 l_i，再找到距离 l_i 最远的需求线段 l_x 与 l_x'，图中 $d(l_i, l_x) = d(l_i, l_x') = 18$。在 l_x 与 l_x' 中任意选取一条，不妨取 l_x。接着，找到距离 l_x 最远的需求线段 l_y，图中 $d(l_x, l_y) = 26$。最后，取 l_x 与 l_y 的中点 o。于是，维修点设置于点 o 处，距离它最远的需求线段是 l_x、l_x' 和 l_y，它的服务距离是 13。

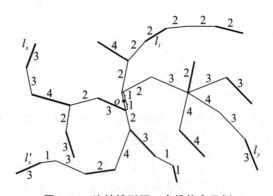

图 4.13 连续情形下一个维修点示例

注意：l_x 与 l_y 之间的简单路径是一条直径路，l_x' 与 l_y 之间的简单路径也是一条直径路，直径路长度等于 26。

4.9.2　离散型一个维修点的选址

根据定理 4.3 可知，维修点位于距离直径路中点 o 最近的需求线段上。如图 4.14 所示，维修点设置于图中点 c 处。距离这个维修点最远的需求线段为 l_f。该维修点的服务距离为 14。

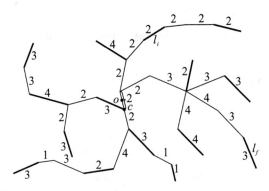

图 4.14　离散情形下一个维修点示例

4.9.3　连续型两个维修点的选址

在连续情形下设置两个维修点的关键是根据直径路中点的位置将树图划分为两个（或多个）连通子树。在本例中，如图 4.13 所示，直径路中点 o 位于树图的两个顶点之间，于是在点 o 处将树图分为两个子树，并分别在这两个子树中寻找它们各自的直径路中点 o_1 和 o_2，如图 4.15 所示。于是，两个维修点分别设置于点 o_1 和点 o_2 处。距离点 o_1 最远的需求线段是 l_a 和 l_b，该维修点的服务距离为 12；距离点 o_2 最远的需求线段是 l_c 和 l_d，该维修点的服务距离为 11。故最优解中两个维修点的最大服务距离为 12。

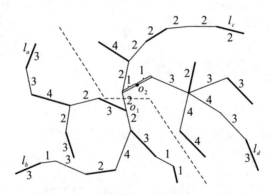

图 4.15　连续情形下两个维修点示例

4.9.4　离散型两个维修点的选址

在本例中，距离直径路中点 o 最远的需求线段有 3 条，如图 4.16(a)所示，分别为线段 l_f^1、l_f^2、l_f^3。遍历点 o 到这三条需求线段的简单路径上的所有边(图中虚线标记)，考虑在每条虚线标记的边处将树图划分为两个子树，对于每个子树分别设置一个维修点时，计算这两个维修点的最大服务距离。

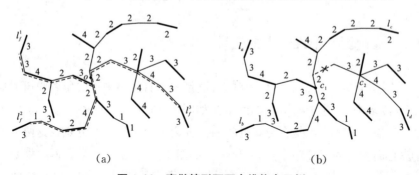

　　　　　(a)　　　　　　　　　　　　　　　(b)

图 4.16　离散情形下两个维修点示例

循环结束时，得到最优解：删除图 4.16(b)中"×"号标记的边，对形成的两个子树分别计算出一个位于需求线段上的最优维修点位置。在最优解中，距离维修点 c_1 最远的需求线段有 3 条，分别为 l_a、l_b、l_c，c_1 的服务距离为 12；距离维修点 c_2 最远的需求线段是 l_d，c_2 的服务距离为 7。故最优解中两个维修点的最大服务距离为 12。

4.9.5　连续型多个维修点的选址

以设置 5 个维修点为例来描述算法过程：

先计算任意两条需求线段之间的距离 $d(l_i, l_j)(1 \leqslant i < j \leqslant 15)$。计算可得，这些距离值的集合为 $\{d \in \mathbf{N}^+ | d \leqslant 26, d \neq 5, d \neq 25\}$。此外，根据性质 4.4 可知，最优解中 5 个维修点的最大服务距离必定等于某两条需求线段之间距离的一半，故最优解的最大服务距离的可能值集合为 $\{d \in \mathbf{N}^+ | d \leqslant 13\} \cup \{x + 0.5 | x \in \mathbf{N}, x \leqslant 11, x \neq 2\}$，共 24 个数值。将这 24 个数值进行排序，再在所得序列上运用二分查找法。

第一次查找的数值为 6.5，根据 4.7.1 节的算法判定 λ 是否可行。对图 4.13 中的树图再进行预处理 Σ，得到的树图如图 4.17(a) 所示，此时树图中有 5 个关于叶线段的族。我们以族 $F(u_1)$ 与 $F(u_3)$ 为例，来说明算法对于各个族的处理。

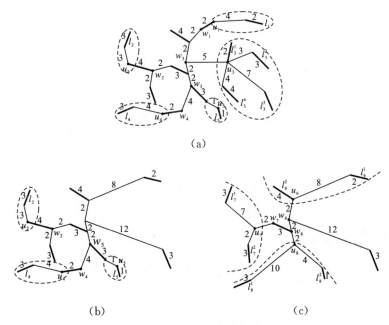

(a)

(b)　　　　　　　　　　　　(c)

图 4.17　$\lambda = 6.5$ 的判定过程

对于族 $F(u_1)$，$U_{u_1}^{6.5+} = \varnothing$，于是令 $d(l_{\text{close}}^{6.5+}, u) = 13$，此时 $d(l_{\text{far}}^{6.5-}, u) = d(l_1, u_1)$，因此在算法步骤 (1) 中 $d(l_{\text{close}}^{6.5+}, u_1) + d(l_1, u_1) > 13$，进入步骤 (3)；在步骤 (3) 中，$U_{u_1}^{6.5+} = \varnothing$，故直接进入步骤 (3)③，删除需求线段 $l_{u_1 w_1}$，

把叶线段 l_1 与顶点 w_1 直接相连，进入步骤(5)，并在顶点 w_1 处做预处理 $\sum$，如图 4.17(b)所示。

对于族 $F(u_3)$，$l_{close}^{\lambda+}$ 是 l_3^3，$l_{far}^{\lambda-}$ 是 l_3^4。在算法步骤（1）中 $d(l_3^3, u_3) + d(l_3^4, u_3) < 13$，进入步骤(4)。在步骤(4)中，删除 l_3^3 以外的另外 3 条叶线段所在的 u_3 的子树，然后将 l_3^3 与 w_3 直接相连，如图 4.17(b)所示，进入步骤(5)。此时步骤(5)不进行任何操作。

对 5 个族都进行处理后，得到的树图如图 4.17(c)所示，此时的树图上又有了 3 个关于叶线段的族。继续对这些族进行计算直至整个树图处理完毕。

计算结束后，树图上共设置了 5 个维修点，故 λ 判定通过，最优解中 5 个维修点的最大服务距离不大于 6.5，于是二分查找小于 6.5 的 λ 值。

之后，通过二分查找法分别判定 λ 的取值为 3.5、5、5.5、6，最终得到最优解中 5 个维修点的最大服务距离为 λ^*。按照算法计算得到的 5 个维修点的位置如图 4.18 所示。

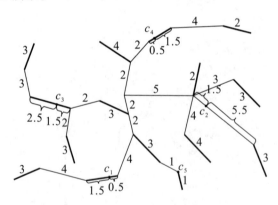

图 4.18   连续情形下 5 个维修点示例

除了上述 5 个维修点的问题，我们再分别给出设置 3、4、6、7 个维修点的最优解：最大服务距离见表 4.2，维修点位置如图 4.19 所示。

表 4.2   连续情形下多个维修点的最大服务距离

维修点个数 p	3	4	6	7
最大服务距离 λ^*	11	7	4.5	4

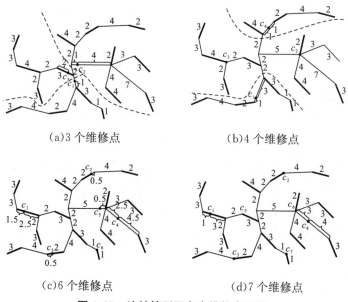

(a)3 个维修点　　　　　　　　(b)4 个维修点

(c)6 个维修点　　　　　　　　(d)7 个维修点

图 4.19　连续情形下多个维修点示例

4.9.6　离散型多个维修点的选址

以设置 5 个维修点为例。与离散情形下的两个维修点选址过程类似，遍历图 4.16(a)中虚线标记的各条边，考虑在这些边处划分树图。首先，每次将树图一分为二之后，还需考虑在两个子树中分别设置 1 个和 4 个、2 个和 3 个、3 个和 2 个、4 个和 1 个维修点这四种情况。其次，对于所设置的维修点的数量不为 1 的子树，再将其继续划分为两个子树直至所有子树中只设置 1 个维修点。

以下分别给出设置 3、4、5、6 个维修点的最优解：所有维修点的最大服务距离见表 4.3，各维修点的位置如图 4.20 所示。

表 4.3　离散情形下多个维修点的最大服务距离

维修点个数 p	3	4	5	6
最大服务距离 f^*	12	8	7	4.5

121

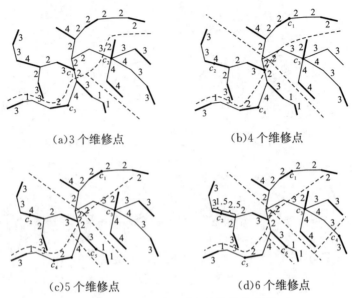

(a)3 个维修点   (b)4 个维修点

(c)5 个维修点   (d)6 个维修点

图 4.20   离散情形下多个维修点示例

4.10   本章小结

　　本章研究了树状道路网络上的六个维修点选址问题：分别在连续型与离散型这两种情形下对一个、两个或多个维修点进行选址。在模型中，树状道路网络以嵌入二维几何平面的树图来表示。树图中每条边被赋予正权重以表示各条边的长度，这样除顶点之外的各条边上的点也有了几何意义，且任意两点之间的距离被定义为这两点之间简单路径的长度。在树图上给定 n 条边作为待维修公共自行车所分布的区域（道路），称这 n 条边为需求线段。连续型指的是树图的任意一条边均可作为设置维修点的区域，对应于维修点可位于任意一条道路上这种情形；而离散型指的是各个维修点仅能设置于需求线段上，对应于维修点只位于故障公共自行车主要分布的道路上这种情形。为了使维修点能尽量快地服务到所有待维修公共自行车，这六个问题均采用中心点选址模型定义的最大最小优化准则进行求解。

　　对于一个维修点的选址问题，我们首先考虑连续情形下的选址，易知此时维修点必定位于树图关于需求线段集合的直径路中点处，于是问题可在线性时间内求解。之后，除了连续型多个维修点选址问题，其他四个问题的求解方法都是在连续型一个维修点选址问题解法的基础上推导得出的：

(1)离散型一个维修点选址问题的最优解，即维修点最优位置，可以通过将连续型一个维修点选址问题的最优位置移动到最近的需求线段上来获得，因此这个问题也可在线性时间内求解。

(2)对于连续型两个维修点选址问题，我们经过一系列分析与证明得知，可以将整个树图在其关于需求线段集合的直径路中点处划分为两个互不相交的连通子树，然后分别在这两个子树上调用连续型一个维修点选址问题的算法来求解，这个问题也可在线性时间内算出。

(3)对于离散型两个维修点选址问题，我们也可将整个树图划分为两部分来分别寻找一个维修点，但需要遍历所有直径路上的边才能找到划分处，故算法的计算时间复杂度为输入规模的二次方。

(4)当维修点个数 p 是输入规模的一部分时，离散型多个(p 个)维修点选址问题是本章六个问题中唯一一个没有给出多项式时间求解算法的问题。算法设计思路也是将整个树图划分为若干个互不相交的子树，再在每个子树中寻找一个维修点的最优位置。但是，我们无法预先判断应在何处做划分，因此只能遍历树图中的每条边，将树图一分为二，分别在两个子树中寻找 p_1、p_2 个维修点($p_1 + p_2 = p$)，然后再在每个子树中继续做划分，依次递归。同时，由于 p_1 与 p_2 的取值不确定，还需要根据 p_1 的取值进行循环。这样，每次划分子树时，对于划分的位置以及划分后每个子树设置的维修点的个数都要遍历所有可能性，于是总的算法时间为 $O(m^{p-1}(m+n))$。需要说明的是，若算法第一步就穷举所有划分位置的可能性，再分别于各部分中计算一个维修点，则需要 $O(C_m^p p(m+n)) = O(pm^p(m+n))$ 时间，这样效率更低。

对于连续型多个维修点选址问题，我们也可如离散型多个维修点选址问题般逐步划分树图来分别计算各子树中的一个维修点，但这样只能设计出指数级时间复杂度的算法。于是，我们提出了一种不同于其他五个问题求解算法的算法，可在多项式时间内算出连续情形下的多个维修点最优位置。算法的设计从该优化选址问题相应的判定性问题入手：给定距离 λ，判断能否设置 p 个维修点，使得到任意一个需求线段的 λ 距离内都至少能找到一个维修点。在这个判定性问题中，λ 就是给定的 p 个维修点的服务距离。我们根据服务距离的限制，从叶线段开始设置尽量少的维修点，最后在线性时间内遍历整个树图，设置出最少个数的维修点并作出判定。而对于优化问题，最优解中最大服务距离的可能取值有 $O(n^2)$ 种，于是对这些值构成的顺序序列运用二分查找法，结合判定性问题的算法，总的计算时间复杂度为 $O((m+n)\log n)$。注意到最优解中最大服务距离的可能取值与任意两条需求线段之间的距离有关，那么若这些距离不是已知的，还需 $O(m+n^2)$ 时间来计算这些距离，即总时间复杂度为 $O((m+n)\log n+n^2)$。

除本章模型中所考虑的以树图模拟道路网络以外，我们在今后的工作中还可考虑一些更具有实际意义的模型，如任意图道路网络。在只考虑距离(边长)的情况下，由于图中各边之间的夹角可任意设置，因此任意图可以由方格状网络随机删除一些边得到。我们还考虑一种特殊的图(即类似于墙砖形状的图)上的选址问题。但由于这种图上任意两点之间的简单路径不唯一，甚至最短路径也不唯一，因此即使对于一个维修点的选址问题，目前也只能使用蛮力搜索法求解，效率非常低下。那么，对于其他更一般的图的选址问题，如何设计更高效的算法就是我们下一步研究的方向。

5　两种道路模型上的公共自行车投放点选址

本章分别在二维几何平面上和树状道路网络上讨论公共自行车投放点选址问题。考虑到公共自行车投放点均沿道路设置，本章分别在两种道路模型中给定 n 条备选道路作为拟设置投放点的区域。在实际问题中，这 n 条备选道路可以通过搜集人流量数据等基本方式得到。通常，一个城市中人流量大的备选道路有很多，那么一个合理的假设就是：公共自行车运营公司基于自身规划、资源限制与成本控制等因素，只能设置 p 个投放点（p 为任意不超过 n 的正整数，其具体数值由实际情况决定）；同时，不妨假设每条备选道路上至多设置一个投放点（对于可能需要设置多个投放点的较长道路，我们总能将其分割为多条较短的道路，从而使得每条较短道路上只需设置一个投放点）。为了提高公共自行车的使用效率，且间接地增大所有公共自行车的总服务面积，问题的目标是使得任意两个投放点之间的距离尽量远。

本章第一部分考虑平面上的公共自行车投放点选址问题，直接在二维几何平面上建立模型，并给定 n 条水平或竖直分布的线段来表示可能设置公共自行车投放点的备选道路，在 L_1 距离度量标准下度量任意两点之间的距离。假设每条线段上至多设置一个投放点，根据 p-扩散选址模型的选址思路，要在 n 条线段上寻找 p 个投放点（p 为任意不超过 n 的正整数）的最优位置，使得任意两个投放点之间距离的最小值取最大。

而对于树状道路网络模型，则以一个嵌入二维几何平面中的树图来表示道路网络。树图中的每条边均对应一条道路，而其中对应于 n 条可能设置投放点的线段的边则称为备选边。根据 p-扩散选址模型的选址思路，要求在 n 条备选边上寻找合适的位置（点）设置 p 个投放点，且每条备选边上至多设置一个投放点，从而使得任意两个投放点之间距离的最小值取最大。

5.1 平面上的公共自行车投放点选址问题

为了清晰地描述本问题，先给出如下相关定义。

线段：在二维平面 R^2 上给定 n 条平行于坐标轴且互不相交的线段，它们分别代表拟设置投放点的 n 条道路，记作 $U = \{l_1, l_2, \cdots, l_n\}$。

距离：在本节中，所有距离均定义在 L_1 距离度量标准下。

(1)平面 R^2 上任意两点 p 与 q 之间的距离记作 $d(p, q)$，定义为 $d(p, q) = |x(p) - x(q)| + |y(p) - y(q)|$，其中 $(x(p), y(p))$ 与 $(x(q), y(q))$ 分别为点 p 与点 q 的坐标。

(2)平面 R^2 上任意一点 p 与一条线段 $l_i \in U(1 \leqslant i \leqslant n)$ 之间的距离记作 $d(p, l_i)$，定义为点 p 与线段 l_i 上任意一点之间距离的最小值，即 $d(p, l_i) = \min\limits_{q \in l_i} d(p, q)$。

(3)平面 R^2 上任意两条线段 $l_i, l_j \in U(i \neq j)$ 之间的距离记作 $d(l_i, l_j)$，定义为 l_i 上任意一点与 l_j 上任意一点之间距离的最小值，即 $d(l_i, l_j) = \min\limits_{p \in l_i, q \in l_j} d(p, q)$。

D-距离：针对线段之间的距离还有如下定义。

(1)平面 R^2 上任意一点 p 与一条线段 $l_i \in U(1 \leqslant i \leqslant n)$ 之间的 D-距离记作 $D(p, l_i)$，定义为点 p 与线段 l_i 上任意一点之间距离的最大值，即 $D(p, l_i) = \max\limits_{q \in l_i} \{d(p, q)\}$。

(2)平面 R^2 上任意两条线段 $l_i, l_j \in U(1 \leqslant i < j \leqslant n)$ 之间的 D-距离记作 $D(l_i, l_j)$，定义为线段 l_i 上任意一点与线段 l_j 上任意一点之间距离的最大值，即 $D(l_i, l_j) = \max\limits_{p \in l_i, q \in l_j} \{d(p, q)\}$。

对于平面 R^2 上给定的 n 条平行于坐标轴且互不相交的线段 $U = \{l_1, l_2, \cdots, l_n\}$，要求在这 n 条线段上设置 $p(p < n)$ 个投放点 $\{s_1, s_2, \cdots, s_p\}$，每条线段上至多设置一个投放点，使得任意两个投放点之间 L_1 距离的最小值取最大，即求解如下优化问题的最优解：

$$\max_{1 \leqslant i, j \leqslant p, i \neq j} \min \{d(s_i, s_j)\}$$
$$\text{s. t.} \quad s_i \text{ on } l_k, s_j \text{ on } l_t \quad l_k, l_t \in U \tag{5-1}$$

5.1.1　问题的 NP-难复杂性

本节首先说明这个问题是 NP-难的：考虑它的一个特殊情形——当所有线段的长度均足够短，以至于可以忽略不计时——这个问题就简化为了 L_1 距离度量标准下的最大最小 p-扩散问题。

Baur 与 Fekete 在研究平面上的几何（正方形）装箱问题时，考虑了 L_∞ 距离度量标准下的二维几何平面上多边形区域内的最大最小 p-扩散问题，并通过平面 3-可满足性问题归约证明了这个问题是 NP-难的。他们同时给出结论：L_1 距离度量标准下的二维几何平面上的最大最小 p-扩散问题也是 NP-难的。

由于 L_1 距离度量标准下的二维几何平面上的最大最小 p-扩散问题是 NP-难的，因此本节研究的问题也是 NP-难的，故无法在多项式时间内求得精确解（除非 NP=P），于是可以考虑对于 n 条线段直接使用穷举法考察（p 个投放点所位于的）p 条线段的所有可能组合。那么问题就转变为求解在 p 条线段上确定 p 个投放点这一子问题。

子问题的描述：在二维几何平面上给定 n 条线段，需要在每条线段上各设置一个投放点。问题的目标是在每条线段上各选择一个合适的位置来设置投放点，使得任意两个投放点之间的 L_1 距离的最小值取最大，我们称这一问题为全部线段选址问题。对于全部线段选址问题，我们主要分析其计算复杂性，在下一小节中证明了它也是 NP-难的。又由于全部线段选址问题仍需要在每条线段上的无穷多个点中选择出一个点作为投放点的位置，于是我们仅考虑求出其近似解。

5.1.2　子问题：全部线段选址问题

1.　全部线段选址问题也是 NP-难的

我们通过一个已知的 NP-完全问题，即平面 3-可满足性问题来归约证明全部线段选址问题也是一个 NP-难问题。

3-可满足性问题的介绍：

（1）一个合取范式（Conjunctive Normal Form，CNF）是由若干个子句合取（"与"运算）形成的式子，其中每个子句都由若干个文字析取（"或"运算）形成，一个文字则是一个布尔变量 x_i 或一个否变量$\overline{x_i}$。

（2）3-合取范式(3-CNF)是每个子句至多包含3个文字的合取范式。

（3）3-可满足性问题就是对于任意给定的一个3-合取范式 φ，判断 φ 是否为可满足的，即是否存在各个布尔变量的一组取值，使得 φ 的取值为真。

平面3-可满足性问题的介绍：

（1）令 φ 为一个3-合取范式；令 φ 的所有变量的集合为 $X = \{x_1, x_2, \cdots, x_\theta\}$，$|X| = \theta$；令 φ 的所有子句的集合为 $C = \{c_1, c_2, \cdots, c_\delta\}$，$|C| = \delta$。显然，$\theta \leqslant 3\delta$，即 $\theta = O(\delta)$。

（2）令 $G_\varphi = (V_\varphi, E_\varphi)$ 为一个3-合取范式 φ 的关联图，其中 V_φ 为其顶点之集，E_φ 为其边之集。它的各个顶点分别对应于 φ 中的变量和子句，即 $V_\varphi = \{v_1^x, v_2^x, \cdots, v_\theta^x; v_1^c, v_2^c, \cdots, v_\delta^c\}$，$|V_\varphi| = \theta + \delta$。它的任意两个顶点$v_i^x(1 \leqslant i \leqslant \theta)$ 与 $v_j^c(1 \leqslant j \leqslant \delta)$ 之间存在边，当且仅当顶点 v_i^x 对应于 φ 的一个变量$x_i(1 \leqslant i \leqslant \theta)$，而顶点 v_j^c 对应于 φ 的一个子句$c_j(1 \leqslant j \leqslant \delta)$，且变量 x_i 或者其否变量$\overline{x_i}$出现在子句 c_j 中，即$E_\varphi = \{e_j^i \mid 1 \leqslant i \leqslant \theta, 1 \leqslant j \leqslant \delta, x_i \in c_j$ 或 $\overline{x_i} \in c_j\}$。

（3）当3-合取范式 φ 的关联图G_φ 是一个平面图时，平面3-可满足性问题是要判断 φ 是否为可满足的。

其中，平面图是指可以嵌入二维几何平面中的图：当将一个平面图绘制于平面上时，可以找到一种绘制方式使得它的各条边仅在顶点处相交，而在边的内部不相交。对于任意一个平面图，它的顶点个数 η 与边的数量 ξ 满足：当 $\eta \geqslant 3$ 时，$\xi \leqslant 3\eta - 6$(平面图欧拉定理的推论)。于是，根据平面图欧拉定理的推论或者3-合取范式中子句与变量的个数关系，均可知关联图 G_φ 的边的数量满足 $|E_\varphi| = O(\delta)$。

图5.1是平面关联图 G_φ 的一个示例。G_φ 对应的3-合取范式 φ 为：

$$\varphi = (\overline{x}_1 \vee \overline{x}_2 \vee \overline{x}_3) \wedge (x_1 \vee x_3 \vee \overline{x}_4) \wedge (x_2 \vee x_3 \vee x_4) \wedge (\overline{x}_3, x_4) \quad (5-2)$$

其中 φ 包含四个子句：$c_1 = (\overline{x}_1 \vee \overline{x}_2 \vee \overline{x}_3)$，$c_2 = (x_1 \vee x_3 \vee \overline{x}_4)$，$c_3 = (x_2 \vee x_3 \vee x_4)$ 和 $c_4 = (\overline{x}_3, x_4)$。每个白色顶点对应于 φ 中的一个变量，每个黑色顶点对应于 φ 中的一个子句。

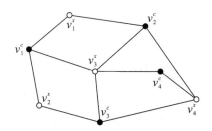

图5.1　平面关联图 G_φ 示例

接下来，我们将任意一个 3-可满足性问题在多项式时间内归约为一个特定的全部线段选址问题，以此证明全部线段选址问题是 NP-难的。首先，我们任意给定一个 3-可满足性问题的实例，即一个 3-合取范式及其关联图，并根据这个实例构造出一个特定的全部线段选址问题的实例，即各条选址线段的分布方式；其次，说明 3-可满足性问题与我们构造的这个特定的全部线段选址问题之间的等价关系，即上述 3-合取范式的取值能够为真，当且仅当全部线段选址问题相应的判定性问题通过判定；最后，说明这个构造可在多项式时间内完成。

任意给定一个 3-可满足性问题的实例，即一个 3-合取范式 φ 及其关联图 G_φ，其中 G_φ 是一个平面图。令 φ 中所有变量之集为 $X = \{x_1, x_2, \cdots, x_\theta\}$，所有子句之集为 $C = \{c_1, c_2, \cdots, c_\delta\}$；令 G_φ 的顶点之集为 $V_\varphi = \{v_1^x, v_2^x, \cdots, v_\theta^x; v_1^c, v_2^c, \cdots, v_\delta^c\}$，边之集为 $E_\varphi = \left\{ e_j^i \middle| 1 \leqslant i \leqslant \theta, 1 \leqslant j \leqslant \delta, x_i \in c_j \text{ 或 } \bar{x}_i \in c_j \right\}$。我们基于 3-合取范式 φ 及其关联图 G_φ 构造一个特定的全部线段选址问题 Q 的实例，即一系列选址线段，并说明 φ 是否可满足与问题 Q 的结果之间的对应关系。

问题 Q 的构造是在平面上设置一系列水平或竖直的线段，问题 Q 的目标就是要在这些线段上设置投放点。这些线段可以分为若干个部分：一些线段构成了 δ 个子句线段组，分别对应 3-合取范式 φ 的 δ 个子句；另一些线段构成了 θ 个变量线段组，分别对应 3-合取范式 φ 的 θ 个变量；其余的线段构成了 $|E_\varphi|$ 个边线段组，分别对应关联图 G_φ 的 $|E_\varphi|$ 条边。

（1）子句线段组的构造。

对于 3-合取范式 φ 中的任意一个子句 c_j（$1 \leqslant j \leqslant \delta$），构造一组线段 C_j（令 ε 为一个大于 0 的任意小的数）：

①若子句 c_j 仅包含一个文字（变量或否变量）w_i，则 C_j 包含两条共线且相距 $1-\varepsilon$ 的水平线段，其中一条长为 1（设为 l_i），而另一条长为 ε（设为 l_ε），

如图 5.2(a)所示。其中，线段 l_i 代表文字 w_i，而线段 l_ε 为辅助线段。

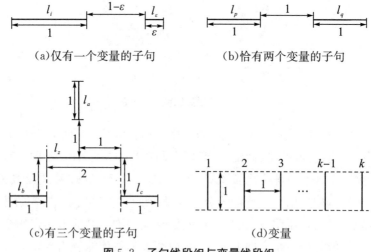

（a)仅有一个变量的子句　　　　　（b)恰有两个变量的子句

（c)有三个变量的子句　　　　　　（d)变量

图 5.2　子句线段组与变量线段组

②若子句 c_j 恰好包含两个文字 w_p，w_q，则 C_j 包含两条共线且长度均为 1 的水平线段 l_p，l_q，且它们之间的距离为 1，如图 5.2(b)所示。其中，线段 l_p，l_q 分别代表文字 w_p，w_q，没有辅助线段。

③若子句 c_j 包含三个文字 w_a，w_b，w_c，则 C_j 包含四条呈金字塔形(或倒置金字塔形)排布的线段，如图 5.2(c)所示，居于中部的水平线段(设为 l_z)长度为 2，另外三条线段(分别设为 l_a，l_b，l_c)长度均为 1。l_a 与 l_z 的中点相距为 1，l_b 与 l_z 的左端点相距为 1，l_c 与 l_z 的右端点相距为 1。线段 l_a，l_b，l_c 分别代表文字 w_a，w_b，w_c，而线段 l_z 为辅助线段。

（2）变量线段组的构造。

对于 3－合取范式 φ 中的任意一个变量 $x_i(1 \leqslant i \leqslant \theta)$，构造一组线段 X_i。X_i 包含 k 条($k \geqslant 2$)长度均为 1 的竖直线段(k 的具体大小由 x_i 与 $\overline{x_i}$ 在 φ 中出现的次数决定)，这些线段的端点分布于两条水平直线上，且相邻两条线段之间的间距为 1，如图 5.2(d)所示。为了叙述方便，将这 k 条线段从左至右依次标号为 1，2，$\cdots$，k。θ 个变量总共需要构造 θ 个变量线段组。

（3）边线段组的构造。

我们先给出任意一个平面图的相关性质，然后再描述边线段组的构造。

性质 5.1　Duchet 等人针对平面图的研究表明，任何一个平面图 $G=(V, E)$ 都能在平面上表现为这样一种布局(记作 G')——它是由一系列水平线段与竖直线段组合成的几何图形，并且满足：

①G'的每条水平线段均代表平面图G的一个顶点，G'的各条水平线段两两不相交。

②G'的每条竖直线段均代表平面图G的一条边，G'的各条竖直线段两两不相交。

③G'中代表边$(a，b)$的竖直线段$l_{(a,b)}$与代表顶点a，b的两条水平线段l_a，l_b相交，且分别交于竖直线段$l_{(a,b)}$的两个端点处，而与其他水平线段不相交。

如图5.3(b)所示，就是平面图G［图5.3(a)］生成的一个布局G'。

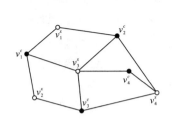 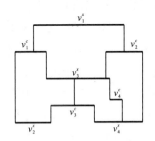

(a)平面图G　　　　　(b)平面图G生成的一个布局G'

图5.3　**示例：平面图**G**的布局**G'**呈现**

Rosenstiehl与Tarjan证实了，对于任意一个平面图G，生成一个布局G'的过程可在线性时间内完成，且G'满足：

④每条线段端点的坐标都是整数(在整数格点上)，每条线段长度为整数。

⑤每条线段的长度至多为$O(|V|)$，整个布局所占面积的长和高均至多为$2|V|-4$。

说明：这里，平面图G指图论中的图，它的各条边没有几何属性，当我们把G嵌入平面时，各条边的放置位置与长度不固定；而G'是一个几何图形，各条边具有长度与位置等属性，它是平面图G嵌入平面的一种布局。

在构造边线段组之前，我们先根据性质5.1在平面上安置各个子句线段组与变量线段组。由于平面图G_φ有$\delta+\theta$个顶点，因此布局G_φ'中的水平线段也有$\delta+\theta$条，分别对应于3-合取范式的各个子句与变量。我们再将布局G_φ'中的各条线段等比例放大，将G_φ'中各条水平线段分别替换为子句线段组或变量线段组之后：①所有线段之间互不相交(条件A)；②任意一个子句线段组中代表一个文字(变量或否变量)的线段与相应变量线段组中某条线段之间的L_1距离为奇数(条件B)。

说明：①将G_φ'中各条水平线段替换为子句线段组或变量线段组的方式

是：变量线段组中各条竖直线段的上端点（或下端点）落在 G'_φ 中相应水平线段上，包含一个或两个文字的子句线段组中各条线段与 G'_φ 中相应水平线段重叠，包含三个文字的子句线段组中代表文字的两条水平线段与 G'_φ 中相应水平线段重叠。另外，各变量线段组所占空间的水平尺寸可以小于 G'_φ 中相应水平线段的长度，长度不足部分由之后所述的边线段组补足。②由性质 5.1 可知，必定能构造出一种满足条件 A 的布局；条件 B 的可行性是由各线段组的构造方式以及性质 5.1 中布局 G' 所满足的条件④（各线段端点的坐标为整数）决定的。

于是，我们可以将 G'_φ 中各条水平线段分别替换为子句线段组或变量线段组。然后，我们在任意一个子句线段组 C_j 中代表一个文字（设为 w_i）的线段与相应变量 $x_i(w_i=x_i$ 或 $\overline{x_i})$ 的线段组 X_i 中某条线段之间构造边线段组 E_j^i。边线段组 E_j^i 由一系列长度为 1 且间距（L_1 距离）为 1 的线段构成。边线段组中的线段连接了子句线段组 C_j 中代表文字 w_i 的线段与变量线段组 X_i 中的某条线段，且有：①若 $w_i=x_i$，则 E_j^i 连接 C_j 中代表 w_i 的线段与 X_i 中标号为奇数（偶数）的线段的下端点（上端点）；②若 $w_i=\overline{x_i}$，则 E_j^i 连接 C_j 中代表 w_i 的线段与 X_i 中标号为奇数（偶数）的线段的上端点（下端点）；③E_j^i 中最靠近 C_j 的线段与 C_j 中代表文字 w_i 的线段之间的距离为 1；④E_j^i 中最靠近 X_i 的线段与 X_i 中相应线段之间的距离也为 1。

如图 5.4 所示，是边线段组的一个示例：代表子句 $c_1=x_1 \vee \overline{x_2} \vee x_3$ 的线段组 C_1 分别与代表变量 x_1，x_2，x_3 的线段组 X_1，X_2，X_3 之间的三组边线段组 E_1^1，E_1^2，E_1^3。其中，代表变量 x_1 的线段组中标号为 1 的线段的下端点与代表子句 C_1 中文字 x_1 的线段 l_1 之间的 L_1 距离等于 9，这个距离的水平分量为 5，而竖直分量为 4，因此构造的 E_1^1 包含两条水平线段与两条竖直线段。另两组边线段组 E_1^2，E_1^3 的构造类似。

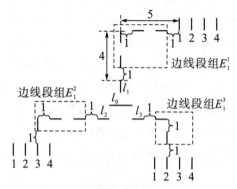

图 5.4　边线段组示例：$c_1=x_1 \vee \overline{x_2} \vee x_3$

(4)问题 Q 可在多项式时间内构造出。

由于每个子句线段组包含常数条线段，因此所有的子句线段组可在 $O(\delta)$ 时间内构造出。

每个变量线段组所含线段的数量由包含该变量（或否变量）的子句个数决定，因此每个变量线段组可在 $O(\delta)$ 时间内构造出，那么全部变量线段组可在 $O(\theta\delta)$ 时间内构造出。

由性质 5.1 中的条件⑤可知，关联图 G_φ 在平面上表现为布局 G'_φ 时，每条线段的长度可以限制为 $O(\theta+\delta)$，因此每个边线段组中至多有 $O(\theta+\delta)$ 条线段，可在 $O(\theta+\delta)$ 时间内构造出。又因为 δ 个子句导致关联图 G_φ 中至多有 3δ 条边，故所有边线段组可在 $O(\delta(\theta+\delta))$ 时间内构造出。

由于问题 Q 的线段由上述三部分组成，因此可在多项式时间内构造出。

(5)平面 3-可满足性问题与问题 Q 之间的等价关系。

问题 Q 的判定性问题：在问题 Q 中的每条线段上各设置一个投放点，判定是否存在一个投放点安置方案使得任意两个投放点之间的距离都不小于 2。

我们先考虑任意一个变量线段组 X_i 中的各条线段。在 X_i 中的每条线段上各设置一个投放点，若要求任意两个投放点之间的距离不小于 2，则只有两种设置方案：

(1)在每条标号为奇数的线段的上端点处设置投放点，而在每条标号为偶数的线段的下端点处设置投放点；

(2)在每条标号为奇数的线段的下端点处设置投放点，而在每条标号为偶数的线段的上端点处设置投放点。

令方案(1)对应于 3-合取范式 φ 中变量 x_i 取值为真，而方案(2)对应于 3-合取范式 φ 中变量 x_i 取值为假，如图 5.5 所示。

 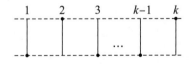

(a)对应于 x_i 取值为真的各投放点位置　　　(b)对应于 x_i 取值为假的各投放点位置

图 5.5　变量线段组中各线段上投放点分布情况

现在，我们阐述 3-合取范式 φ 的可满足性与问题 Q 的判定性问题是否通过判定之间的一一对应关系。

必要性：假定 φ 有满足赋值，说明此时问题 Q 的判定性问题必定通过判定，即在每条线段上设置一个投放点可以使得任意两个投放点之间的距离不小于 2。在满足赋值下，每个子句中至少有一个文字取值为真。以下根据各个子句所包含文字的个数分情况讨论。

①对于仅有一个文字的子句：为了叙述方便，记子句为 c_{j_1}，文字 w_i 由线段 l_i 代表，辅助线段为 l_ε。因为子句 c_{j_1} 为真，所以文字 w_i 也为真。

当文字 w_i 是一个非否变量，即 $w_i = x_i$ 时，边线段组 $E_{j_1}^i$ 连接子句线段组 C_{j_1} 中的线段 l_i 与变量线段组 X_i 中标号为奇数（偶数）的线段的下端点（上端点），如图 5.6(a) 所示。因为 w_i 也为真，即变量 x_i 为真，所以在 X_i 中标号为奇数（偶数）的线段上，投放点位于上端点（下端点）处。因此，$E_{j_1}^i$ 中每条线段上的投放点都可以设置于靠近变量线段组 X_i 的端点处。于是，线段 l_i 上的投放点可以设置于远离线段 l_ε 的端点处。所以，我们能够在 X_i、C_{j_1} 以及 $E_{j_1}^i$ 中每条线段上分别设置一个投放点，使得任意两个投放点之间的距离均不小于 2。

当文字 w_i 是一个否变量，即 $w_i = \overline{x_i}$ 时，如图 5.6(b) 所示，经过类似分析可知，我们也能够在 X_i、C_{j_1} 以及 $E_{j_1}^i$ 中每条线段上分别设置一个投放点，使得任意两个投放点之间的距离均不小于 2。

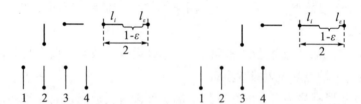

(a) w_i 为非否变量，各投放点位置 　　(b) w_i 为否变量，各投放点位置

图 5.6　仅有一个文字的子句且子句为真时，相应线段上投放点分布情况

②对于恰好有两个文字的子句：为了叙述方便，记子句为 c_{j_2}，文字为 w_p、w_q，它们分别由线段 l_p、l_q 代表。因为子句 c_{j_2} 为真，所以文字 w_p、w_q 中至少有一个为真。

若 w_p、w_q 中恰有一个为真，不妨设 w_p 为真而 w_q 为假。不妨假设 w_p、w_q 均为非否变量，即 $w_p = x_p$，$w_q = x_q$（w_p、w_q 中一个或两个为否变量的情形分析类似）。如图 5.7(a) 所示，因为 w_p 为真，即 x_p 为真，所以边线段组 $E_{j_2}^p$ 中每条线段上的投放点可设置于靠近变量线段组 X_p 的端点处。于是，线段 l_p 上的投放点可设置于远离线段 l_q 的端点处。因为 w_q 为假，即 x_q 为假，所以边线段组 $E_{j_2}^q$ 中每条线段上的投放点只能设置于远离变量线段组 X_q 的端点处。于是，线段 l_q 上的投放点只能设置于靠近 l_q 的端点处。这样，l_p

与 l_q 上的投放点之间的距离等于 2，因此任意两条线段上的投放点之间的距离均不小于 2。

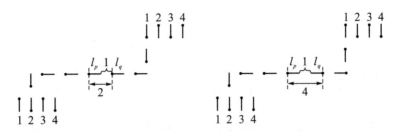

(a)w_p 为真，w_q 为假，各投放点位置   (b)w_p、w_q 均为真，各投放点位置

图 5.7 恰有两个文字的子句且子句为真时，相应线段上投放点分布情况

w_p 为假，而 w_q 为真这一情形下的分析类似。

若 w_p、w_q 均为真。不妨假设 w_p、w_q 均为非否变量（w_p、w_q 中一个或两个为否变量的情形分析类似），即 $w_p = x_p$，$w_q = x_q$。类似于之前的分析可知，l_p 与 l_q 上的投放点均可位于远离对方的线段端点处，如图 5.7(b) 所示，因此二者之间的距离等于 4，故任意两个投放点之间的距离均不小于 2。

③对于有 3 个文字的子句：为了叙述方便，记子句为 c_{j_3}，文字为 w_a、w_b、w_c，它们分别由线段 l_a、l_b、l_c 代表，辅助线段为 l_z。因为子句 c_{j_3} 为真，所以文字 w_a、w_b、w_c 中至少有一个为真。我们仅讨论 w_a、w_b、w_c 中恰有一个为真的情况，三者中有两个为真或者全部为真的情况可类似分析。不妨令子句线段组 C_{j_3} 中的线段 l_b 与线段 l_c 共线。

若 w_a 为真而 w_b、w_c 为假。假设文字 w_a、w_b、w_c 均为非否变量，即 $w_a = x_a$，$w_b = x_b$，$w_c = x_c$，其他情形下的分析类似。如图 5.8(a) 所示，因为 w_a 为真，即 x_a 为真，所以边线段组 $E_{j_3}^a$ 中每条线段上的投放点均可设置于靠近变量线段组 X_a 的端点处，于是 l_a 上投放点可设置于远离 l_b 与 l_c 的线段端点处。而 w_b 与 w_c 为假，即 x_b 与 x_c 为假，类似分析可知，l_b 与 l_c 上的投放点只能设置于靠近对方的端点处。此时，可以将 l_z 上的投放点设置于它的中点处，那么任意两个投放点之间的距离都不小于 2。

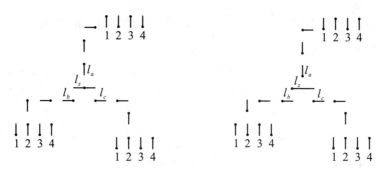

(a)w_a 为真而 w_b，w_c 为假，各投放点位置   (b)w_b 为真而 w_a，w_c 为假，各投放点位置

图 5.8　包含三个文字的子句且子句为真时，相应线段上投放点分布情况

若 w_b 为真而 w_a，w_c 为假（w_c 为真而 w_a、w_b 为假的情况与之对称）。同样地，不妨假设文字 w_a、w_b、w_c 均为非否变量，即 $w_a = x_a$，$w_b = x_b$，$w_c = x_c$。如图 5.8(b) 所示，由于 w_b 为真，则线段 l_b 上的投放点可设置于远离 l_a 与 l_c 的端点处。而 w_a 与 w_c 为假，则线段 l_a 与 l_c 上的投放点只能设置于靠近 l_b 的端点处。那么，将 l_z 上的投放点设置于它靠近线段 l_b 的端点处，则任意两个投放点之间的距离均不小于 2。

综合以上三种情况下的分析可知，只要 3-合取范式 φ 有满足赋值，那么对于问题 Q，必定存在一个投放点的设置方式使得任意两个投放点之间的距离不小于 2。

充分性：假定问题 Q 的判定性问题通过判定，即任意两个投放点之间的距离不小于 2，说明 3-合取范式 φ 有满足赋值。采用反证法，假设 φ 没有满足赋值，那么必定至少存在一个子句 c_j 取值为假。我们仍然根据 c_j 所包含文字的个数来分情况讨论。

① c_j 中只有一个文字 w_i。因为 c_j 为假，则 w_i 必为假。

若 w_i 是一个非否变量，即 $w_i = x_i$，则变量 x_i 为假，于是变量线段组 X_i 中各线段上的投放点的分布情况如图 5.9(a) 所示。然后延边线段组 E_j^i 中各条线段设置投放点，可得到线段 l_i 上的投放点必定位于它靠近线段 l_e 的端点处。那么，线段 l_i 上的投放点与线段 l_e 上的投放点之间的距离等于 1，小于 2。

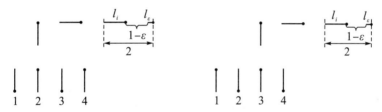

(a)w_i 为非否变量，各投放点位置　　(b)w_i 为否变量，各投放点位置

图 5.9　c_j **为假且仅有一个文字：相应线段上投放点分布情况**

若 w_i 是一个否变量，即 $w_i = \overline{x_i}$，则变量 x_i 为真。我们同样可推得线段 l_i 上的投放点与线段 l_ε 上的投放点之间的距离等于 1，小于 2，如图 5.9(b)所示。

②c_j 中恰有两个文字 w_p 与 w_q。因为 c_j 为假，则 w_p 与 w_q 必定都为假。

无论 w_p 与 w_q 为否变量还是非否变量，由于 w_p 与 w_q 为假，如图 5.10 所示，经过几步推导可知，线段 l_p 与线段 l_q 上的投放点均只能设置于靠近对方的端点处，于是这两个投放点之间的距离为 1，小于 2。

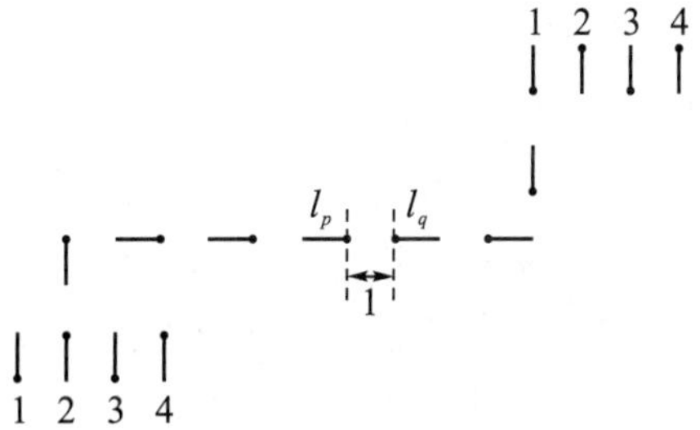

图 5.10　c_j **为假且恰有两个文字：相应线段上投放点分布情况**

③c_j 中有三个文字 w_a、w_b、w_c。因为 c_j 为假，则 w_a、w_b、w_c 必定都为假。

无论 w_a、w_b、w_c 为否变量还是非否变量，由于它们均为假，如图 5.11 所示，分别从变量线段组 X_a、X_b、X_c 开始，经过几步推导可知，线段 l_a、线段 l_b 与线段 l_c 上的投放点均只能设置于靠近线段 l_z 的端点处。现在考虑线段 l_z 上的投放点。若要使得 l_z 上的投放点与 l_b、l_c 上的投放点之间的 L_1 距离都为 2，则线段 l_z 上的投放点只能位于 l_z 的中点处，那么它与 l_a 上的投放点之间的距离只有 1，小于 2。

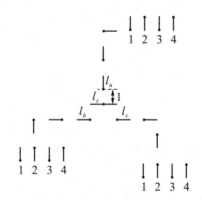

图 5.11　c_j 为假且有三个文字：相应线段上投放点分布情况

通过以上三种情况的分析，无论针对含有多少个文字的子句，3－合取范式 φ 中都不存在取值为假的子句，否则在线段上设置的所有投放点中必至少存在两个投放点，它们之间的距离小于 2，与条件矛盾，故假设不成立，充分性得证。

综上所述，3－合取范式 φ 的可满足性与问题 Q 的判定性问题是等价的。

定理 5.1　全部线段选址问题是 NP－难的。

证明：根据上述分析可知，平面 3－可满足性问题可在多项式时间内归约到全部线段选址问题对应的判定性问题。因此，如果全部线段选址问题在多项式时间内是可解的，那么除非 NP＝P，否则平面 3－可满足性问题在多项式时间内也是可解的。这与平面 3－可满足性问题是 NP－完全问题矛盾，故全部线段选址问题是 NP－难的，证毕。

2. 全部线段选址问题的近似算法

根据定理 5.1 可知，除非 NP＝P，否则全部线段选址问题无法在多项式时间内求得精确解。于是，我们给出一个基于贪婪策略的近似算法来计算它的近似解。然后，对该近似算法仅做理论分析，讨论任意近似解（相对于最优解）的取值界限。

一般而言，对于一个由 p 个元素构成的解，贪婪策略的思路是：从所有可能元素之集中逐个选取元素，使得每一步选取的元素与之前已选定的元素所构成的一个局部解对于优化目标的取值最优，直至最终选出 p 个元素。这个思路合理的前提条件是：总共可选择元素的个数 n 大于解中所含元素的个数 p。但是，对于全部线段选址问题，要求在每条输入的线段上均分别选择一个点，因此我们将从"避免结果太差"这一角度入手，按照贪婪策略设计算法。

因为问题的目标是要使得最近的两个公共自行车投放点之间的距离尽可能的大，同时又要求在每条线段上都要设置一个投放点，因此我们首先考虑相互之间 $D-$距离最小的两条线段上的投放点的位置，以保证这两个投放点之间的距离尽量大，便于确定任意两个投放点之间距离的下界。我们以此思想设计贪婪策略：当寻找到 i 个投放点的位置之后，由于所有线段都要设置投放点，我们考虑在距离前 i 个投放点最近的线段上设置第 $i+1$ 个投放点，保证这个投放点与前 i 个投放点之间的距离尽量大。为了使总的计算次数有上界，算法只考虑已算得的投放点与其他线段之间的 $D-$距离，而不计算某一条线段上任意一点到已算得的投放点之间距离的最小值。具体算法如下：

算法 AllLineAlg

输入：n 条线段 $L=\{l_1, l_2, \cdots, l_n\}$。

输出：n 个投放点的位置。

(1)赋初值 $L \leftarrow \{l_1, l_2, \cdots, l_n\}$，$S \leftarrow \varnothing$，$P \leftarrow \varnothing$。

(2)计算 L 中任意两条线段之间的 $D-$距离 $D(l_i, l_j)$，再计算这些距离值的最小值 $\min\limits_{l_i, l_j \in L} D(l_i, l_j)$。

(3) 令 $\min\limits_{l_i, l_j \in L} D(l_i, l_j) = D(l_{k_1}, l_{k_2})$，$l_{k_1}, l_{k_2} \in L$。再令 $D(l_{k_1}, l_{k_2}) = d(p_{k_1}, p_{k_2})$，其中点 p_{k_1} 与 p_{k_2} 分别位于线段 l_{k_1} 与 l_{k_2} 上。于是执行：$P \leftarrow \{p_{k_1}, p_{k_2}\}$，$S \leftarrow \{l_{k_1}, l_{k_2}\}$，$L \leftarrow L \setminus \{l_{k_1}, l_{k_2}\}$。

♯第一步在 l_{k_1} 与 l_{k_2} 上找到点 p_{k_1} 与点 p_{k_2} 作为两个投放点的位置。

♯以下步骤4至步骤7进行循环。

(4)对 P 中每个点 p，计算 $D_p = \min\limits_{l \in L} D(p, l)$。

(5)再对步骤(4)得到的所有 D_p，计算 $\min\limits_{p \in P} D_p$。

(6)令 $p_t \in P$ 满足 $D_{p_t} = \min\limits_{p \in P} D_p$。再令 $l^* \in L$ 使得 $D(p_t, l^*) = D_{p_t}$，即：

$$D(p_t, l^*) = \min\limits_{p \in P} \min\limits_{l \in L} D(p, l)$$

设线段 l^* 上一点 p^* 满足 $d(p_t, p^*) = D(p_t, l^*)$。

①若 $d(p_t, p^*) = \min\limits_{p \in P} d(p, p^*)$，则执行：

$P \leftarrow P \cup \{p^*\}$，$S \leftarrow S \cup \{l^*\}$，$L \leftarrow L \setminus \{l^*\}$；

②若 $d(p_t, p^*) \neq \min\limits_{p \in P} d(p, p^*)$，则令 p^m 表示线段 l^* 的中点，并执行：

$P \leftarrow P \cup \{p^m\}$，$S \leftarrow S \cup \{l^*\}$，$L \leftarrow L \setminus \{l^*\}$。

♯每次循环均计算出一个点 p^* 或 p^m，作为一个投放点的位置。

(7)若 $U = \varnothing$，则输出 P，计算结束。若 $L \neq \varnothing$，则回到步骤(6)继续计算。

定理 5.2 全部线段选址问题的近似算法 AllLineAlg 的时间复杂度为 $O(n^3)$。

证明： 算法的时间复杂度由循环体的运行时间决定。假设某次循环开始时，集合 P 中有 k 个点，而集合 L 中有 $n-k$ 条线段，那么对集合 P 中所有点计算 D_p，并计算其最小值需要 $k(n-k)+k$ 次运算，之后的赋值可在常数时间内完成。因此循环体运算时间为 $\sum k(n-k)+k = O(n^3)$。故算法的时间复杂度为 $O(n^3)$，证毕。

定理 5.3 全部线段选址问题的近似算法 AllLineAlg 的近似比为 $\dfrac{1}{1-1.5\omega}$。其中，$\omega = \dfrac{l}{D}$，而 l 表示所有线段长度的最大值，D 表示任意两条线段之间 $D-$ 距离的最小值，即 $D = \min\limits_{l_i,l_j \in L}\{D(l_i, l_j)\}$，$L = \{l_1, l_2, \cdots, l_n\}$。

证明：设最优解中最近的两个投放点之间的距离为 d_{opt}，近似解中最近两个投放点之间的距离为 d_{appr}。我们首先考虑 d_{opt} 的上界：由于所有线段都要设置一个投放点，也就是说，相互之间 $D-$ 距离最近的两条线段上也都各有一个投放点，于是最优解一定不超过这两个投放点之间可能距离的最大值，即 $d_{opt} \leqslant D$。

说明 d_{appr} 的下界：使用数学归纳法证明任意两个投放点之间的距离均不小于 $D-2l$。

①算法前三步找到两个投放点的位置，不妨设它们分别在点 p_1 与 p_2 处，且分别位于线段 l_1 与 l_2 上。于是 $d(p_1, p_2) = D(l_1, l_2) = D$。

②假设算法计算得到的前 i 个投放点两两之间的距离均不小于 $D - \dfrac{3}{2}l$，我们证明算法得到的前 $i+1$ 个投放点两两之间的距离也均不小于 $D - \dfrac{3}{2}l$。

不妨设算法得到的前 i 个投放点分别位于点 $P_i = \{p_1, p_2, \cdots, p_i\}$ 处，它们分别位于线段 $L_i = \{l_1, l_2, \cdots, l_i\}$ 上。不妨再设算法得到的第 $i+1$ 个投放点位于点 p_{i+1} 处，它位于线段 l_{i+1} 上。

根据算法的步骤(6)，令集合 P_i 中的一点 p_t 与线段 l_{i+1} 上的一点 p^* 满足 $d(p_t, p^*) = D(p_t, l_{i+1}) = \min\limits_{p \in P_i}\min\limits_{l \in L \setminus L_i} D(p, l)$。那么，$p_{i+1}$ 要么是 p^*，要么是 p^m，且 p^* 必定是线段 l_{i+1} 的一个端点（此处 l_{i+1} 对应于算法中的 l^*）。

令 p^m 表示线段 l_{i+1} 的中点，$len(l_{i+1})$ 表示线段 l_{i+1} 的长度，则：

$$d(p_t, p^m) = D(p_t, l_{i+1}) - \frac{len(l_{i+1})}{2} \tag{5-3}$$

再设 p_t 位于集合 L_i 中的线段 l_t 上，于是可得：

$$d(p_t, p_{i+1}) \geqslant \max\{d(p_t, p^*), d(p_t, p^m)\}$$

$$\geqslant D(p_t, l_{i+1}) - \frac{1}{2}l \tag{5-4}$$

$$\geqslant D(l_t, l_{i+1}) - \frac{3}{2}l \geqslant D - \frac{3}{2}l$$

我们对于任意 $p' \in P_i$ 且 $p' \neq p_t$，证明 $d(p', p_{i+1}) \geqslant D - \frac{3}{2}l$ 也成立。根据算法步骤（4），令 $D_{p'} = \min\limits_{l \in L \setminus L_i} D(p', l)$，令 $D_{p_t} = \min\limits_{l \in L \setminus L_i} D(p_t, l)$，因为 $D_{p_t} = \min\limits_{p \in P_i} D_p$，所以：

$$D(p', l_{i+1}) \geqslant D_{p'} \geqslant D_{p_t} = D(p_t, l_{i+1}) \tag{5-5}$$

于是可得：

$$d(p', p^m) = D(p', l_{i+1}) - \frac{len(l_{i+1})}{2}$$
$$\geqslant D(p_t, l_{i+1}) - \frac{len(l_{i+1})}{2} = d(p_t, p^m) \tag{5-6}$$

根据算法步骤（6）① 可知，当 $d(p_t, p^*) = \min\limits_{p \in P_i} d(p, p^*)$ 时，p_{i+1} 是 p^*，则：

$$d(p', p_{i+1}) = d(p', p^*) \geqslant d(p_t, p^*) = d(p_t, p_{i+1}) \tag{5-7}$$

根据算法步骤（6）② 可知，当 $d(p_t, p^*) \neq \min\limits_{p \in P_i} d(p, p^*)$ 时，p_{i+1} 是 p^m，再结合式（5-6）可得：

$$d(p', p_{i+1}) = d(p', p^m) \geqslant d(p_t, p^m) = d(p_t, p_{i+1}) \tag{5-8}$$

于是由式（5-7）与式（5-8）可知，无论在何种情况下，都有：

$$d(p', p_{i+1}) \geqslant d(p_t, p_{i+1}) \geqslant D - \frac{3}{2}l \tag{5-9}$$

综合式（5-4）与式（5-9）可知，算法得到的第 $i+1$ 个投放点与前 i 个投放点中任意一个投放点之间的距离均不小于 $D - \frac{3}{2}l$，于是算法得到的前 $i+1$ 个投放点两两之间的距离均不小于 $D - \frac{3}{2}l$。

根据上述归纳法分析可知，$d_{appr} \geqslant D - \frac{3l}{2}$。因此，$\dfrac{d_{opt}}{d_{appr}} \leqslant \dfrac{D}{D - \frac{3}{2}l}$，即算法近似比为 $\dfrac{1}{1 - 1.5\omega}$，证毕。

5.2 树状道路网络上的公共自行车投放点选址问题

令 $T = (V, E)$ 表示一个嵌入二维几何平面中的树图，其中 $V = $

$\{v_1, v_2, \cdots, v_{m+1}\}$ 和 $E = \{e_1, e_2, \cdots, e_m\}$ 分别为树图的顶点集合与边集合，m 为树图的规模。树图中每条边具有正数权重（边长），分别表示对应道路的长度。在本节中我们将延用图论中与树图相关的简单路径、邻接顶点、叶子等概念，此外再引入如下一系列定义：

备选边：称树图上 n ($n < m$) 条给定的边为备选边，记作 $E^c = \{e_1^c, e_2^c, \cdots, e_n^c\}$，$E^c \subseteq E$。它们分别对应于可能设置投放点的 n 条道路。

叶子边：称树图 T 中有一个端点是叶子的边为叶子边。

叶备选边：若一条边既是叶子边又是备选边，则称这条边为叶备选边。

点：不同于一般图上的顶点仅指一条边的端点，对于嵌入二维几何平面中的树图，我们这里称点为几何意义上树图中各边上的任意一点。

距离：(1)任意两点 p 与 q 之间的距离 $d(p, q)$ 等于它们之间简单路径的长度；

(2)任意一点 p 与任意一条备选边 $e_i^c \in E^c$ 之间的距离记作 $d(p, e_i^c)$，定义为 p 与 e_i^c 上任意一点之间距离的最小值，即 $d(p, e_i^c) = \min\limits_{q \in e_i^c} d(p, q)$；

(3)任意两条备选边 $e_i^c, e_j^c \in E^c$ 之间的距离记作 $d(e_i^c, e_j^c)$，定义为 e_i^c 上任意一点与 e_j^c 上任意一点之间距离的最小值，即 $d(e_i^c, e_j^c) = \min\limits_{p \in e_i^c, q \in e_j^c} d(p, q)$。

D−距离：(1)任意一条备选边 $e_i^c \in E^c$ 到其外任意一点 p 的 D−距离 $D(p, e_i^c)$ 定义为 e_i^c 上任意一点到点 p 的距离的最大值，即 $D(p, e_i^c) = \max\limits_{q \in e_i^c} d(p, q)$。

(2)任意两条备选边 $e_i^c, e_j^c \in E^c$ 之间的 D−距离 $D(e_i^c, e_j^c)$ 定义为 e_i^c 上任意一点与 e_j^c 上任意一点之间距离的最大值，即 $D(e_i^c, e_j^c) = \max\limits_{p \in e_i^c, q \in e_j^c} d(p, q)$。

在本节中，我们同样会用到类似于第四章中简化树图的预处理 Δ 与预处理 Σ，以及聚集点与族的概念。

预处理 Δ：指一系列对于树图 T 中叶子边的删除操作：对于任意一条其中一个端点为叶子的边，若它不是叶备选边，则删除这条边及其叶子端点，另一个未被删除的端点成为新的叶子；重复上述删除操作，直到树图中任意一条叶子边都是叶备选边时停止。

预处理 Σ：指一系列对于树图 T 中非备选边的合并操作：对于任意两条具有公共端点的边 (u, v) 和 (v, w)，若它们均不是备选边且顶点 v 只有 u 与 w 这两个邻接顶点，则删除顶点 v，(u, v) 与 (v, w) 合并为边 (u, w) 且 (u, w) 的长度等于原来的边 (u, v) 的长度与边 (v, w) 的长度之和，即 $d(u, w) =$

$d(u，v)+d(v，w)$；重复上述针对非备选边的合并操作，直到图中不存在如上
所述的两条具有公共端点的非备选边时停止。

聚集点与族：在经过预处理 Δ 与预处理∑之后的树图 T 中，以任意一个
非叶备选边的顶点为根，将树图 T 作为有根树。我们称一个顶点 u 是一个聚
集点，若它的每个子树中都有且仅有一条备选边，即叶备选边。以一个聚集点
u 为根的子树称为一个关于叶备选边的族，简称族，记作 $F(u)$（一个族中的备
选边一定都是叶备选边）。

问题描述：

在二维几何平面 R^2 上的树图 $T=(V，E)$ 中，给定 n 条备选边 $E^c=$
$\{e_1^c，e_2^c，\cdots，e_n^c\}$。需要在这 n 条备选边上寻找 p 个公共自行车投放点$\{c_1$，
$c_2，\cdots，c_p\}(p<n<m)$的位置，每条备选边上至多设置一个投放点，并且要
求任意两个投放点之间距离的最小值取最大。规范表达为求解如下优化问题：

$$\max_{1\leqslant i<j\leqslant p} \min \{d(c_i，c_j)\}$$

$$\text{s. t. } c_i \text{ on } e_k^c，c_j \text{ on } e_l^c \quad e_k^c，e_l^c \in E$$

(5—10)

回顾第四章中的树状道路网络上的公共自行车多个维修点的选址问题，仅
在4.7节中讨论的连续情形下可以从叶线段入手，以关于叶线段的族为单位，
在给定的服务距离限制下，计算必需的最少维修点的个数，而在4.8节中所讨
论的离散情形下则无法采用此方案。然而，此处讨论的多个投放点的选址问
题，虽然类似于第四章中的离散情形，要求各投放点均必须位于备选边上，但
是在最大化任意两个投放点之间的距离这一优化目标下，我们却可以从关于叶
备选边的族着手，在给定的各投放点之间距离的限制下，计算所能设置的投放
点的最大数量。在下一小节中，我们将讨论在给定的距离限制下，求投放点最
大数量这一对偶问题。

5.2.1 对偶问题

1. 对偶问题的分析

树图上的投放点选址问题的对偶问题：对于一个给定值λ，要在树图 T 的
n 条备选边上设置投放点，且每条备选边上至多设置一个投放点，使得任意两
个投放点之间的距离的最小值为λ，即各个投放点相互之间的距离都不小于λ。
问题的目标是计算所能设置的投放点的最大个数 $p(\lambda)$。

因为限制了各个投放点之间距离的下界，所以在设置投放点时，应尽量使

143

它们相距较远，于是有如下性质。

性质 5.2　如果在一个最优解中，某条叶备选边 $e_i^c \in E^c$ 上存在一个投放点，那么该投放点必定应被设置于 e_i^c 的叶子端点处。

根据性质 5.2，我们可以确定一条叶备选边上所设置的投放点的准确位置，如果在一个最优解中这条叶备选边上确实存在投放点。但是，对于一个两端点均不是叶子的备选边，即使已知需在其上设置一个投放点，我们也难以确定投放点的具体位置。因此，我们可以从叶备选边开始确定各个投放点的位置。而对于一条叶备选边，首先需要判断在最优解中这条叶备选边上是否存在投放点，这可以以关于叶备选边的族为单位来讨论。

2. 对偶问题的算法

需要注意的是，在处理对偶问题之前，先对树图 T 做预处理 Δ 与预处理 Σ。

我们以族为单位，逐个考虑是否能在各条叶备选边上设置投放点。每处理完一个族，则删除该族，直至整个树图的所有备选边处理完为止。而由于投放点只能设置在备选边上，因此算法还需要判别连接聚集点 u 与它的父亲 w 的边是否为一条备选边。

算法中所使用的记号：

u：聚集点。

w：聚集点 u 的父亲。

E_u^c：族 $F(u)$ 中的所有叶备选边之集，如图 5.12 所示，不妨将集合 E_u^c 中任意一个元素记作 e_u^c。

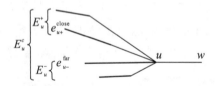

图 5.12　叶备选边集合 E_u^+ 与 E_u^-，叶备选边 e_{u+}^{close} 与 e_{u-}^{far}

v_u^c：表示任意一条叶备选边 e_u^c 的非叶子端点（v_u^c 可能就是聚集点 u）。

E_u^+：族 $F(u)$ 中所有与聚集点 u 之间的 D－距离不小于 $\frac{\lambda}{2}$ 的叶备选边之集，即 $E_u^+ = \{e_u^c \in E_u^c \mid D(e_u^c, u) \geqslant \frac{\lambda}{2}\}$，如图 5.12 所示。

E_u^-：族 $F(u)$ 中所有与聚集点 u 之间的 D－距离小于 $\frac{\lambda}{2}$ 的叶备选边之集，即 $E_u^- = \{e_u^c \in E_u^c \mid D(e_u^c, u) < \frac{\lambda}{2}\}$，如图 5.12 所示。

e_{u+}^{close}：集合 E_u^+ 中与聚集点 u 之间的 $D-$距离值最小的叶备选边，即 $D(e_{u+}^{\text{close}},\ u)=\min\limits_{e_u^c\in E_u^+}D(e_u^c,\ u)$，如图 5.12 所示。

e_{u-}^{far}：集合 E_u^- 中与聚集点 u 之间的 $D-$距离值最大的叶备选边，即 $D(e_{u+}^{\text{far}},\ u)=\max\limits_{e_u^c\in E_u^-}D(e_u^c,\ u)$，如图 5.12 所示。

$^*e_u^c$：在算法中引入记号 $^*e_u^c$ 来表示集合 E_u^c 中一条特殊的叶备选边。仅考虑族 $F(u)$ 内的情况时，在叶备选边 $^*e_u^c$ 的叶子端点处能够设置投放点，且该投放点到聚集点 u 的距离比族 $F(u)$ 中设置的其他投放点都近（$^*e_u^c$ 要么是 e_{u+}^{close}，要么是 e_{u-}^{far}）。

$^*v_u^c$：表示特殊叶备选边 $^*e_u^c$ 的非叶子端点（$^*v_u^c$ 可能就是聚集点 u）。

对偶问题算法 Alg _ Dual
输入：树图 T，n 条备选边，投放点之间的最小距离 λ。 输出：树图 T 上能设置的投放点的最大个数 $p(\lambda)$。 (1)对于任意一个族 $F(u)$，计算族中（集合 E_u^c 中）每条叶备选边与聚集点 u 之间的 $D-$距离，且得到集合 E_u^+ 与集合 E_u^-： ①若 $E_u^+=\varnothing$： 计算得到 e_{u-}^{far}，并直接令 $D(e_{u-}^{\text{far}},\ e_{u+}^{\text{close}})=\lambda+1$（虽然此时不存在 e_{u+}^{close}）。 ②若 $E_u^-=\varnothing$： 计算得到 e_{u+}^{close}，并直接令 $D(e_{u-}^{\text{far}},\ e_{u+}^{\text{close}})=0$（虽然此时不存在 e_{u-}^{far}）。 ③若 E_u^+ 与 E_u^- 均非空集： 计算得到叶备选边 e_{u+}^{close} 与 e_{u-}^{far}。 (2)对于集合 E_u^+ 中除 e_{u+}^{close} 以外的每条叶备选边，即 $\{e_u^c\in E_u^c\mid e_u^c\neq e_{u+}^{\text{close}}\}$，在它们的叶子端点处均分别设置一个投放点，将新设置的投放点计入总投放点个数中（若 $E_u^+=\varnothing$，则跳过该步骤）。 (3)计算 $D(e_{u-}^{\text{far}},\ e_{u+}^{\text{close}})$： ①若 $D(e_{u-}^{\text{far}},\ e_{u+}^{\text{close}})\geqslant\lambda$：在 e_{u+}^{close}（若存在）的叶子端点处也设置一个投放点（计入总投放点个数中），且令 $^*e_u^c=e_{u-}^{\text{far}}$。 ②若 $D(e_{u-}^{\text{far}},\ e_{u+}^{\text{close}})<\lambda$：令 $^*e_u^c=e_{u+}^{\text{close}}$。 (4)删除集合 E_u^c 中除 $^*e_u^c$ 以外的所有叶备选边 $\{e_u^c\in E_u^c\mid e_u^c\neq ^*e_u^c\}$ 以及（可能存在的）它们与聚集点 u 之间的边 $\{(v_u^c,\ u)\mid e_u^c\neq ^*e_u^c\}$，如图 5.13(a) 所示。 (5)根据边 $(u,\ w)$ 是否为备选边以及 $^*e_u^c$ 与顶点 w 之间的 $D-$距离 $D(^*e_u^c,w)$，分情况讨论： ①若边 $(u,\ w)$ 是备选边 e_{uw}^c，且 $D(^*e_u^c,w)\geqslant\lambda$： 在 $^*e_u^c$ 的叶子端点处设置一个投放点（计入总投放点个数中），再删除 $^*e_u^c$ 以及可能存在的边 $(^*v_u^c,u)$，然后移动顶点 u 使得备选边 e_{uw}^c 的长度变为 $l(e_{uw}^c)\leftarrow\min\{D(^*e_u^c,w)-\lambda,\ l(e_{uw}^c)\}$，如图 5.13(b) 所示。 ②若边 $(u,\ w)$ 是备选边 e_{uw}^c，且 $D(^*e_u^c,w)<\lambda$，或者边 $(u,\ w)$ 不是备选边： 将顶点 $^*v_u^c$ 与顶点 w 直接相连，且生成的新边 $(^*v_u^c,w)$ 的长度就赋值为原来顶点 $^*e_u^c$ 与顶点 w 之间的距离，如图 5.13(c) 所示。

(6)族 $F(u)$ 处理完毕，此时族 $F(u)$ 要么仅剩余聚集点 u[步骤(5)①]，要么仅剩余一条叶备选边 e^c_{uw}[步骤(5)②]。

①若此时顶点 w 还与除 u 以外的其他顶点相连：

将备选边 e^c_{uw} 或 $^*e^c_u$ 归入族 $F(w)$，算法继续处理下一个族(对下一个族，再次从步骤1开始操作)。

②若此时顶点 w 也是一个叶子，即 w 仅与 u 这一个顶点相连：

此时，树图 T 中仅有一条备选边 e^c_{uw} 或 $^*e^c_u$，在这条备选边上任意一点处设置一个投放点(计入总投放点个数中)，对偶问题算法结束。

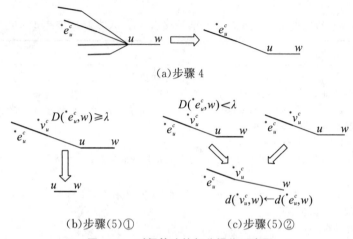

(a)步骤 4

(b)步骤(5)①　　　　　(c)步骤(5)②

图 5.13　对偶算法的部分操作示意图

3. Alg_Dual 的正确性

对偶问题的算法 Alg_Dual 的主要操作就是依次在各个关于叶备选边的族内设置尽可能多的投放点。于是，讨论算法的正确性，就是分析在一个族内的各条叶备选边上如何设置投放点。

由于受各投放点之间距离的下界 λ 的限制，在一个族内设置投放点时，会受到族外投放点的影响。关于这点，算法根据引理 5.1 来设置投放点。

引理 5.1 对于一个族 $F(u)$，若其中存在两条叶备选边 $^1e^c_u$ 与 $^2e^c_u$，满足 $D(^1e^c_u, {}^2e^c_u) \geqslant \lambda$ 且 $D(^1e^c_u, u) \geqslant D(^2e^c_u, u)$，则在 $^1e^c_u$ 的叶子端点处设置投放点时，不必考虑族 $F(u)$ 以外的投放点的位置。

证明： 由 $D(^1e^c_u, {}^2e^c_u) \geqslant \lambda$ 与 $D(^1e^c_u, u) \geqslant D(^2e^c_u, u)$ 可知，$D(^1e^c_u, u) \geqslant \frac{\lambda}{2}$。假设在 $^1e^c_u$ 的叶子端点处不能设置投放点，$^1e^c_u$ 与族 $F(u)$ 外的某个投放点 c_i 之间的 D—距离小于 λ，即 $D(^1e^c_u, c_i) < \lambda$。

首先，说明这样的族外投放点最多只可能存在这一个：假如还有一个投放点 c_j 也满足 $D({}^1e_u^c, c_j) < \lambda$，那么 c_i 与 c_j 都满足 $d(c_i, u) < \frac{\lambda}{2}$ 与 $d(c_j, u) < \frac{\lambda}{2}$，于是 $d(c_i, c_j) < \lambda$，故 c_i 与 c_j 不可能同时存在。

其次，在不考虑族 $F(u)$ 内其他投放点的影响的情况下，若设置族外投放点 c_i，则在 ${}^1e_u^c$ 与 ${}^2e_u^c$ 上均不能设置；反之，若不设置族处投放点 c_i，则至少能在 ${}^1e_u^c$ 的叶子端点处设置投放点，且不会影响族外其他投放点的设置，还能在 ${}^2e_u^c$ 上设置投放点。因此，在 ${}^1e_u^c$ 上设置投放点，最终能够得到更多的投放点，这更符合对偶问题的要求。

综上所述，无论族 $F(u)$ 外的投放点如何设置，都应先考虑在 ${}^1e_u^c$ 的叶子端点处设置投放点，证毕。

由引理 5.1 可知，算法 Alg_Dual 中，在族 $F(u)$ 中设置投放点时，除一条特殊的叶备选边 ${}^*e_u^c$ 外（关于 ${}^*e_u^c$ 的详细讨论见后文），均不需要考虑族外投放点对它们的影响。因此，在族 $F(u)$ 中设置投放点，主要讨论族内各条叶备选边之间的相互影响。同样地，受各投放点之间距离的下界 λ 的限制，在族内的各条叶备选边上设置投放点，可能需要有所取舍，如性质 5.3。

性质5.3 对于一个族 $F(u)$ 中的任意两条叶备选边 ${}^1e_u^c$ 与 ${}^2e_u^c$，若在这两条叶备选边上有且仅有一个投放点($D({}^1e_u^c, {}^2e_u^c) < \lambda$)，且 $D({}^1e_u^c, u) \geq D({}^2e_u^c, u)$，那么这个投放点必定在 ${}^1e_u^c$ 上。

接着，在性质 5.3 的基础上分析一个族内各条叶备选边上的投放点设置情况，如引理 5.2。

引理5.2 对于一个族 $F(u)$ 中的所有叶备选边，根据它们到聚集点 u 之间的 D-距离是否小于 $\frac{\lambda}{2}$ 将其分为两类：E_u^- 与 E_u^+。那么，在仅考虑族内各个投放点之间距离限制的情况下，有如下结论：

（1）对于集合 E_u^+ 中的任意一条叶备选边，都能在它的叶子端点处设置一个投放点；

（2）对于集合 E_u^- 中的叶备选边，至多能在其中一条叶备选边的叶子端点处设置一个投放点，且该叶备选边只能是 E_u^- 中到聚集点 u 的 D-距离值最大的那条，即 e_{u-}^{far}。

证明：（1）先讨论在集合 E_u^+ 中的叶备选边上设置投放点的情况。对于集合 E_u^+ 中的任意一条叶备选边 e_{u+}^c，若能在其上设置投放点，根据性质 5.2 可知，该投放点必定应该被设置于其叶子端点处。现在使用反证法，假设在 e_{u+}^c 上不能设置投放点，那么在族 $F(u)$（即集合 E_u^c）中必定存在另一条叶备选边 e_u^c（$e_u^c \neq e_{u+}^c$），使得 $D(e_u^c, e_{u+}^c) < \lambda$，且在 e_u^c 的叶子端点处设置了一个投放点。因为 $e_{u+}^c \in E_u^+$ 且 $D(e_u^c, e_{u+}^c) < \lambda$，所以必定有 $e_u^c \in E_u^-$，于是 $D(e_u^c, u) < D(e_{u+}^c, u)$。再根据性质 5.3 可知，与其在 e_u^c 上设置投放点，不如在 e_{u+}^c 上设置投放点，这与假设矛盾，因此应该在 e_{u+}^c 上设置投放点。于是，由 e_{u+}^c 的任意性可知，在 E_u^+ 中每条叶备选边的叶子端点处都能设置投放点。

（2）接下来，讨论在集合 E_u^- 中的叶备选边上设置投放点的情况。因为 E_u^- 中任意两条叶备选边之间的 D − 距离均小于 λ，故至多只能在其中一条备选边上设置投放点。再根据性质 5.3，两两比较 E_u^- 中的各条叶备选边，最终可得：若 E_u^- 中确实存在一条叶备选边，且在其上可设置一个投放点，那么该叶备选边只能是 e_{u-}^{far}。

综合上述两方面的讨论，引理 5.2 得证。

定理 5.4 算法 Alg＿Dual 的正确性。

证明：按算法步骤证明算法 Alg＿Dual 的正确性。

引理 5.2 说明了算法 Alg＿Dual 的步骤（1）与步骤（2）的正确性：步骤（2）中设置的投放点均是合理的。但不同于引理 5.2 所述的是，步骤（2）并未在叶备选边 e_{u+}^{close} 的叶子端点处设置投放点，这是因为根据引理 5.1 及其后的分析可知，在 e_{u+}^{close} 上的投放点可能对族 $F(u)$ 以外的投放点的设置产生影响。对此，算法步骤（3）分情况进行讨论。

算法 Alg＿Dual 的步骤（3）讨论对族 $F(u)$ 以外投放点的设置有影响的叶备选边 ${}^*e_u^c$。根据引理 5.1 及其后的分析可知：①当 $D(e_{u-}^{far}, e_{u+}^{close}) \geqslant \lambda$ 时，因为 $D(e_{u+}^{close}, u) \geqslant \frac{\lambda}{2} > D(e_{u-}^{far}, u)$，所以在 e_{u+}^{close} 上设置投放点不需考虑族外投放点的位置，再结合引理 5.2 可知，能够在 e_{u+}^{close} 的叶子端点处设置投放点，而 e_{u-}^{far} 的叶子端点处是否设置投放点与族外投放点的位置有关，即 ${}^*e_u^c = e_{u-}^{far}$；②当 $D(e_{u-}^{far}, e_{u+}^{close}) < \lambda$ 时，e_{u+}^{close} 则是族 $F(u)$ 中能够设置投放点的叶备选边中到聚集点 u 的 D − 距离最近的那条，因此 e_{u+}^{close} 上的投放点设置与族外投放点位置有关，即 ${}^*e_u^c = e_{u+}^{close}$。

当确定 ${}^*e_u^c$ 后，族 $F(u)$ 中的其他叶备选边上是否设置投放点与族外投放点的位置无关，且步骤（2）与步骤（3）已经确定了是否在其上设置投放点，因此步骤（4）删除这些叶备选边。

算法 Alg＿Dual 中步骤（5）考虑族 $F(u)$ 与族外的衔接过程：

对于步骤（5）①所讨论的情况，因为 ${}^*e_u^c$ 与 e_{uw}^c 之间没有分支，且 $D({}^*e_u^c, w)$

$\geqslant\lambda$，所以 $^*e_u^c$ 与 e_{uw}^c 这两条备选边上必能设置一个投放点。再类比性质 5.2 所述，该投放点应设置于 $^*e_u^c$ 的叶子端点处。在 $^*e_u^c$ 的叶子端点处设置了投放点之后，e_{uw}^c 上距离该投放点 λ 内的部分都不能再设置投放点，那么只需考虑靠近顶点 w 的部分，因此算法移动了顶点 u。如此，新的备选边 e_{uw}^c 成了一条叶备选边，它将归入下一个族。

对于步骤(5)②所讨论的情况，叶备选边 $^*e_u^c$ 顶点处是否设置投放点与顶点 w 另一侧的其他投放点有关。而即使 (u, w) 是备选边 e_{uw}^c，根据性质 5.2 可知，投放点也应设置于 $^*e_u^c$ 的叶子端点处。因此，可以不考虑 (u, w)，直接将 $^*e_u^c$ 与顶点 w 相连，归入下一个族考虑即可。

最后，算法步骤(6)判别算法是否终止。若除了顶点 u，顶点 w 还与其他顶点相连，那么算法继续循环；而若顶点 w 本身就是一个叶子，那么在树图中仅剩的备选边 e_{uw}^c（或 $^*e_u^c$）上任意位置设一个投放点即可，因为之前设置的投放点必定到该备选边上任意一点的距离都不小于 λ。

综上所述，算法 Alg _ Dual 的正确性得证。

5.2.2 算法设计与分析

在之前讨论了对偶问题的基础上，我们现在可以考虑二维几何平面上 p 个投放点的选址问题。先分析问题的最优解中任意两个投放点之间距离的最小值的所有可能取值。

引理 5.3 在 p 个投放点选址问题的最优解中，任意两个投放点之间距离的最小值 λ^* 必定与某两条备选边之间的距离有关，即存在整数 k，i，j（$1\leqslant k\leqslant p-1$，$1\leqslant i<j\leqslant n$），使得 $\lambda^*=\dfrac{D(e_i^c, e_j^c)}{k}$。

证明：令最优解中相互之间距离等于 λ^* 的两个投放点为 c_i 和 c_j，它们分别位于备选边 e_x^c 和 e_y^c 上。根据定义，c_i 和 c_j 在最优解中距离最近，之所以它们无法被设置得更远，要么是受到所在备选边 e_x^c 和 e_y^c 之间 $D-$距离的限制，要么是受到其他投放点的位置的限制。

(1)如果 c_i 和 c_j 到其他投放点的距离都大于 λ^*，那么它们的位置选择仅受所在备选边的限制，于是 $\lambda^*=d(c_i, c_j)=D(e_x^c, e_y^c)$。

(2)如果 c_i、c_j 其中之一（不妨设为 c_j）的位置选择受到其他某个投放点（记作 c_h）的位置的限制，这表明 $d(c_j, c_h)=\lambda^*$。再分析投放点 c_h 的位置选择是受所在备选边的限制还是其他投放点的位置的限制。

若 c_h 的位置选择是受其所在备选边（记作 e_z^c）的限制，那么：

$$\lambda^* = d(c_i, c_j) = \frac{D(e_x^c, e_z^c)}{2} \tag{5-11}$$

若 c_h 的位置选择是受其他投放点的位置的限制，最终必定有一个投放点（记作 c_g）的位置选择是受其所在备选边（记作 e_r^c）限制的。设在此分析中，c_i 和 c_g 之间（包括 c_i，c_g）共有 k 个投放点，则 $\lambda^* = \frac{D(e_i^c, e_r^c)}{k-1}$。

（3）如果 c_i 与 c_j 的位置选择均受到其他投放点位置的限制，那么分别对 c_i 和 c_j 采用类似于情况②中对 c_j 位置的分析，并依次类推，最终必能找到两个位置选择受所在边限制的投放点，因此也有 $\lambda^* = \frac{D(e_i^c, e_j^c)}{k}$。

综合上述三种情况，命题得证。

因为任意两个投放点之间的最小距离 λ 的取值越大，所能设置的最大投放点数量 $p(\lambda)$ 越小，所以要寻找 p 个投放点的位置使得 λ 取得最大值 λ^*，就可以先根据引理 5.3 计算出 λ^* 的所有可能值，并排序进而查到使得 $p(\lambda) \geqslant p$ 的最大 λ。

树状道路网络上的 p 个公共自行车投放点选址问题算法 Alg_DelyTree

（1）对 $\forall k$，i，$j(1 \leqslant k \leqslant p-1$，$1 \leqslant i < j \leqslant n)$，计算 $\lambda = \frac{D(e_i^c, e_j^c)}{k}$，并对计算出的值排序，由此得到最优解 λ^* 所有可能值的有序序列。

（2）对步骤（1）得到的序列使用二分查找法，以每次查找到的数值 λ 作为任意两个投放点之间距离的最小值，调用对偶问题的算法，计算能设置投放点的最大数量 $p(\lambda)$，与 p 比较大小。

（3）二分查找结束，得到满足 $p(\lambda) \geqslant p$ 的 λ 的最大值 λ^* 及相应的 p 个投放点的位置。

算法 Alg_DelyTree 的正确性可由引理 5.3 与对偶问题算法 Alg_Dual 的正确性直接得到。接下来，分析算法 Alg_DelyTree 的时间复杂度。首先需要考虑对偶问题算法 Alg_Dual 的时间复杂度。

引理 5.4 对偶问题算法 Alg_Dual 的时间复杂度为 $O(m)$，其中 m 是树图 T 的规模。

证明：不妨设族 $F(u)$ 中包含 m_u 条边，先考虑算法 Alg_Dual 处理族 $F(u)$ 所需要的时间。

步骤（1）遍历了族中每条边来计算各条叶备选边与聚集点之间的 D-距离，需要 $O(m_u)$ 时间，再将族中所有叶备选边划分为 E_u^+ 与 E_u^- 两类，并得到 e_{u+}^{close} 与 e_{u-}^{far}，也需要 $O(m_u)$ 时间。步骤（2）～（5）针对族中每条叶备选边考虑是否设置投放点于其上，对每条叶备选边均进行常数次操作，因此也需要 $O(m_u)$ 时间。步骤(1)~(5)连续接替进行，故还是需要 $O(m_u)$ 时间。

步骤(6)①表示算法继续循环。因为针对每个族中的每条边，都只经过常数次操作后就删除，所以当处理完所有族，共花费了 $O(m)$ 时间。最后，步骤(6)②也可在常数时间内完成，算法结束。

综上所述，算法 Alg _ Dual 的时间复杂度为 $O(m)$。

定理 5.5 树状道路网络上的 p 个公共自行车投放点选址问题算法 Alg _ DelyTree的时间复杂度为 $O(m\log(pn^2))$。其中，m 是树图 T 的规模，n 是备选边的数量，p 是拟设置的投放点的个数。

证明：由引理 5.3 可知，λ^* 的可能取值至多有 $(p-1)n(n-1)$ 个，那么二分查找 $O(\log(pn^2))$ 次。又由引理 5.4 可知，对偶问题算法 Alg _ Dual 的时间复杂度为 $O(m)$。因此，算法 Alg _ DelyTree 找到最优解共需要 $O(m\log(pn^2))$ 时间，证毕。

5.2.3 算例

在本节中，我们以一个代表树状道路网络的树图为例，在树图上随机给定的备选边(代表拟设置投放点的道路)上设置若干个投放点，要求任意两个投放点之间距离的最小值取最大。如图 5.14 所示，树图上给定 15 条备选边(图中黑色线段)，各边长度标注于图中。

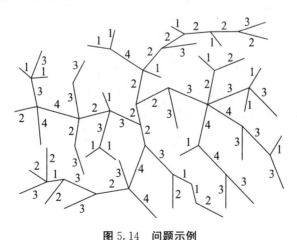

图 5.14　问题示例

首先，对树图做预处理 Δ 和预处理 Σ，得到如图 5.15 所示的树图。

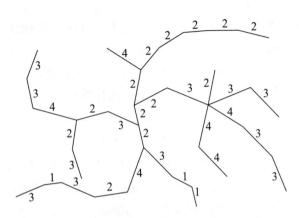

图 5.15 预处理 △ 和预处理 ∑后的树图

其次，计算任意两条备选边之间的 $D-$ 距离，得到的距离值集合为 $D = \{x \in \mathbf{N} \mid x = 5$ 或 $8 \leqslant x \leqslant 30$ 或 $x = 32\}$。由引理 5.1 可知，最优解中任意两个投放点之间距离的最小值 λ^* 必定为下列值之一：$x, \frac{x}{2}, \frac{x}{3}, \frac{x}{4}$。其中 $x \in D$。对这 72 个不同的值排序，得到 λ^* 的可能值序列(表 5.1)。

表 5.1 顺序排列的 λ^* 的可能值

1.25	1.67	2	2.25	2.50	2.67	2.75	3	3.25	3.33	3.50	3.67	3.75	4	4.25
4.33	4.50	4.67	4.75	5	5.25	5.33	5.50	5.67	5.75	6	6.25	6.33	6.50	6.67
6.75	7	7.25	7.33	7.50	**7.67**	8	8.33	8.50	8.67	9	9.33	9.50	9.67	10
10.5	10.67	11	11.50	12	12.50	13	13.50	**14**	14.50	15	16	**17**	**18**	**19**
20	21	**22**	23	24	25	26	27	28	29	30	32			

(注：加粗数值为二分查找到的 λ 取值)

对上述序列使用二分查找法，第一次查找到第 36 个数，即 $\lambda = 7.67$。以这次查找为例描述对偶问题算法 Alg_Dual 的操作过程。

图 5.15 所示的树图上有 5 个关于叶备选边的族 $F(u_1)$、$F(u_2)$、$F(u_3)$、$F(u_4)$、$F(u_5)$，如图 5.16(a)所示。下面阐述对偶问题算法对这 5 个族的操作过程。

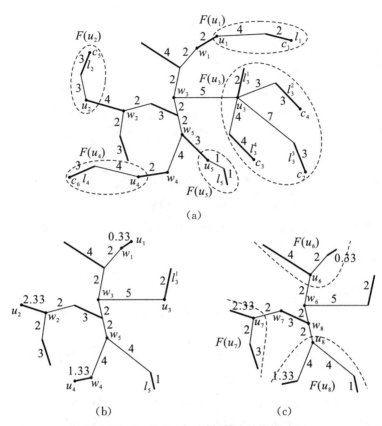

图 5.16 $\lambda = 7.67$ 时，对偶算法的操作过程

(1)族 $F(u_1)$：如图 5.16(a)所示，族 $F(u_1)$ 中仅有一条叶备选边 l_1。

①因为 $D(l_1, u_1) = 6 > \dfrac{\lambda}{2}$，所以 $E_{u_1}^+ = \{l_1\}$，$E_{u_1}^- = \varnothing$，$e_{u_1+}^{\text{close}} = l_1$。于是，经过步骤(1)②与步骤(2)后，来到步骤(3)②，$^*e_{u_1}^c = l_1$。

②因为族 $F(u_1)$ 中没有其他叶备选边，步骤(4)不对族 $F(u_1)$ 做任何操作。

③因为边 (u_1, w_1) 是备选边且 $D(l_1, w_1) = 8 > \lambda$，所以按步骤(5)①，在 l_1 的叶子端点处设置一个投放点，如图 5.16(a)上点 c_1；再删除 l_1 以及连接它与顶点 u_1 的边，并且移动顶点 u_1 使得备选边 (u_1, w_1) 的长度变为 $D(l_1, w_1) - \lambda \approx 0.33$，如图 5.16(b)所示。

(2)族 $F(u_3)$：如图 5.16(a)所示，族 $F(u_3)$ 中有四条叶备选边 l_3^1、l_3^2、l_3^3、l_3^4。

①因为 $D(l_3^1, u_3) = 2$，$D(l_3^2, u_3) = 6$，$D(l_3^3, u_3) = 10$，$D(l_3^4, u_3) = 8$，

所以 $E_{u_3}^{-}=\{l_3^1\}$，$E_{u_3}^{+}=\{l_3^2,\ l_3^3,\ l_3^4\}$。按照步骤(1)③得 $e_{u_3+}^{\text{close}}=l_3^2$，$e_{u_3-}^{\text{far}}=l_3^1$。

②按照步骤(2)，在 l_3^3 和 l_3^4 的叶子端点处各设置一个投放点，如图5.16(a)所示的点 c_2、c_3。

③因为 $D(e_{u_3+}^{\text{close}},\ e_{u_3-}^{\text{far}})=D(l_3^2,\ l_3^1)=8>\lambda$，所以按步骤(3)①，在 l_3^2 的叶子端点处设置一个投放点，如图5.16(a)所示的点 c_4，且 $^*e_{u_3}^c=l_3^1$。

④按照步骤(4)，删除族 $F(u_3)$ 中除 l_3^1 以外的其他边，如图5.16(b)所示。

⑤因为 $(u_3,\ w_3)$ 不是备选边，且 l_3^1 的非叶子端点就是 u_3，本就与 w_3 直接相连，所以步骤(5)②不对族 $F(u_3)$ 做任何操作。

(3)族 $F(u_5)$：如图5.16(a)所示，族 $F(u_5)$ 中仅有一条叶备选边 l_5。

①因为 $D(l_5,\ u_5)=2<\dfrac{\lambda}{2}$，所以 $E_{u_5}^{+}=\varnothing$，$E_{u_5}^{-}=\{l_5\}$，$e_{u_5-}^{\text{far}}=l_5$。于是，经过步骤(1)①与步骤(2)后，来到步骤(3)②，$^*e_{u_5}^c=l_5$。

②因为族 $F(u_5)$ 中没有其他叶备选边，步骤(4)不对族 $F(u_5)$ 作任何处理。

③因为边 $(u_5,\ w_5)$ 是备选边且 $D(l_5,\ w_5)=5<\lambda$，所以按步骤(5)②，将 l_5 的非叶子端点与 w_5 直接相连且新边长度为4，如图5.16(b)所示。

算法对族 $F(u_2)$ 和 $F(u_4)$ 的操作与对族 $F(u_1)$ 的操作类似，得到投放点 c_5、c_6，如图5.16(a)所示；并且删除边并移动 u_2 和 u_4，如图5.16(b)所示。

族 $F(u_1)$、$F(u_2)$、$F(u_3)$、$F(u_4)$、$F(u_5)$ 经过处理后得到如图5.16(b)所示的树图，在这个树图上又出现了3个族 $F(u_6)$、$F(u_7)$、$F(u_8)$，如图5.16(c)所示。

整个树图计算完毕后，在 $\lambda=7.67$ 的情况下，总共能设置12(>5)个投放点，故 $\lambda=6.5$ 判定通过，即最优解中任意两个投放点之间距离的最小值不小于7.67，于是查找 λ^* 的可能值序列中比7.67大的数值。

依次查找到的 λ 取值及在这些取值下最多可设置的投放点个数见表5.2。因此，如果要设置5个投放点，则任意两个投放点之间距离的最小值 λ^* 至多取到18，各投放点最优位置如图5.17所示。

表5.2　二分查找过程与计算结果

二分查找次序	1	2	3	4	5	6
λ 的取值	7.67	14	22	17	19	18
投放点个数	12	9	4	6	4	6

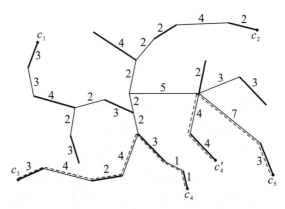

图 5.17　5 个投放点的最优位置(c_4 与 c_4' 任选一处)：
虚线标注相距最近的投放点之间的路径

除了上述 5 个投放点的选址问题，我们再分别给出设置 6、7、8、9 个投放点的最优解(表 5.3)，投放点最优位置如图 5.18 所示。

表 5.3　投放点个数与相应最优解

投放点个数 p	6	7	8	9
各投放点之间最小距离 $\lambda^*(p)$	18	15	14	14

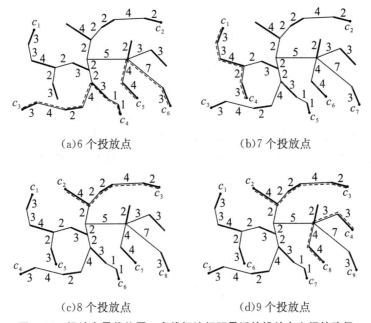

(a)6 个投放点　　　　　　　　(b)7 个投放点

(c)8 个投放点　　　　　　　　(d)9 个投放点

图 5.18　投放点最优位置：虚线标注相距最近的投放点之间的路径

5.3　本章小结

　　本章的第一部分考虑在二维几何平面上研究多个公共自行车投放点选址问题。类似于第 3 章，问题模型建立于一个几何图形中，即二维几何平面上的 n 条水平或竖直线段构成的图形。这个模型也可看作城市交通问题分析中常用的网格状道路网络的一种变形：当道路网络相对于 n 条选址区域道路足够密集时，我们可以仅取网格中拟设置投放点的 n 条跨越若干条网格边的线段作图建立模型，如图 5.19 所示。那么，我们去掉网格网络，在平面上以 L_1 度量标准计量距离，问题即可表达为在二维几何平面上 n 条水平或竖直线段上的选址问题。

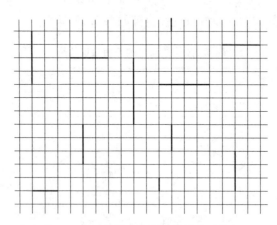

图 5.19　网格状道路网络中的选址线段

　　由于该问题在特殊情形（每条线段均足够短）下就是 L_1 距离度量标准下的 $p-$扩散问题，故该问题是 NP－难的。于是，我们利用穷举法处理问题中的 n 条线段，问题的重点就变成了分析在 p 条线段上设置 p 个投放点这一全部线段选址问题。在前文中，我们主要证明了全部线段选址问题也是 NP－难的；再考虑到线段上有无穷多个点，于是设计了一个基于贪婪策略的近似算法 AllLineAlg。该近似算法的近似比为 $\dfrac{1}{1-1.5\omega}$，其中 $\omega=\dfrac{l}{D}$，算法运行时间为 $O(n^3)$。由此可知，当且仅当 $\omega<\dfrac{2}{3}$ 时，近似比具有意义，并且在各条道路长度差别不大或者道路分布较稀疏的情况下，该近似算法有较好的近似比。而当

$\omega \geqslant \dfrac{2}{3}$时，我们仍可使用该近似算法求解问题，但对于某些数据所计算得到的结果可能较差。

在本章第一部分中，我们仅给出了一个简易的基于贪婪策略的近似算法，其近似比还有待提升，设计出更高效的近似算法将是我们下一步的研究目标之一。而在公共自行车投放点选址分析过程中，如果根据实际情况引入其他辅助条件，可能对问题算法的改进也能有所帮助。此外，还可以考虑将这两个选址模型应用于其他散布式分布的对象选址问题中，如公共厕所的选址。

本章的第二部分在树状道路网络上研究多个公共自行车投放点选址问题。类似于第四章，该问题模型也是建立在一个嵌入二维几何平面的树图上的。在树图中给定 n 条边作为设置 p 个投放点的备选边。在提高公共自行车利用率这一目标下，问题要求各个投放点之间的距离尽可能的大，即任意两个投放点之间距离的最小值尽可能的大。值得注意的是，这里的树图中的各边均具有正数权重，而投放点之间的距离则是指它们之间(唯一)简单路径的长度。

为了便于处理这个问题，我们考虑了该问题的对偶形式，即在给定各投放点之间距离的最小值 λ 的情况下，计算能够设置的投放点的最大个数 $p(\lambda)$。因为 $p(\lambda)$ 是关于 λ 单调递减的，且我们分析得知问题最优解的可能取值的数量是有限的，所以我们可以在排序后的最优解可能取值序列上运用二分查找法，针对不同的 λ 逐个计算对偶问题的解 $p(\lambda)$，最后得到问题的最优解。

由于没有其他有利于求解对偶问题的性质，我们只能基于对偶问题的优化目标，从树图的叶备选边处开始，根据各个投放点之间的最小距离 λ 来考虑各个投放点的位置分布情况。而为了进一步细致地分析各条叶备选边上的投放点的位置，我们定义了族的概念，以族为单位计算其内所有备选边上所能设置的投放点的最大个数，每计算完一个族中投放点的设置，再考虑下一个族。当整个树图中所设置的投放点的个数都以族为单位计算完毕之后，我们也就得到了在距离 λ 的限制下，树图上所能设置的投放点的最大个数 $p(\lambda)$。上述算法以族为单位遍历了树图上的所有边，且在各个族内对各条边进行了一次排序操作，因此每计算一次对偶问题都需要 $O(m)$ 时间。那么，求解 5.2 节的树状道路网络上的公共自行车投放点选址问题总共需要 $O(m\log(pn^2))$ 时间。

6 总结与展望

6.1 工作总结

为了提高人们的生活品质，公共自行车系统应运而生。它将我国受众广泛的自行车这一传统交通方式与新兴的互联网相结合，运用电子信息、卫星定位、移动支付等高新技术，迅速俘获上亿用户，引起人们的广泛关注，同时也得到了政府的大力支持。

在公共自行车的系统运营中，涉及诸多科学规划问题，如自行车在各城市的投放数量的计划、有桩公共自行车系统的停车/取车点选址与各站点之间车辆的调度、故障车辆的维修点设置、用户租车的定价等。本书研究的就是针对无桩式城市公共自行车系统的维修点和公共自行车的投放点选址问题，考虑了公共自行车体积小且沿道路大量散布的特点，在不同的道路网络上建立模型，并设计算法。

根据公共自行车自身的特性及其分布特征，我们将待维修公共自行车的回收过程与公共自行车的投放过程假定如下：

(1)假设公司利用试运营阶段的数据，统计出了待维修公共自行车大量分布的道路。公司可以先安排运输工人以板车、拖车、三轮车等便捷式运输工具将这些道路上的待维修公共自行车聚集于各条道路上的某处，再将它们统一由货车运走。

(2)假设公司结合市场调查与试运营的数据，大致统计出公共自行车的高需求区域，这些区域以一条一条的道路为单位表示。公司考虑就在这些道路上设置若干个公共自行车投放点对用户需求提供支持。

本书依据上述过程分别在二维几何平面和树状道路网络上建立模型，讨论公共自行车维修点与投放点的选址问题：

(1)公共自行车维修点选址的目标是使得任意一个维修点到它所维修的故

158

障公共自行车所停放的道路(线段)都尽量近。

(2)公共自行车投放点选址的目标是使得任意两个投放点之间的距离尽量远。

对于二维几何平面上的公共自行车维修点选址问题，我们在 L_∞ 和 L_1 这两种距离度量标准下分析，并分别将选址问题等价转化为最小正方形触碰问题和最小菱形触碰问题来求解。根据几何分析得出最优解的性质，我们对 L_∞ 距离度量标准下一个或两个维修点的选址问题均给出了线性时间的算法，而对 L_1 距离度量标准下的一个或两个维修点的选址问题则均给出了时间复杂度为 $O(n_3\log n)$ 的算法，其中 n 为代表故障公共自行车主要分布道路的线段的数量。

对于树状道路网络上的公共自行车维修点选址问题，我们在离散型与连续型这两种情形下分别考虑了一个、两个和多个维修点的设置。离散型指维修点仅被设置于故障公共自行车大量分布的道路(线段)上，而连续型则指维修点能被设置于道路网络(树图)上的任意一条道路(边)上。我们先分析一个维修点最优位置的性质，得出其就是树图关于需求线段的中点这一结论。之后，我们在此基础上用划分树图的方式相继设计出了两个和多个维修点选址的算法，只有离散型情形下的多个维修点选址采用的是另一种以族为单位计算的思路。关于各问题算法的效率，除了离散型多个维修点的选址，对于其他几个问题我们均给出了多项式时间的算法：

(1)连续与离散情形下的一个维修点选址的算法均能在线性时间内完成；

(2)连续情形下两个维修点的选址也能在线性时间内解决，而在离散情形下我们给出的算法的时间复杂度则是输入规模的二次方；

(3)我们对连续情形下多个维修点的选址给出了 $O((m+n)\log n)$ 或者 $O((m+n)\log n+n^2)$ 时间复杂度的算法，而离散情形下我们只给出了指数时间的算法，其时间复杂度为 $O(m^{p-1}(m+n))$，其中 m 与 n 分别表示树图的规模与代表故障公共自行车分布道路的线段的数量，而 p 表示维修点的个数。

对于投放点的选址，各个投放点自然应被设置于需求量大的道路上。在二维几何平面上的投放点选址问题的复杂性是 NP－难的，由此我们可以考虑用穷举法的思想求解问题，这就需要解决在 n 条道路(线段)上设置 n 个投放点的问题，其中每条线段上恰好设置一个投放点。我们证明了这个问题也是 NP－难的，并对其设计了一个近似算法。而在树状道路网络上，我们考虑了相应的对偶问题，并以族为单位讨论各族中设置投放点的最少个数，最后得到了一个时间复杂度为 $O(m\log(pn^2))$ 的算法。

6.2 未来研究展望

本书研究了公共自行车维修点与投放点选址的模型与算法。但在公共自行车系统、模型建立与算法设计这三个方面还有许多值得进一步探讨和研究的内容。

就公共自行车系统而言，选址只是其中的一个问题，另一个重要问题是公共自行车数量再平衡问题。公共自行车的分布会随着用户的使用而不断发生变化。在某时刻，某些区域的公共自行车数量可能不足，这会影响用户的使用情况，而另一些地方的公共自行车数量又可能有剩余，使得公共自行车利用率低下，这就需要公司根据实际数据调控各个区域的公共自行车数量。在这一过程中，涉及对公共自行车需求量的估计与公共自行车的调度，以及运输路线选择等问题。但从成本控制上考虑，有时公共自行车调度会造成过高的成本，因此另一种方案则是在某些区域一次性投放过量的公共自行车，以保证随时都有足量的公共自行车供用户使用，当然这又会带来更大的成本。采取哪种方案，或者两种方案配合使用，需要进行详细的分析与规划。

本书无论是针对维修点选址还是投放点选址，考虑的都是距离因素，从而在经典的选址模型基础上建立特定的模型。本书的模型中，各顶点均不带权重，并未考虑运输过程中的公共自行车数量问题，这是在货车装载量足够大的假设下进行的。然而在实际问题中，有些需求量大的投放点可能需要多次运输才能满足需求，在选址时这些目标地点所占权重（表示所需投放公共自行车的数量）也应较大。另外，在公共自行车运输过程中，各条道路情况不同，如果有具体数据支持，维修点的选址还应建在交通相对便利的地方，当然也需要考虑维修点房屋租金等问题。因此，根据各种不同的情况，在建模时引入不同的参数，也是进一步研究的方向。

从选址的角度来看，本书中的模型不同于传统的选址模型，考虑到公共自行车沿道路散布的特征，使用了线段作为选址区域。这也给我们带来了一种新的思路，可以考虑其他的模型变种。如很多设施的选址，不具有沿道路大量散布的特征，而是在一个个重点区域选址，因此我们可以考虑以若干圆形或方形代替线段作为选址区域，建立一种新的选址模型来研究问题。

在算法设计方面，对于树状道路网络上的离散型多个维修点选址问题，我们只给出了指数时间复杂度的算法，那么一方面可以考虑根据特殊情况引入其他条件以得到更好的性质，从而设计出更高效的算法；另一方面也可考虑近似算法。对于第 5 章中二维几何平面上的投放点选址问题，本书主要研究其子问题(n 条线段上选 n 个点)。实际上，我们也可以直接考虑对问题本身设计近似算法，如先将线段离散化，再使用局部搜索等技术逼近最优解。而对于子问题，也可以考虑使用局部搜索等技术进行改进。

参考文献

［1］成都市统计局，国家统计局成都调查队. 2010 年成都市国民经济和社会发展统计公报［EB/OL］. (2010－12－15)［2019－05－15］. http://www. cdstats. chengdu. gov. cn/htm/detail _ 26468. html.

［2］成都市统计局，国家统计局成都调查队. 2018 年成都市国民经济和社会发展统计公报［EB/OL］. ［2019－05－15］. http://www. cdstats. chengdu. gov. cn/htm/detail _ 145407. html.

［3］中华人民共和国生态环境部. 中国机动车环境管理年报（2018）［EB/OL］. (2018－05－14)［2019－05－15］. http://www. vecc－mep. org. cn/huanbao/content/944. html.

［4］一月 26 万人次骑上自行车专用路［EB/OL］. (2019－06－28)［2019－07－05］. http://bjrb. bjd. com. cn/html/2019－06/28/content _ 11892400. htm.

［5］DeMaio P. Smart bicycles:Public transportation for the 21st century［J］. Transportation Quarterly,2003,57(1)：9－11.

［6］DeMaio P. Bicycle－sharing: History, impacts, models of provision, and future［J］. Journal of Public Transportation,2009,12(4)：41－56.

［7］Lathia N,Ahmed S,Capra L. Measuring the impact of opening the London shared bicycle scheme to casual users［J］. Transportation Research Part C:Emerging Technologies,2012(22)：88－102.

［8］Lin J R,Yang T H. Strategic design of public bicycle sharing systems with service level constraints［J］. Transportation Research Part E:Logistics and Transportation Review,2011,47(2)：284－294.

［9］Lin J R,Yang T H,Chang Y C. A hub location inventory model for bicycle sharing system design:Formulation and solution［J］. Computers & Industrial Engineering,2013,65(1)：77－86.

［10］Yan S,Lin J R,Chen Y C,et al. Rental bike location and allocation under stochastic demands［J］. Computers & Industrial Engineering,2017(107)：

1—11.

[11] 陈晨. 城市公共自行车调配中心选址模型研究 [D]. 南京：东南大学，2016.

[12] Martinez L M, Caetano L, Eiró T, et al. An optimisation algorithm to establish the location of stations of a mixed fleet biking system：an application to the city of Lisbon[J]. Procedia－Social and Behavioral Sciences,2012(54)：513－524.

[13] Cao J X,Xue C C,Jian M Y,et al. Research on the station location problem for public bicycle systems under dynamic demand[J]. Computers & Industrial Engineering,2019(127)：971－980.

[14] 曹艳. 城市公共自行车站点布局优化方法研究[D]. 成都：西南交通大学，2017.

[15] Frade I,Ribeiro A. Bike－sharing stations：A maximal covering location approach[J]. Transportation Research Part A：Policy and Practice,2015(82):216－227.

[16] Ciancio C, Ambrogio G, Laganá D. A stochastic maximal covering formulation for a bike sharing system[C]. Berlin:Springer,2017.

[17] 刘嘉文，代颖，杨斐，等. 共享单车停放点联合覆盖选址及车辆配置模型[EB/OL]. (2019－05－09)[2019－12－10]. http://kns. cnki. net/kcms/detail/31. 1738. T. 20190509. 1434. 044. html.

[18] Romero J P, Ibeas A, Moura J L, et al. A simulation－optimization approach to design efficient systems of bike－sharing[J]. Procedia－Social and Behavioral Sciences,2012(54)：646－655.

[19] Nair R,Miller－Hooks E. Equilibrium design of bicycle sharing systems：The case of Washington D C[J]. EURO Journal on Transportation and Logistics,2016,5(3)：321－344.

[20] 胡郁葱，陈枝伟，黄靖翔. 基于双层规划的公共电动自行车租赁点选址模型 [J]. 华南理工大学学报(自然科学版)，2017，45(4)：118－123.

[21] 姜妍. 城市公共自行车需求分析与租赁点选址研究 [D]. 南京：东南大学，2018.

[22] 周豪. 自行车与公交车组合出行条件下的换乘点选址优化研究 [D]. 北京:北京交通大学，2018.

[23] Çelebi D,Yörüsün A,Işık H. Bicycle sharing system design with capacity

allocations[J]. Transportation Research Part B: Methodological, 2018(114):86−98.

［24］张皓. 城市公共自行车租赁点选址研究 ［D］. 长春：吉林大学，2018.

［25］索源. 基于出行需求波动的共享单车停放点选址规划研究 ［D］. 北京：北京交通大学，2018.

［26］García−Palomares J C,Gutiérrez J,Latorre M. Optimizing the location of stations in bike − sharing programs：A GIS approach ［J］. Applied Geography,2012,35(1)：235−246.

［27］Sato H,Miwa T,Morikawa T. A study on use and location of community cycle stations[J]. Research in Transportation Economics,2015(53)：13−19.

［28］Wang J,Tsai C H,Lin P C. Applying spatial−temporal analysis and retail location theory to public bikes site selection in Taipei[J]. Transportation Research Part A:Policy and Practice,2016(94)：45−61.

［29］刘玉林. 校园公共自行车系统规划研究 ［D］. 天津：天津大学，2017.

［30］Shu J,Chou M C,Liu Q,et al. Models for effective deployment and redistribution of bicycles within public bicycle − sharing systems［J］. Operations Research,2013,61(6)：1346−1359.

［31］Chou M C,Liu Q,Teo C P,et al. Models for Effective Deployment and Redistribution of Shared Bicycles with Location Choices ［M］. Berlin：Springer,2019.

［32］Chang S,Song R,He S,et al. Innovative bike−sharing in China：Solving faulty bike − sharing recycling problem ［J］. Journal of Advanced Transportation,2018,52(4)：1−10.

［33］Nair R,Miller − Hooks E. Fleet management for vehicle sharing operations[J]. Transportation Science,2011,45(4)：524−540.

［34］Kloimüllner C,Papazek P,Hu B,et al. Balancing bicycle sharing systems：An approach for the dynamic case[C]. Berlin：Springer,2014.

［35］Alvarez−Valdes R,Belenguer J M,Benavent E,et al. Optimizing the level of service quality of a bike − sharing system［J］. Omega, 2016（62）：163−175.

［36］Schuijbroek J,Hampshire R C,Van H W J. Inventory rebalancing and vehicle routing in bike sharing systems ［J］. European Journal of

Operational Research,2017,257(3)：992-1004.

[37] 叶钦海. 城市公共自行车系统运营调度研究 [D]. 广州：华南理工大学，2017.

[38] Haider Z, Nikolaev A, Kang J E, et al. Inventory rebalancing through pricing in public bike sharing systems [J]. European Journal of Operational Research,2018,270(1)：103-117.

[39] 白雪，周支立，钱桂生，等. 考虑维修车辆的公共自行车系统再平衡问题 [J]. 系统工程理论与实践，2018，38(9)：2326-2334.

[40] Legros B. Dynamic repositioning strategy in a bike-sharing system:How to prioritize and how to rebalance a bike station[J]. European Journal of Operational Research,2019,272(2)：740-753.

[41] He L, Hu Z, Zhang M. Robust repositioning for vehicle sharing[EB/OL]. [2019-04-24]. https://doi.org/10.1287/msom.2018.0734.

[42] Weber A. The Theory of the Location of Industries[M]. Chicago:Chicago University Press,1909.

[43] Hotelling H. Stability in competition[J]. The Economic Journal,1929, 39(153):41-57.

[44] Hakimi S L. Optimum locations of switching centers and the absolute centers and medians of a graph[J]. Operations Research,1964,12(3)：450-459.

[45] Arabani A B,Farahani R Z. Facility location dynamics:An overview of classifications and applications[J]. Computers & Industrial Engineering, 2012,62(1)：408-420.

[46] Owen S H,Daskin M S. Strategic facility location:A review[J]. European Journal of Operational Research,1998,111(3)：423-447.

[47] Klose A,Drexl A. Facility location models for distribution system design [J]. European Journal of Operational Research,2005,162(1)：4-29.

[48] 王非，徐渝，李毅学. 离散设施选址问题研究综述 [J]. 运筹与管理，2006，15(5)：64-69.

[49] 徐大川，杜东雷，吴晨晨. 设施选址问题的近似算法综述 [J]. 数学进展，2014，43(6)：801-816.

[50] 杨丰梅，华国伟，邓猛，等. 选址问题研究的若干进展 [J]. 运筹与管理，2005，14(6)：1-7.

[51] Hakimi S L. Optimum distribution of switching centers in a communication network and some related graph theoretic problems[J]. Operations Research, 1965,13(3): 462−475.

[52] Toregas G, Swain R, Revelle C, et al. The location of emergency service facilities[J]. Operations Research,1971,19(6): 1363−1373.

[53] Church R, ReVelle C. The maximal covering location problem[J]. Papers in Regional Science,1974,32(1): 101−118.

[54] Adensodiaz B, Rodriguez F. A simple search heuristic for the MCLP: Application to the location of the ambulance bases in a rural region[J]. Omega,1997,25(2): 181−187.

[55] Hogan K, ReVelle C. Concepts and applications of backup coverage[J]. Management Science,1986,32(11): 1434−1444.

[56] Daskin M S. A maximum expected covering location model:Formulation, properties and heuristic solution[J]. Transportation Science,1983,17(1): 48−70.

[57] Tansel B C, Francis R L, Lowe T J. State of the art location on networks: A survey[J]. Management Science,1983,29(4): 482−497.

[58] Farahani R Z, Asgari N, Heidari N, et al. Covering problems in facility location:A review[J]. Computers & Industrial Engineering,2012,62(1): 368−407.

[59] 代文强, 徐寅峰, 何国良. 占线中心选址问题及其竞争算法分析 [J]. 系统工程理论与实践, 2007, 27(10): 159−164.

[60] 代文强, 徐寅峰, 李毅学. 占线中心选址问题竞争比的下界 [J]. 系统工程, 2006, 24(8): 98−101.

[61] Minieka E. The m−center problem[J]. Siam Review,1970, 12 (1): 138−139.

[62] Goldman A J. Optimal center location in simple networks[J]. Transportation Science,1971,5(2): 212−221.

[63] Goldman A J. Minimax location of a facility in a network[J]. Transportation Science,1972,6(4): 407−418.

[64] Shier D R, Dearing P M. Optimal locations for a class of nonlinear, single− facility location problems on a network[J]. Operations Research,1983,31(2): 292−303.

[65] Krumke S O. On a generalization of the p－center problem[J]. Information Processing Letters,1995,56(2)：67－71.

[66] 赵庆杰. 利用基于禁忌搜索的 GRASP 算法求解 p－center 问题 [D]. 武汉:华中科技大学, 2015.

[67] 张静. 基于禁忌搜索的 TSPR 启发式算法求解 p－center 问题 [D]. 武汉:华中科技大学, 2016.

[68] 尚松蒲，林诒勋. 平面上的 min－max 型点－线选址问题 [J]. 运筹学学报, 2003(3)：83－91.

[69] Dyer M E. On a multidimensional search technique and its application to the Euclidean one－centre problem[J]. SIAM Journal on Computing, 1986,15(3)：725－738.

[70] Megiddo N. On the complexity of some geometric problems in unbounded dimension[J]. Journal of Symbolic Computation,1990,10(3)：327－334.

[71] Chen D Z,Li J,Wang H. Efficient algorithms for the one－dimensional k－center problem [J]. Theoretical Computer Science, 2015 (592)：135－142.

[72] Hwang R Z,Chang R C,Lee R C T. The searching over separators strategy to solve some NP－hard problems in subexponential time[J]. Algorithmica,1993,9(4)：398－423.

[73] Hwang R Z,Lee R C T,Chang R C. The slab dividing approach to solve the Euclidean p－center problem[J]. Algorithmica,1993,9(1)：1－22.

[74] Agarwal P K,Procopiuc C M. Exact and approximation algorithms for clustering[J]. Algorithmica,2002,33(2)：201－226.

[75] Fowler R J. Optimal packing and covering in the plane are NP－complete [J]. Information Processing Letters,1981,12(3)：133－137.

[76] Megiddo N,Supowit K J. On the complexity of some common geometric location problems [J]. SIAM Journal on Computing, 1984, 13 (1)：182－196.

[77] Hochbaum D S,Shmoys D B. A best possible heuristic for the k－center problem[J]. Mathematics of Operations Research,1985,10(2)：180－184.

[78] Davoodi M, Mohades A, Rezaei J. Solving the constrained p－center problem using heuristic algorithms[J]. Applied Soft Computing,2011, 11(4)：3321－3328.

[79] Du H, Xu Y. An approximation algorithm for k-center problem on a convex polygon[J]. Journal of Combinatorial Optimization, 2014, 27(3): 504-518.

[80] Calik H, Tansel B C. Double bound method for solving the p-center location problem[J]. Computers & Operations Research, 2013, 40(12): 2991-2999.

[81] Edwards K, Kennedy W S, Saniee I. Fast aproximation algorithms for p-center in large δ-hyperbolic graphs[J]. Algorithmica, 2018, 80(12): 3889-3907.

[82] Karmakar A, Das S, Nandy S C, et al. Some variations on constrained minimum enclosing circle problem [J]. Journal of Combinatorial Optimization, 2013, 25(2): 176-190.

[83] Hosseini N H, Tavana M, Yousefi M. A new heuristic algorithm for the planar minimum covering circle problem[J]. Production & Manufacturing Research, 2014, 2(1): 142-155.

[84] Bhattacharya B, Li L. Minimum Enclosing Circle Problem with Base Point [C]//Proceedings of the 30th Canadian Conference on Computational Geometry. Ottawa: 2017.

[85] Hoffmann M. A simple linear algorithm for computing rectilinear 3-centers[J]. Computational Geometry, 2005, 31(3): 150-165.

[86] Saha C, Das S. Covering a set of points in a plane using two parallel rectangles[J]. Information Processing Letters, 2009, 109(16): 907-912.

[87] Bereg S, Bhattacharya B, Das S, et al. Optimizing squares covering a set of points[J]. Theoretical Computer Science, 2018(729): 68-83.

[88] Sadhu S, Roy S, Nandy S C, et al. Optimal Covering and Hitting of Line Segments by Two Axis-parallel Squares[C]. Berlin: Springer, 2017.

[89] Sadhu S, Roy S, Nandy S C, et al. Linear time algorithm to cover and hit a set of line segments optimally by two axis-parallel squares [J]. Theoretical Computer Science, 2019(769): 63-74.

[90] He X, Liu Z, Su B, et al. Hitting a Set of Line Segments with One or Two Discrete Centers[C]//Proceedings of the 30th Canadian Conference on Computational Geometry. Winnipeg: 2018.

[91] He X, Liu Z, Su B, et al. Efficient algorithms for computing one or two discrete centers hitting a set of line segments [J]. Journal of Combinatorial

Optimization,2019,37(4): 1408—1423.

[92] Erkut E. The discrete p—dispersion problem[J]. European Journal of Operational Research,1990,46(1): 48—60.

[93] Erkut E,Neuman S. Analytical models for locating undesirable facilities [J]. European Journal of Operational Research,1989,40(3): 275—291.

[94] Lai X, Hao J K. Iterated maxima search for the maximally diverse grouping problem[J]. European Journal of Operational Research,2016, 254(3): 780—800.

[95] Fernández E,Kalcsics J,Nickel S. The maximum dispersion problem[J]. Omega,2013,41(4): 721—730.

[96] Sayyady F,Fathi Y. An integer programming approach for solving the p—dispersion problem[J]. European Journal of Operational Research, 2016,253(1): 216—225.

[97] Sayah D, Irnich S. A new compact formulation for the discrete p—dispersion problem[J]. European Journal of Operational Research, 2017,256(1): 62—67.

[98] Carrasco R,Pham A,Gallego M,et al. Tabu search for the max—mean dispersion problem[J]. Knowledge—Based Systems,2015(85): 256—264.

[99] Lei T L, Church R L. On the unified dispersion problem: Efficient formulations and exact algorithms[J]. European Journal of Operational Research,2015,241(3): 622—630.

[100] Amano K,Nakano S. Away from Rivals[C]//Proceedings of the 30th Canadian Conference on Computational Geometry. Winnipeg:2018.

[101] Amirgaliyeva Z, Mladenović N, Todosijević R, et al. Solving the maximum min—sum dispersion by alternating formulations of two different problems[J]. European Journal of Operational Research,2017, 260(2): 444—459.

[102] Zhou Y,Hao J K. An iterated local search algorithm for the minimum differential dispersion problem [J]. Knowledge—Based Systems, 2017(125):26—38.

[103] Saboonchi B,Hansen P,Perron S. MaxMinMin p—dispersion problem:A variable neighborhood search approach[J]. Computers & Operations

Research,2014(52)：251−259.

[104] Moon I D,Chaudhry S S. An analysis of network location problems with distance constraints[J]. Management Science,1984,30(3)：290−307.

[105] Wang D W,Kuo Y S. A study on two geometric location problems[J]. Information Processing Letters,1988,28(6)：281−286.

[106] Chandra B,Halldórsson M M. Approximation algorithms for dispersion problems[J]. Journal of Algorithms,2001,38(2)：438−465.

[107] Borodin A,Jain A,Lee H C,et al. Max−sum diversification,monotone submodular functions,and dynamic updates[J]. ACM Transactions on Algorithms,2017,13(3)：41.

[108] Ravi S S,Rosenkrantz D J,Tayi G K. Heuristic and special case algorithms for dispersion problems[J]. Operations Research,1994,42(2):299−310.

[109] Baur C,Fekete S P. Approximation of geometric dispersion problems [J]. Algorithmica,2001,30(3)：451−470.

[110] Revelle C S, Eiselt H A, Daskin M S. A bibliography for some fundamental problem categories in discrete location science [J]. European Journal of Operational Research,2008,184(3)：817−848.

[111] West D B. 图论导引 [M]. 2 版. 李建中，骆吉洲，译. 北京：机械工业出版社，2006.

[112] Diestel R. 图论 [M]. 4 版. 于青林，译. 北京：高等教育出版社，2013.

[113] 殷剑宏，金菊良. 现代图论 [M]. 北京：北京航空航天大学出版社，2015.

[114] 卜月华，王维凡，吕新忠. 图论及其应用 [M]. 2 版. 南京：东南大学出版社，2015.

[115] 郝荣霞. 图论导引 [M]. 北京：北京交通大学出版社，2013.

[116] 戴一奇，胡冠章，陈卫. 图论与代数结构 [M]. 北京：清华大学出版社，1995.

[117] 殷剑宏，吴开亚. 图论及其算法 [M]. 合肥：中国科学技术大学出版社，2003.

[118] Cormen T H, Leiserson C E, Rivest R L, et al. Introduction to Algorithms[M]. Boston:MIT Press,2009.

［119］ Garey M R,Johnson D S. Computers and Intractability:A Guide to the Theory of NP－Completeness［M］. San Francisco:W H Freeman and Company,1979.

［120］ Sipser M. Introduction to the Theory of Computation,Third Edition ［M］. Boston:Cengage Learning,2013.

［121］ Du D Z,Ko K I. Theory of Computational Complexity［M］. New York: John Wiley & Sons,2000.

［122］ 堵丁柱，葛可一，王洁. 计算复杂性导论 ［M］. 北京：高等教育出版社，2002.

［123］ Church A. A note on the Entscheidungs problem［J］. The Journal of Symbolic Logic,1936,31(3)：484－494.

［124］ Turing A M. On computable numbers with an application to the entscheidungs problem［J］. Proceedings of London Mathematical Society, 1936, 42（1）: 230－265.

［125］ Goldin D,Wegner P. The church－turing thesis:Breaking the myth［C］. Berlin:Springer,2005.

［126］ 陈慧南. 算法设计与分析——C++语言描述 ［M］. 3 版. 北京：电子工业出版社，2018.

［127］ Weiss M A. 数据结构与算法分析——C 语言描述 ［M］. 2 版. 冯舜玺，译. 北京：机械工业出版社，2004.

［128］ 严蔚敏，吴伟民. 数据结构（C 语言版）［M］. 北京：清华大学出版社，2007.

［129］ 张立昂. 可计算性与计算复杂性 ［M］. 北京：北京大学出版社，1997.

［130］ 堵丁柱，葛可一，胡晓东. 近似算法的设计与分析 ［M］. 北京：高等教育出版社，2011.

［131］ Harel D,Tarjan R E. Fast algorithms for finding nearest common ancestors［J］. SIAM Journal on Computing,1984,13(2)：338－355.

［132］ Trudeau R J. Introduction to Graph Theory［M］. Chicago:Courier Corporation,2013.

［133］ Lichtenstein D. Planar formulae and their uses［J］. SIAM Journal on Computing,1982,11(2)：329－343.

［134］ Duchet P,Hamidoune Y,Las Vergnas M,et al. Representing a planar graph by vertical lines joining different levels［J］. Discrete Mathematics,

1983,46(3):319—321.

[135] Rosenstiehl P,Tarjan R E. Rectilinear planar layouts and bipolar orientations of planar graphs[J]. Discrete & Computational Geometry,1986,1(4):343—353.